ショートストーリーで覚える！

増補版
TOEIC®
L&Rテスト
出る語句1800+

早川幸治 著
協力／長沼君主

コスモピア

はじめに

「次が気になって楽しみながら単語を覚えられた！」
「自然に、どんな場面で使われる単語かを思い出せた！」
「Part 3・Part 4のストーリーが聞き取りやすくなった！」
「仕事で英語を使うとき、スムーズに口から出るようになった！」

などなど、2009年に刊行された『新TOEIC® テスト 出る語句1800』をお使いいただいた方々から、たくさんのコメントをいただきました。

さらに、2015年には、『新TOEIC® テスト 出る語句1800』をもとに音声を充実させた『TOEIC® L&R テスト 出る語句1800+』を刊行しました。本書は学習者の利便性を考慮して本書の電子版を無料で利用できるようにアップデートし、さらに付録を追加して出版したものです。

授業や企業研修などで、「単語を覚えるのが苦手な人！」と聞くと、約9割の人が手を挙げます。実は、私自身も長年同じ悩みを抱えていました。単語を「英語＝日本語」の形で覚えにくいのは、卒業アルバムで人の顔と名前を覚えようとするのと同じです。躍動感がないため、覚えられないのです。

想像してみてください。あなたは日本語を学んでいるアメリカ人です。「ぐっすり」という単語に出くわしました。意味はdeeplyとあります。この情報だけで覚えられると思いますか？「ぐっすり」は「眠る」とセットで使われてはじめて意味が出てきます。さらに、「昨日は残業でクタクタだったから、今日はお昼までぐっすり眠った」のように文脈があることで、状況が鮮明にイメージできますし「ぐっすり」という単語に躍動感がでてきます。

本書では、この躍動感が1冊まるごと入っています。だからこそ、TOEIC® L&R テストの頻出語彙を最も効率よく、そしてしっかりと記憶に定着させることができる教材となっているのです。

●ビジネス・ストーリーで学ぶ

本書は、会社を舞台とした250のスキットを通じて、TOEIC® L&Rテストの頻出語句1,000を学習するという構成になっています。連続したストーリーが展開していきますので、「文脈」の中でイメージを通してTOEIC® L&Rテストの頻出語句を着実に覚えられます。さらに、「解説」や「コロケーション」の項目でもTOEIC® L&Rテストによく出る「フレーズ」を紹介しています。また、「関連づけ」ができるように、「派生語」「同意語」「反意語」「コロケーション」をあわせて800語掲載しています。つまり、ひとつの語句をさまざまな角度から学習することができるのです。

また本書の音声には、実際のTOEIC® L&Rテストと同様、アメリカ、イギリス、カナダ、オーストラリアの4カ国の発音が収録されていますので、単語学習と同時にPart 3やPart 4にも応用できるリスニング対策にもなります。

●「出る」語句のみを厳選

本書に掲載した、1000の見出し語と派生語・同意語・反意語800の選定は、長沼君主先生（東海大学准教授）の協力のもと、ETSが発行している公式問題集およびマスコミ用資料として配布されたサンプル問題などの全語彙をコーパス化して得られた分析結果と、私自身がTOEIC® L&Rテストを受験して蓄積したデータに基づいています。ですから、本当に「出る」語彙を集約した1冊となったと確信しています。

最後に、スキット作りなどで大変心強いサポートをいただいた編集担当の田中和也さん、澤田健治さんをはじめ、コスモピア編集部の皆さまに心から感謝いたします。

早川幸治 (Jay)

CONTENTS

TOEIC® L&Rテストについて

TOEIC® L&R テストとは？

TOEIC® は、Test of English for International Communication の略称で、英語によるコミュニケーション能力のレベルを幅広く評価する世界共通のテストです。TOEIC® L&R テストの正式名称は、TOEIC® LISTENING AND READING TEST と言います。

TOEIC® L&R テストを開発したのは、世界最大級の規模とノウハウを持つテスト開発機関として知られるアメリカの ETS (Educational Testing Service) です。日本における実施・運営は、(一財) 国際ビジネスコミュニケーション協会が行っています。

問題形式

・問題はリスニングセクション（45 分間、100 問）と、リーディングセクション（75 分間、100 問）で構成され、2 時間で 200 問に解答します。

・マークシート方式の一斉客観テストです。

パート	Name of Each Part	パート名	問題数
リスニング セクション（45分間）			
1	Photographs	写真描写問題	6
2	Question-Response	応答問題	25
3	Conversations	会話問題	39
4	Talks	説明文問題	30
リーディング セクション（75分間）			
5	Incomplete Sentences	短文穴埋め問題	30
6	Text Completion	長文穴埋め問題	16
7	Reading Comprehension	読解問題	
	· Single Passages	ひとつの文書	29
	· Multiple Passages	複数の文書	25

TOEIC® L&R テストの採点

TOEIC® L&R テストは、合否ではなく、10 点～ 990 点のスコアで評価され、公開テスト終了後 30 日以内に、受験者に Official Score Certificate（公式認定証）が発送されます。また、統計分析による equating（スコアの等化）という処理により、英語能力に変化がないかぎり、何回受験してもスコアに変動がないように作られています。

こうした特徴から、英語力を測る「ものさし」として、約 3,400 の企業・団体・学校で英語研修の効果測定や昇進・昇格の条件、単位認定や推薦入試などの目的で採用されています。

申し込み方法

TOEIC® L&R テストを受験するには、インターネットおよびコンビニ店頭で申し込みが可能です。詳しくは、公式ウェブサイトにてご確認ください。

http://www.iibc-global.org/toeic.html

本書の構成

●本書の特色

本書は、「スキットを通じてTOEIC® L&Rテストの頻出語彙を覚えていく」というコンセプトに基づいて構成されています。ひとつのスキットに頻出語彙が4つずつ登場しますので、全250のスキットで、1000の頻出語彙について学習することが可能です。頻出語彙は、スキットの中で赤い文字で表記され、スキットの次に見出し語として解説が掲載されています。

スキットは、ひとりの登場人物によるアナウンスもありますが、ほぼふたりの会話形式になっています。すべてのスキットの音声が用意されていますので、PART 3およびPART 4のリスニング対策としても活用していただくことが可能です。

スキットのナレーションは、実際のTOEIC® L&Rテストと同じように、アメリカ、イギリス、カナダ、オーストラリアと4カ国のネイティブスピーカーが担当しています。ページの下段には、スキットの日本語訳が掲載されていますので、必要に応じて参照してください。

また、頻出語彙の見出し語および派生語、同意語、反意語、コロケーションについても音声が用意されています。それらの語句についてはアメリカ人男性ナレーター、訳語は日本人女性ナレーターが読み上げています。

Skit音声

S001～S250まで、対応するスキットの音声ファイルを示しています。

語句音声

W001～W250まで、対応する語句および訳語の音声ファイルを示しています。

リピーティング音声

R001～R250まで、スキットの1文ごとにポーズの入った音声ファイルを示しています。

0001-0004

Skit S001　Words&Phrases W001　Repeating R001

001 オフィスでの会話①　新製品の売り上げが好調！
Mikiが新製品の香水Vitamin Dropの売り上げについてYasuoにたずねる。

Miki : How's our new product selling in the Kansai area?
Yasuo: Very well. There is a big demand for Vitamin Drop, especially among women in their thirties.
Miki : That's great. I hear the demand for the fragrance is increasing in other parts of Japan as well.

0001 □ **product** [prɑ́dʌkt]　【名】製品
develop a new product「新製品を開発する」のようにフレーズで覚えよう。
派生語 **produce**【動】製造する　**production**【名】生産、生産性

0002 □ **demand** [dimǽnd]　【名】需要、要求
customer demands「顧客の需要」が頻出。形容詞**demanding**「多くを求める、厳しい」も重要。反意語の**supply**「供給、供給する」も頻出する。
コロケーション **meet the demand**　需要にこたえる

0003 □ **especially** [ispéʃəli]　【副】特に
同意語の**particularly**「特に」もあわせて覚えよう。

0004 □ **increase** [inkríːs]　【動】増える、増やす
「どの程度増加したか」を表すには、**increase by 20 percent**「20%増加する」のように使われる。
派生語 **increasingly**【副】ますます、いっそう

【訳】Miki　：関西での新製品の売り上げはどう？
Yasuo　：好調です。Vitamin Dropの需要は高いですね、30代の女性の間で特に。
Miki　：いいわね。他の地域でもこの香水は需要が伸びているそうね。

23

スキットの概要

見出しとリードで、スキットの概要が説明されています。

スキット

スキットには、必ず4つの頻出語彙が含まれています。頻出語彙は赤い文字で表示されています。

頻出語彙(見出し語)

スキットの頻出語彙は、スキットの次に解説があります。単語の場合には、アメリカ発音の発音記号が表記されています。

日本語訳

同じページにあるスキットの日本語訳です。

●語句の選定について

本書に収録されている語句の数は、見出し語で1000、派生語・同意語・反意語およびコロケーションで800、合計で1800となっています。見出し語の1000については、長沼君主先生（東海大学准教授）の協力によって、ETSが発行している公式問題集およびマスコミ用資料として配布されたサンプル問題などをコーパス化して得られた分析結果をベースにしています。その中から冠詞（a、an、the）や固有名詞、および中学・高校で学習する語彙などを除いて、基本的な語句から掲載しました。ただし、中学で習う単語であっても、「予約する」という意味で使われる“book”などは、実際のテストで頻出しますので見出し語として収録しています。

また、TOEIC® L&Rテストをほぼ毎回受験されている著者によって、過去の公開テストに出ていた語句の蓄積データがコーパスデータを補う形で追加されています。分析と経験によって選ばれた本書の語句は、実際のテストで驚異的なヒット率を発揮します。

なお、発音記号については、『小学館プログレッシブ英和辞典』（第4版）のアメリカ発音を基にしています。

0001
□ **product** [prɑ́dʌkt] 【名】製品

develop a new product「新製品を開発する」のようにフレーズで覚えよう。

発音記号

単語には、アメリカ発音の発音記号が表記されています。2語以上の語句にはありません。

訳語

品詞と日本語の訳語が掲載されています。品詞の種類は以下の通りです。

【名】名詞
【動】動詞
【形】形容詞
【副】副詞
【前】前置詞
【接】接続詞

解説

頻出するPARTやよく使われるフレーズなど、TOEIC® L&Rテストの攻略に役立つ情報を掲載しています。

●派生語・同意語・反意語・コロケーション

派生語、同意語、反意語については、見出し語と関連して覚えておくべき単語を掲載しています。また、コロケーションとは、PART 5の語彙問題でも解答するうえで重要なポイントとなる「単語と単語の結びつき」のことを言います。TOEIC® L&R テストでは、PART 5に限らず、多くのコロケーションを知っていることは非常に有利になります。たとえば、PART 3で“account”という単語だけを聞き取れても、どんな意味になるのかは特定できませんが、“open an account”というコロケーションが聞き取れると「口座を開く」という意味になるので、銀行などでの会話だと想像することができます。

派生語 **produce**【動】製造する

同意語 **shortstaffed**【形】人手不足の

反意語 **irrelevant**【形】無関係の

コロケーション **meet the demand** 需要にこたえる

●索引

巻末にある索引には、スキットに登場した見出し語およびその派生語、同意語、反意語、コロケーションの掲載ページを参照することができるようになっています。また、訳語も掲載されていますので、索引を使って1800以上の語彙の意味をまとめてチェックすることも可能です。索引には、見出し語、派生語、同意語、反意語、コロケーションに対応する音声をご用意しておりますので、ぜひ学習にお役立てください。

電子版の使い方

音声ダウンロード不要
ワンクリックで音声再生！

本書購読者は
無料でご使用いただけます！
音声付きで
本書がそのままスマホでも
読めます。

電子版ダウンロードには
クーポンコードが必要です

詳しい手順は下記をご覧ください。
右下の QR コードからもアクセスが可能です。

電子版：無料引き換えコード
p2T1a5

ブラウザベース（HTML5 形式）でご利用いただけます。

★クラウドサーカス社 ActiBook電子書籍（音声付き）です。

●**対応機種**

・PC（Windows/Mac）　・iOS（iPhone/iPad）
・Android（タブレット、スマートフォン）

電子版ご利用の手順

❶コスモピア・オンラインショップにアクセスしてください。（無料ですが、会員登録が必要です）

https://www.cosmopier.net/

❷ログイン後、カテゴリ「電子版」のサブカテゴリ「書籍」をクリックします。
❸本書のタイトルをクリックし、「カートに入れる」をクリック。
❹「カートへ進む」→「レジに進む」と進み、「クーポンを変更する」をクリック。
❺「クーポン」欄に本ページにある無料引き換えコードを入力し、「登録する」をクリック。
❻ 0 円になったのを確認して、「注文する」をクリックしてください。
❼ご注文を完了すると、「マイページ」に電子書籍が登録されます。

音声ダウンロードの方法

音声をスマートフォンや PC で、簡単に
聞くことができます。

方法1 スマホで聞く場合

面倒な手続きなしにストリーミング再生で聞くことができます。

※ストリーミング再生になりますので、通信制限などにご注意ください。
また、インターネット環境がない状況でのオフライン再生はできません。

このサイトにアクセスするだけ！

https://on.soundcloud.com/pHCwW

❶ 上記サイトにアクセス！

❷ アプリを使う場合は SoundCloud に アカウント登録（無料）

方法2 パソコンで音声ダウンロードする場合

パソコンで mp3 音声をダウンロードして、スマホなどに取り込むことも可能です。（スマホなどへの取り込み方法はデバイスによって異なります）

❶ 下記のサイトにアクセス

https://www.cosmopier.com/download/4864542043

❷ 中央のボタンをクリックする

音声は PC の一括ダウンロード用圧縮ファイル（ZIP 形式）でご提供します。
解凍してお使いください。

本書を使ったおすすめ学習法

効果的に語彙を覚えるには

「単語を覚えたのに、読めるようにならない……」とか「知っている単語は増えたのに、理解度が上がらない」という悩みはありませんか？

単語やフレーズは、訳語を知っているだけではTOEIC® L&Rテストで通用しません。本書では、TOEIC® L&Rテストの必須語句がストーリーの中で自然な形で使われているため、ストーリーの流れを楽しみながら、重要語句の用法を確認できるとともに、記憶に定着しやすくなっています。

本書を通して学習していただいた方から、これまでたくさんの嬉しいコメントをいただきました。TOEIC® L&Rテストで出題される内容で理解できるものが多くなったことをはじめとして、「単語やフレーズの正しい使い方がわかるようになった」、「言いたいことが言えるようになった」、「社内プレゼンで、ビジネス系の語句が自然に使えて褒められた」など、単語を覚える以上の成果を出されてる学習者が多くいらっしゃいます。

ここでは、そんな本書の特色を生かして、確実に身につけるための効果的なトレーニング方法を初級者向けと中級者向けに分けて紹介していきます。

●初級者向け学習法（語彙力に自信がない方）

語彙力に自信がないという方は、本編から１ページごとに学習していきましょう。ここでは、スキットの001を例に解説していきます。❶語句チェックと❷ストーリーチェックの２つに分けて学習します。

❶ 語句チェック

①見出し語チェック

0001 □ **product** [prɑ́dʌkt] 【名】製品
develop a new product「新製品を開発する」のようにフレーズで覚えよう。
派生語 produce【動】製造する production【名】生産、生産性

0002 □ **demand** [dimǽnd] 【名】需要、要求
customer demands「顧客の需要」が頻出。形容詞demanding「多くを求める、厳しい」も重要。反意語のsupply「供給、供給する」も頻出する。
コロケーション meet the demand 需要にこたえる

0003 □ **especially** [ispéʃəli] 【副】特に
同意語のparticularly「特に」もあわせて覚えよう。

0004 □ **increase** [inkríːs] 【動】増える、増やす
「どの程度増加したか」を表すには、increase by 20 percent「20%増加する」のように使われる。
派生語 increasingly【副】ますます、いっそう

スキットの下にある４つの見出し語をまずは覚えましょう。４つの見出し語、訳語、解説、派生語やコロケーションに目を通し、読みながら頭に入れます。

②音声チェック

0001 ✔ **product** [prɑ́dʌkt] 【名】製品
develop a new product「新製品を開発する」のよう
派生語 produce【動】製造する productior

0002 ✔ **demand** [dimǽnd] 【名】需要、要求
customer demands「顧客の需要」が頻出。形容詞de
しい」も重要。反意語のsupply「供給、供給する」も頻

コロケーション meet the demand 需要にこたえる

0003 □ **especially** [ispéʃəli] 【副】特に

まず、W001というファイルを再生してください。このとき見出し語や派生語の訳語を推測しながら音声を聞きます。意味がわからなかった語句のボックスにチェックを入れます。

次回学習時に、チェックが入っている語句を復習してから次に進みましょう。覚えにくい単語を確実に覚えるコツは、その単語に触れる頻度を増やすことです。

❷ ストーリーチェック

③音声チェック

次のステップでは、スキットの中で見出し語がどのように使われているかを確認します。まずS001というファイルを再生してください。このときスキットを見ながら見出し語に特に注意して音声を聞きます。見出し語の意味が理解できなかったら、音声の再生終了後、訳語を見て確認します。

Miki : How's our new product selling in the Kansai area?
Yasuo: Very well. There is a big demand for Vitamin Drop, especially among women in their thirties.
Miki : That's great. I hear the demand for the fragrance is increasing in other parts of Japan as well.

0001 **product** [prádʌkt] 【名】製品
develop a new product「新製品を開発する」のようにフレーズで覚えよう。
produce【動】製造する　production【名】生産、生産性

0002 **demand** [dimǽnd] 【名】需要、要求

④内容チェック

スキットの日本語訳を読んで、内容を頭に入れてください。

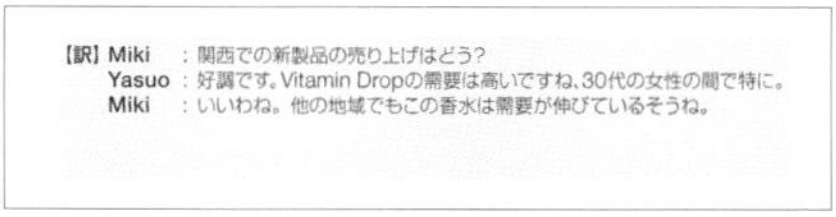
【訳】Miki : 関西での新製品の売り上げはどう？
Yasuo : 好調です。Vitamin Dropの需要は高いですね、30代の女性の間で特に。
Miki : いいわね。他の地域でもこの香水は需要が伸びているそうね。

⑤スキットリスニング

次にテキストを見ない状態でS001というファイルを再生し、内容を思い浮かべながら音声を聞きます。音声を聞いて意味がわからなかった箇所は、日本語訳を読んで確認しておきましょう。

以上、①～⑤のステップを250のスキットすべてで行います。最後まで終了したら、次の中級者向け学習法に進み、さらなる語句の定着を図ってください。一度ですべて覚えようとせずに、ストーリーを楽しみながら進めることで、ある単語を見たときに「あの場面で使われていた単語だな」と場面で思い出せるようになります。

●中級者向け学習法（ある程度の語彙力がある方）

まずは、知っている語句と知らない語句を確認したうえで、知らない語句を定着させていく学習に進むステップがおすすめです。以下では、❶語句チェックと❷ストーリーチェックの２つに分けて学習します。

❶ 語句チェック

①現在地を知ろう

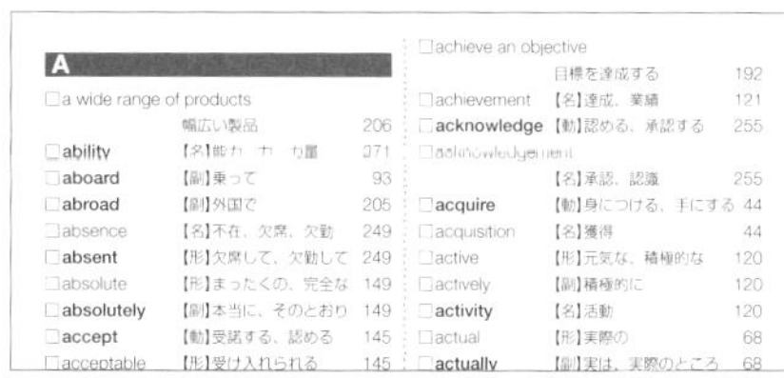

A

□a wide range of products	幅広い製品	206
□ability	【名】能力、力、力量	071
□aboard	【副】乗って	93
□abroad	【副】外国で	205
□absence	【名】不在、欠席、欠勤	249
□absent	【形】欠席して、欠勤して	249
□absolute	【形】まったくの、完全な	149
□absolutely	【副】本当に、そのとおり	149
□accept	【動】受諾する、認める	145
□acceptable	【形】受け入れられる	145
□achieve an objective	目標を達成する	192
□achievement	【名】達成、業績	121
□acknowledge	【動】認める、承認する	255
□acknowledgement	【名】承認、認識	255
□acquire	【動】身につける、手にする	44
□acquisition	【名】獲得	44
□active	【形】元気な、積極的な	120
□actively	【副】積極的に	120
□activity	【名】活動	120
□actual	【形】実際の	68
□actually	【副】実は、実際のところ	68

巻末の索引（p.279）を使って、語句をチェックします。最初にAの項目（aで始まる語句）から確認していきます。まずIndex用のA.mp3というファイルを再生してください。訳語の音声が入っていないので、訳語を推測しながら音声を聞きます。並ぶ語句について意味がわかったら、ボックスにチェックをしてください。一瞬考えて意味が出てこないものは「知らない」ととらえて、どんどん進みましょう。

最後までチェックが終わった時点で、どのくらいすでに知っている単語があるかを確認しましょう。チェックがついていないものが新たに身につける必要のある語句です。

続いて、本編を通してリスニングや文脈を通したスピード理解にフォーカスを当てていきます。

❷ ストーリーチェック

②スキットリスニング

Miki : How's our new product selling in the Kansai area?
Yasuo: Very well. There is a big demand for Vitamin Drop, especially among women in their thirties.
Miki : That's great. I hear the demand for the fragrance is increasing in other parts of Japan as well.

本編のスキットを使って、10ページずつ学習していきます。最初にS001～S010まで10のスキットを連続で再生させてください。聞き終わったら、理解できているかどうかを見るため、英文と日本語訳を確認してください。

③オーバーラッピング

すでに学習した範囲をスムーズに言えるようにするトレーニングです。S001～S010まで10のスキットを連続で再生させてください。その際、英文を見ながらネイティブスピーカーの発音にぴったり重ねて声を出してみましょう。

スムーズに言えるところと言えないところがあると思います。スムーズに言えるところは、すでに正しいリズムで言えるように身についているところです。逆に、スムーズに言えないところは、まだリズムが身についていないところです。うまく言えないところを何度も練習することでス、自然なリズムでスムーズに言えるようになります。結果として、語句の使い方のほか表現のかたまりで頭に入るため、スピーキングにも役立てられるようになります。

④リピーティング

今度は、1文単位でポーズが入ったリピーティング用の音声を使って、自分の口から英語を発するトレーニングを行います。R001～R010まで10のスキットを連続で再生し、テキストを見ながら、音声に続いて同じ英文を声に出してください。コツは「とにかくモノマネ！」です。スマホなどの録音機能を使うことによって、ネイティブの発音と自分の発音を聞き比べてみると自己分析もできますし、より上達しやすくなります。慣れたら英文を見ずにリピートしてみましょう。

⑤シャドーイング

通訳を目指す人たちが必ずやる基礎トレーニングで、英語学習にも効果的です。やり方はオーバーラッピングに似ていますが、違いは「英文を見ずに声を出すこと」です。

スキットを 10 ずつに分けてトレーニングしていきましょう。まずは、S001 ～ S010 まで 10 のスキットを連続で再生してください。そして、耳に入ってきた英文をそのまま口から再生します。常に音声から少し遅れた状態で自分の声を出し、影のようについていくことから「シャドーイング」と言います。シャドーイングをするときに自分の声が邪魔になってしまう場合は、ヘッドホンを使うと効果的です。

スムーズについていけるところがあれば、そのリズムは身についています。ぜひ定期的にシャドーイングを行うことで、英語の感覚を研ぎ澄ましてください！　負荷が高いため、アウトプットの練習としても効果的です。

以上、②～⑤のステップを 250 のスキットすべてで行います。

●テスト直前学習法

①総語句チェック

何も見ない状態で、Index 用の A ～ W のすべてのファイルを連続で再生してください。意味のわからない語句があったら、一時停止をしてテキストの索引ページで意味を確認します。

②ストーリー展開チェック

本書は会話を通してストーリーが進んでいくため、PART 3やPART 4の聞き取り練習にもなります。場面をイメージしながら聞くことで、「単語を聞いて訳語を思い出す」という聞き方ではなく、「英語をストーリーとして理解する」という聞き方に変わってきます。

本書を通して、TOEIC® L&R テストや日常・ビジネスに「出る語句」を習得し、スコアアップや仕事での活用にお役立ていただけたら幸いです。

スキット 001-250

スキットは、日本の香水専門メーカーの営業部を舞台に物語が展開していきます。Yasuo、Miki、Aya といった人物がさまざまなシチュエーションで繰り広げる会話を楽しみながら、TOEIC® L&R テストの必須語彙を学習しましょう。

ひとつのスキットに必須語彙が 4 つずつ登場します。250 のスキットで、1000 の必須語彙について学習することが可能です。また、解説にはコロケーション、派生語、同意語、反意語も掲載していますので、こちらもあわせて覚えるようにしましょう。

主要登場人物の紹介

Yasuo Nakata（中田康男）

香水の製造・販売を手がける Wonder Perfume の日本支社 Wonder Perfume Japan のアシスタント・セールスマネージャー（営業副部長）で、上司である Miki からの信頼も厚い。幼少期をアメリカで過ごした経験がある。

Aya Otomo（大友彩）

Wonder Perfume Japan に入社してくる新人営業部員で、Yasuo 直属の部下として働き始める。かつてカナダに１年だけ留学した経験がある。何事にも好奇心が旺盛で、料理教室に通いたいという願望もあるようだ。

Miki Myers（ミキ・マイヤース）

Wonder Perfume Japan の敏腕セールスマネージャー（営業部長）。アメリカ人の父と日本人の母を持つハーフの女性で、アメリカで生活をしていたため日本語はほとんどできない。かつての上司が、ドイツ支社にいるらしい。

Jeff Miller（ジェフ・ミラー）

Wonder Perfume ロンドン本社から日本に派遣されてきたイギリス人の人事部長。Aya が入社する際の面接を担当する。最近、マンションの購入を検討しているとの噂である。

Martin Freeman（マーティン・フリーマン）

Wonder Perfume のオーストラリア支社から日本の営業部に転属になるオーストラリア人。マーケットリサーチ専門スタッフで、Yasuo とは旧知の間柄らしい。

＊スキットはフィクションであり、実在する人物・団体等とは一切関係ありません。

Skit S001　Words&Phrases W001　Repeating R001

001 オフィスでの会話①　新製品の売り上げが好調！

Mikiが新製品の香水Vitamin Dropの売り上げについてYasuoにたずねる。

Miki　: How's our new **product** selling in the Kansai area?

Yasuo: Very well. There is a big **demand** for Vitamin Drop, **especially** among women in their thirties.

Miki　: That's great. I hear the demand for the fragrance is **increasing** in other parts of Japan as well.

0001 □ **product** [prádʌkt]　【名】製品

develop a new product「新製品を開発する」のようにフレーズで覚えよう。

派生語 **produce**【動】製造する　**production**【名】生産、生産性

0002 □ **demand** [dimǽnd]　【名】需要、要求

customer demands「顧客の需要」が頻出。形容詞**demanding**「多くを求める、厳しい」も重要。反意語の**supply**「供給、供給する」も頻出する。

コロケーション **meet the demand**　需要にこたえる

0003 □ **especially** [ispéʃəli]　【副】特に

同意語の**particularly**「特に」もあわせて覚えよう。

0004 □ **increase** [inkríːs]　【動】増える、増やす

「どの程度増加したか」を表すには、**increase by 20 percent**「20%増加する」のように使われる。

派生語 **increasingly**【副】ますます、いっそう

【訳】Miki　: 関西での新製品の売り上げはどう？
Yasuo : 好調です。Vitamin Dropの需要は高いですね、30代の女性の間で特に。
Miki　: いいわね。他の地域でもこの香水は需要が伸びているそうね。

Skit S002 Words&Phrases W002 Repeating R002

002 オフィスでの会話② 残業が続いて人手不足を実感

Yasuoは新製品の売り上げが好調なため、仕事が忙しくなったとMikiに話す。

Yasuo: Since Vitamin Drop was **released** last month, I've been **working overtime** every night, but I still have a lot of work to do.

Miki: Yeah, we're **understaffed**, aren't we?

Yasuo: I think we should **hire** someone.

0005 □ **release** [rilíːs] 【動】公表する、発売する

「放す」という意味もあるが、ビジネスでは「公表する」という意味で使われることが多い。

コロケーション **release a statement** 声明を発表する

0006 □ **work overtime** 時間外労働をする、残業する

overtimeは、「時間外労働」という意味の名詞。**overtime pay**といえば、「残業手当」のこと。

0007 □ **understaffed** [ʌ̀ndərstǽft] 【形】人手不足の

スタッフ採用の理由や、人材不足に関する文章で使われる。

同意語 **shortstaffed**【形】人手不足の

0008 □ **hire** [háiər] 【動】雇う、採用する

hire temporary workers「臨時社員を雇う」のように用いられる。

【訳】Yasuo：先月Vitamin Dropが発売されてから、毎晩残業しているんですが、やらなければいけない仕事がまだまだあって。
Miki：そうそう、人手が足りないわよね。
Yasuo：人を雇ったほうがいいと思うんですが。

Skit S003 Words&Phrases W003 Repeating R003

003 オフィスでの会話③ 営業スタッフを増員!?

新製品需要の増加にともなって、Mikiは営業スタッフの増員が必要だと判断する。

Miki : Yes, we need another **salesperson** in order to **meet** the increasing demand.
Yasuo: I'm glad you feel the same way.
Miki : I'll talk to Jeff, the **personnel manager**, this afternoon and ask him to do something about it.

0009 □ **salesperson** [séilzpə̀:rsn] 【名】販売員、営業部員

salesmanのように、性を区別する表現は使われない。ほかに、**chairperson**「議長」や**businessperson**「ビジネスマン」がある。

0010 □ **meet** [míːt] 【動】(条件、基準を)満たす、会う、会合する

meet the requirement「必要条件を満たす」など、フレーズとしてしっかりと覚えておきたい。

コロケーション **meet the requirement** 必要条件を満たす

0011 □ **personnel** [pə̀:rsənél] 【名】人事部、人員

personnel departmentでも同じ「人事部」という意味になる。「人材」という意味で使われることもある。人事部には**human resources**という呼び方もある。

コロケーション **personnel manager** 人事部長

0012 □ **manager** [mǽnidʒər] 【名】経営者、責任者

personnel manager「人事部長」や、**accounting manager**「財務部長」などの役職を覚えておこう。

派生語 **managerial**【形】経営・管理(者)の

【訳】Miki : そうね。需要の増加に応えるために、もうひとり営業部員が必要ね。
Yasuo : 同じお気持ちでよかったです。
Miki : 午後に人事部長のJeffと話して、何とかしてもらうようにお願いするわ。

Skit S004 Words&Phrases W004 Repeating R004

004 人材募集① 人事部長のJeffに相談

Mikiは営業部のスタッフ増員を人事部長のJeffに提案する。

Miki : Hi, Jeff. I need to talk to you about hiring a new worker.

Jeff : Oh, I hear the sales **department** is **shortstaffed** these days.

Miki : Yes, that's right. Could you put this on the **agenda** of the **board of directors'** next meeting?

Jeff : Sure. I'll let you know how it goes as soon as I find out.

0013 □ **department** [dipá:rtmənt] 【名】部門、売場

会社に関して使われる場合は、「部署」のこと。**personnel department**「人事部」や**accounting department**「経理部」が頻出。

コロケーション **sales department** 販売部、営業部

0014 □ **shortstaffed** [ʃɔ́:rt-stǽft] 【形】人手不足の

understaffed「人手不足の」の同意語。

同意語 **understaffed**【形】人手不足の

0015 □ **agenda** [ədʒéndə] 【名】議題、課題

ミーティング関係の話題で頻出する。ミーティングに関連する用語として、**minutes**「議事録」も覚えておきたい。

0016 □ **board of directors** 取締役会

board membersで「役員」、**board meeting**で「役員会」ということも覚えておこう。

【訳】Miki : ねえ、Jeff。新しい従業員の採用のことで話があるんだけど。

Jeff : ああ、営業部は最近、人手不足らしいね。

Miki : ええ、そうなのよ。このことを次の役員会議の議題にあげてくれないかしら。

Jeff : 了解。どうなったかは、わかりしだい教えるよ。

Skit S005　Words&Phrases W005　Repeating R005

005 人材募集② 取締役会での承認

営業部のスタッフ増員が取締役会で承認される。

Jeff : Hi, Miki. I have good news. The board voted unanimously to hire a new employee for the sales department.

Miki : That's great, Jeff. Can we talk about the qualifications needed for the job?

Jeff : Sure.

0017 □ **vote** [vóut] 【動】投票する

役員の選出などで使われる。**vote unanimously**「全会一致で投票する、選ぶ」で頻出。

コロケーション **vote unanimously** 全会一致で投票する、選ぶ

0018 □ **unanimously** [ju:nǽnəməsli] 【副】全会一致で

elect「選ぶ」、**vote**「投票する」、**decide**「決める」といった動詞と一緒に用いられる。

派生語 **unanimous**【形】全会一致での

0019 □ **employee** [implɔ́ii:] 【名】従業員、被雇用者

雇う側は**employer**という。なお、**ee**で終わる単語として、**attendee**「出席者」も覚えておこう。

派生語 **employ**【動】雇う　**employer**【名】雇い主

0020 □ **qualification** [kwɑ̀ləfikéiʃən] 【名】資格、能力、適性

求人広告でよく用いられる。形容詞**qualified**「資格のある」も重要。

派生語 **qualify**【動】資格がある　**qualified**【形】資格のある

【訳】Jeff : やあ、Miki。朗報だよ。役員会が営業部で新しい従業員を雇うことを満場一致で可決したよ。

Miki : それはよかったわ、Jeff。その仕事に必要な採用条件について話し合えるかしら。

Jeff : いいよ。

Skit S006 Words&Phrases W006 Repeating R006

006 人材募集③ 人事部長と採用条件を検討

Mikiは営業部が求める人材について条件を挙げる。

Miki : First of all, we want someone who speaks **fluent** English.

Jeff : Yeah, English fluency is **indispensable** for **communicating** with our clients as well as our staff.

Miki : And the person must be **familiar** with office software.

0021 □ **fluent** [flú:ənt] 【形】流暢な、滑らかな

外国語について使われる。副詞では、**speak English fluently**「英語を流ちょうに話す」のように使う。

派生語 **fluently**【副】流暢に **fluency**【名】流暢さ

0022 □ **indispensable** [ìndispénsəbl] 【形】不可欠な、必須の

重要であることを示し、**necessary**「必要な」や**essential**「不可欠な」の同意語。

コロケーション **indispensable element** 不可欠な要素

0023 □ **communicate** [kəmjú:nəkèit] 【動】意思を通じ合う、連絡し合う

communicationの動詞で、**communicate with you by e-mail**「Eメールでやりとりする」のように用いる。

派生語 **communication**【名】コミュニケーション

0024 □ **familiar** [fəmíljər] 【形】なじみの

be familiar with～「～をよく知っている」が頻出。

派生語 **familiarity**【名】精通、十分な知識

【訳】Miki : まず、英語が流暢に話せる人がいいわね。
Jeff : そうだね、英語に堪能なことは、クライアントやスタッフとコミュニケーションをとるためにも不可欠だからね。
Miki : あと、オフィス用ソフトウェアを使える人じゃないとだめね。

Skit S007 Words&Phrases W007 Repeating R007

007 人材募集④ 未経験者でもOKに

今回の求人では、未経験者でも問題ないとMikiはJeffに伝える。

Jeff : How about **experience**?

Miki : **Previous** experience in sales is not **essential**, since we need someone with fresh ideas. Also, he or she will be working as Yasuo's **subordinate**.

0025 □ **experience** [ikspíəriəns] 【名】経験 【動】経験する

managerial experience「マネジャー経験」や**previous experience**「以前の経験」などのフレーズも覚えておこう。

派生語 **experienced**【形】経験豊かな

0026 □ **previous** [príːviəs] 【形】以前の、先の

previous meeting「前回の会議」などで用いられる。副詞**previously**「以前に」も重要。

派生語 **previously**【副】以前に

0027 □ **essential** [isénʃəl] 【形】不可欠な、本質的な

名詞**essence**「本質」や副詞**essentially**「本質的に」も重要。

コロケーション **essential problem** 本質的な問題

0028 □ **subordinate** [səbɔ́ːrdənət] 【名】部下

会社における人物の関係は覚えておきたい。**colleague/coworker**「同僚」や**boss/superior**「上司」も重要。

【訳】Jeff : 経験についてはどう?

Miki : これまでに営業経験があることは、不可欠ではないわね。新鮮なアイデアを持っている人がいいし、Yasuoの部下として働くことになるから。

Skit S008 Words&Phrases W008 Repeating R008

008 人材募集⑤ 専門知識は必要か？

採用にあたって、香水についての専門知識がなくても問題ないとMikiは考える。

Jeff : Right. Should the person have **knowledge** about fragrance?

Miki : No, that doesn't **matter**. They'll get it as they **deal with** the products.

Jeff : Okay. What else do you want me to put in the newspaper **advertisement**?

0029 □ **knowledge** [nálidʒ] 【名】知識、認識

形容詞**knowledgeable**を使った**be knowledgeable about** ～「～をよく知っている」も覚えておこう。なお、動詞は**know**。

派生語 **knowledgeable**【形】知識の豊富な

0030 □ **matter** [mǽtər] 【動】重要である 【名】問題

名詞で**matter**を用いた、**urgent matter**「緊急事項」も重要。

コロケーション **discuss the matter** 問題を話し合う

0031 □ **deal with** 対処する

deal with the problem「問題に対処する」のように使われる。**deal**は名詞で「取引」という意味でも使われる。

同意語 **handle**【動】処理する、対処する **cope with** 切り抜ける

0032 □ **advertisement** [ædvərtáizmənt]【名】広告、宣伝

短縮して**ad**となることも多い。**put the advertisement in the newspaper**「新聞に広告を掲載する」といったフレーズも覚えておこう。

派生語 **advertise**【動】宣伝する **advertising**【名】広告（業）

【訳】Jeff ：なるほど。香水の知識はあったほうがいい？
Miki ：いえ、それはどうでもいいわ。製品を扱っていれば、得られることだから。
Jeff ：OK。ほかにどんなことを新聞広告に書こうか？

Skit S009 Words&Phrases W009 Repeating R009

009 人材募集⑥ 人材募集の広告を新聞に

Jeffは人材募集の広告を新聞に掲載するとMikiに伝える。

Miki : I guess that's about it.

Jeff : Then I'll call *The Japan Tribune* and ask them to put an ad for the sales **position** in its **classifieds**. When I **receive** the **résumés** of the people who answer the ad, I'll give them to you.

Miki : Thank you.

0033 □ **position** [pəzíʃən] 【名】職、地位、場所

apply for the sales position「営業職に応募する」のようなフレーズで覚えておこう。

コロケーション **sales position** 営業職 **managerial position** マネージャー職

0034 □ **classified** [klǽsəfàid] 【名】(新聞の) 広告欄

classified ad「求人広告」としてよく使われる。

0035 □ **receive** [risíːv] 【動】受け取る、得る

receive an award「受賞する」、**receive a warm welcome**「あたたかい歓迎を受ける」のように、**receive**とセットになる目的語も一緒に覚えよう。

派生語 **receipt**【名】領収書、レシート **recipient**【名】受取人

0036 □ **résumé** [rézumèi] 【名】履歴書

enclosed résumé「同封された履歴書」が頻出する。

コロケーション **submit your résumé** 履歴書を提出する

【訳】Miki : だいたいそんなところかしら。

Jeff : じゃあ、*The Japan Tribune*に電話して、その営業職の広告を求人欄に載せてくれるようにお願いしよう。広告を見て応募してきた人の履歴書が届いたら、渡すよ。

Miki : ありがとう。

Skit S010 Words&Phrases W010 Repeating R010

010 求人の問い合わせ① 受付と電話で会話

Ayaは求人の広告を見て、Wonder Perfume社に問い合わせの連絡を入れる。

Emily : Hello, Wonder Perfume. **Reception** desk. How can I help you?

Aya : Hi, my name is Aya Otomo. I would like **extension** 215, please.

Emily : Sure. I'll **put** you **through right away**.

Aya : Thank you.

0037 □ **reception** [risépʃən] 【名】受付、フロント

reception deskでも「受付」を意味する。なお、**reception party**といえば、「歓迎会」のこと。

派生語 **receptionist**【名】受付係

コロケーション **reception desk** 受付、フロント

0038 □ **extension** [iksténʃən] 【名】内線、延長、拡張

連絡先として、**extention 202**「内線202番」のように使われる。

0039 □ **put through** （電話を）つなぐ

交換手が指定の人物あてに電話を転送する際に使われる。

0040 □ **right away** すぐに

依頼に対する応答として、**I'll do it right away**「すぐやります」なども頻出。

同意語 **immediately**【副】すぐに

【訳】Emily ： もしもし、Wonder Perfume、受付です。
Aya ： もしもし、Aya Otomoと申します。内線215番をお願いします。
Emily ： かしこまりました。いまおつなぎいたします。
Aya ： ありがとうございます。

Skit S011 Words&Phrases W011 Repeating R011

011 求人の問い合わせ② 人事部長 Jeffへの質問

Ayaは採用条件に含まれていた海外経験のことについてJeffにたずねる。

Jeff : Personnel department, Jeff Miller speaking.
Aya : Hello, my name is Aya Otomo. I'm calling about your **job opening** for a salesperson, which is advertised in *The Japan Tribune*. May I ask you a couple of questions?
Jeff : Sure. Go ahead.
Aya : The ad says that **at least** two years of **overseas** experience is **required**, but I went to college in Canada for only one year.

0041 □ **job opening** （職・地位などの）空き

求人広告で使われる。**seek a manager**「マネージャを募集している」など、求人関係のフレーズをまとめて覚えると文脈が読み取りやすくなる。

0042 □ **at least** 少なくとも

at ＋最上級のフレーズでは、ほかに**at the latest**「遅くとも」や**at the earliest**「早くとも」も覚えておこう。

0043 □ **overseas** [òuvərsí:z] 【形】海外の、海外にある 【副】海外に

overseas market「海外市場」や、**go overseas**「海外に行く」のように用いる。似たような意味の形容詞**foreign**「外国の」も重要。

0044 □ **require** [rikwáiər] 【動】必要とする、要求する

名詞**requirement**「必要条件」を用いた、**meet the requirement**「必要条件を満たす」も覚えておこう。

派生語 **requirement**【名】必要なもの

【訳】Jeff : 人事部、Jeff Millerです。
Aya : もしもし、Aya Otomoと申します。*The Japan Tribune*で募集されていた営業部員の求人の件でお電話しているんですが、いくつかお尋ねしてよろしいでしょうか。
Jeff : はい、どうぞ。
Aya : 求人広告には少なくとも2年の海外経験が必要だとありましたが、私はカナダの大学に1年しか行っていないんです。

Skit S012　Words&Phrases W012　Repeating R012

012 求人の問い合わせ③　海外での経験は2年以上が必須？

海外での経験を条件に含めたのは英語力を判断するためだとJeffはAyaに説明する。

Jeff : Oh, we put in that requirement to ensure that the candidate is fluent in English, but obviously you speak very good English, so I'm sure that's no problem.

Aya : I'm glad to hear it. Then I'll send you my application right away.

Jeff : That would be great. Was there anything else?

0045 □ **ensure** [inʃúər]　【動】保証する、確実にする

en+sureの語義「**sure**にする」からもわかるように、「確実にする、保証する」という意味。

コロケーション **ensure privacy**　プライバシーを保障する

0046 □ **candidate** [kǽndidèit]　【名】志願者、立候補者

求人広告に応募してきた人物を**candidate**「候補者」と呼ぶ。**applicant**「応募者」の同意語。

0047 □ **obviously** [ɑ́bviəsli]　【副】明らかに、当然で

形容詞**obvious**は、**an obvious mistake**「明かなミス」のように使われる。

派生語 **obvious**【形】明らかな

0048 □ **application** [æ̀pləkéiʃən]　【名】申込書

「応募」や「申し込み」のこと。PART 2～PART 7まで幅広く出題される最頻出語彙。**apply for**～「～に応募する、申し込む」も重要だ。

派生語 **applicant**【名】志願者、応募者　**applicable**【形】適用できる

【訳】Jeff　：ああ、その条件は、志願者が英語を流暢に話せるということを確実にするために入れたんです。でも、明らかに英語を話すのがお上手ですから、問題ないと思いますよ。

Aya　：それを聞けてよかったです。そうしましたら、すぐに応募書類をお送りいたします。

Jeff　：そうしていただけると助かります。ほかに何かありますか？

Skit S013 Words&Phrases W013 Repeating R013

013 求人の問い合わせ④ 応募に際して推薦状は必要？

Jeffは推薦状については面接の段階で必要になるとAyaに伝える。

Aya : There is one more thing. Should I **enclose** letters of **reference**?

Jeff : No, not at this stage. We'll ask the **successful** candidates to bring letters of reference to the **interview**. But please get them ready, as you might need them soon.

Aya : Okay. Thank you very much.

Jeff : No problem. Thank you for your call.

0049 □ **enclose** [inklóuz] 【動】同封する、封入する

手紙で頻出する。**enclosed résumé**「同封された履歴書」のようにも用いる。

派生語 **enclosure**【名】同封物

0050 □ **reference** [réfərəns] 【名】人物証明書、紹介状

求人への応募に関する文書に登場する。**enclose the reference**「推薦状を同封する」のように用いられる。

派生語 **refer**【動】言及する、参照する

0051 □ **successful** [səksésfəl] 【形】成功した

success、**succeed**、**successfully**の派生語すべてがTOEICに頻出する。

派生語 **success**【名】成功 **succeed**【動】成功する
successfully【副】うまく

0052 □ **interview** [íntərvjùː] 【名】面接（試験）、インタビュー

be invited for an interviewで「面接に呼ばれる」や**have an interview**「面接する」などのように使われる。

コロケーション **conduct an interview** 面接を行う

【訳】
Aya : もうひとつあります。推薦状を同封したほうがよろしいでしょうか。
Jeff : いいえ、この段階では不要です。書類選考を通過した応募者には、面接に推薦状を持参するようにお願いしますので。でも、すぐに必要になるかもしれませんので、用意しておいてください。
Aya : わかりました。どうもありがとうございました。
Jeff : どういたしまして。お電話ありがとうございました。

Skit S014 Words&Phrases W014 Repeating R014

014 候補者の選考① Jeff が面接の候補者に Aya を推薦
Jeff は Miki に Aya を面接の候補者に入れるように提案する。

Miki : I've looked over the applications you gave me for the sales position and marked the ones I think look promising, but I wanted to ask your opinion.
Jeff : Let me have a look. Yeah, I agree with all the ones you've highlighted, and I think we should include this one as well.
Miki : Aya Otomo... Oh, but it says here that she's only spent one year in another country.

0053 □ **promising** [prámisiŋ] 【形】期待できる、有望な

採用に関して、人物が有望であることを表す時に使われる。様々な事柄の将来の見込みなどにも使われる。

コロケーション **promising candidate** 有望な候補者

0054 □ **opinion** [əpínjən] 【名】意見、考え

exchange opinions「意見を交換する」や**express one's opinion**「意見を言う」などのように使われる。

0055 □ **agree** [əgríː] 【動】賛成する、意見が一致する

反対する場合は、反意語の**disagree**「不賛成である、反対する」を用いる。名詞は**agreement**「同意」。

0056 □ **include** [inklúːd] 【動】含む、加える

The price includes a breakfast.「価格には朝食も含まれている」のように使われる。**A breakfast is included in the price.**のように受け身になることも多い。

派生語 **inclusion**【名】含めること **inclusive**【形】包括的な

【訳】Miki : もらった営業職の応募書類をざっと見て、有望そうだと思うものに印をつけておいたんだけど、意見を聞かせてもらえないかなと思って。
Jeff : ちょっと見せて。うん、印をつけてあるのにはすべて賛成だけど、この人も入れておいたほうがいいと思うよ。
Miki : Aya Otomo。ああ、でもここに1年間しか外国に住んだことがないって書いてあるわよ。

Skit S015 Words&Phrases W015 Repeating R015

015 候補者の選考② Ayaの面接が決定！

Jeffは Ayaを含めた候補者に面接についての連絡を入れるとMikiに伝える。

Jeff : That's true, but her English sounded **excellent** on the phone and she seemed to be an **enthusiastic** applicant.
Miki : Okay, in that case let's give her a chance.
Jeff : I'll **contact** her and the other successful candidates this afternoon, and ask when they're **available**.

0057 □ **excellent** [éksələnt] 【形】優れた、すばらしい

名詞**excellence**「卓越、優秀さ」も重要。基本的に形容詞**-ent/-ant**の名詞形は**-ence/-ance**である。

派生語 **excellence**【名】優秀さ

0058 □ **enthusiastic** [inθù:ziǽstik] 【形】熱烈な、熱狂的な

be enthusiastic about～「～に熱中する」で使われる。

派生語 **enthusiasm**【名】熱意 **enthusiast**【名】熱中している人

0059 □ **contact** [kɑ́ntækt] 【動】連絡を取る 【名】連絡

電話番号やメールアドレスなどを、**contact information**「連絡先の情報」と呼ぶこともある。

0060 □ **available** [əvéiləbl] 【形】入手できる、都合がつく

汎用性が高い語で、文脈により日本語の意味が変わる。大まかにいえば「ＯＫ」の意味である。

派生語 **availability**【名】入手の可能性、利用の可能性

【訳】Jeff : そうなんだけど、電話で聞いた感じでは、英語がすごくうまかったし、熱心な志願者のようだったから。
Miki : わかったわ、それなら彼女にもチャンスをあげましょう。
Jeff : 彼女とほかの合格者に今日の午後連絡して、いつ時間があいているか聞いてみるよ。

Skit S016 Words&Phrases W016 Repeating R016

016 Ayaの面接① Ayaの志望動機は?
Jeffは志望動機についてAyaにたずねる。

Jeff : Hello. I'm Jeff Miller and this is Miki Myers, our sales manager.
Aya : I'm Aya Otomo. Happy to meet you.
Jeff : First of all, Aya, why did you decide to **seek employment** at our company?
Aya : I've always been very interested in sales, and the perfume **industry** really **fascinates** me.

0061 □ **seek** [síːk] 【動】求める、探す
求人広告で多く見られ、**seek the project manager**「プロジェクトマネジャーを募集する」のように使われる。

0062 □ **employment** [implɔ́imənt] 【名】職、雇用
動詞**employ**「雇う」も重要。反意語**unemployement**「失業」を使った、**unemployment rate**「失業率」というフレーズもある。
派生語 **employ**【動】雇う **employee**【名】従業員(雇われている人)

0063 □ **industry** [índəstri] 【名】産業、業界
car industry「自動車産業」や**tourism industry**「観光産業」のように使われることが多い。
派生語 **industrial**【形】産業の

0064 □ **fascinate** [fǽsənèit] 【動】魅了する
形容詞**fascinated**は**fascinated audience**「魅了された観客」のように使われる。
派生語 **fascinated**【形】魅了された **fascinating**【形】魅力的な
fascination【名】魅了

【訳】Jeff : こんにちは。Jeff Millerです。こちらは営業部長のMiki Myers。
Aya : Aya Otomoです。よろしくお願いします。
Jeff : まず、Ayaさん、どうしてうちの会社に応募されたのですか?
Aya : 営業には前からとても興味がありましたし、香水業界にとても魅力を感じたからです。

Skit S017 Words&Phrases W017 Repeating R017

017 Ayaの面接② 業務内容の確認

Mikiは業務内容についてAyaに説明する。

Miki : In addition to sales, your **responsibilities** would include taking calls from clients and doing **paperwork**. Are you okay with that?

Aya : Oh, yes. I like having **various** types of responsibilities. And it will help me understand how the company works.

Miki : That's a good point.

0065 □ **in addition to** ～に加えて、～の他に

情報を追加するときに使われるフレーズ。名詞をつけない**in addition**「加えて」という表現もある。

0066 □ **responsibility** [rispɑ̀nsəbíləti] 【名】責任、義務

求人広告において、**responsibilities include**～「仕事内容は～を含む」のように用いられる。**be responsible for**～「～に責任がある」は重要表現。

派生語 **responsible**【形】責任のある **responsibly**【副】責任を持って、確実に

0067 □ **paperwork** [péipərwə̀ːrk] 【名】事務作業

clerical work「事務作業」も同じ意味なので、あわせて覚えておこう。

0068 □ **various** [vέəriəs] 【形】さまざまな、いろいろな

種類が多いことを表す語。

コロケーション **various aspects** さまざまな側面

【訳】Miki : 営業に加えて、職務にはクライアントからの電話を受けたり、文書業務をしたりすることも含まれます。それは大丈夫ですか。

Aya : ええ、大丈夫です。いろいろな種類の仕事をしたいですし、そのほうが会社がどのように動いているのか理解するのにも役立つと思います。

Miki : その通りですね。

Skit S018　Words&Phrases W018　Repeating R018

018 Ayaの面接③　留学生活で得たものは？

Ayaは留学生活を通じてグローバルな視野が得られたと返答する。

Jeff	: I see you studied in Vancouver in your third year of university?
Aya	: Yes. I had the opportunity to participate in an exchange program there.
Jeff	: And you have a degree in International Studies. Do you think your education will help you in this position?
Aya	: Yes, because it has given me a more global perspective.

0069
□ **opportunity** [àpərtjú:nəti]　【名】機会、チャンス

人事関係の内容でよく使われ、**chance**「機会」の同意語。

コロケーション **provide opportunities**　機会を提供する

0070
□ **participate** [pɑ:rtísəpèit]　【動】参加する

participate in～「～に参加する」で覚えておこう。

派生語 **participation**【名】参加　**participant**【名】参加者

0071
□ **degree** [digrí:]　【名】学位、度、程度

master's degree「修士号」のように、学位の意味で使われる。なお、**30 degrees**「30度」のように「気温」や「角度」などにも使われる。

コロケーション **university degree**　大学卒業の学位

0072
□ **perspective** [pərspéktiv]　【名】考え方、見方

似たような意味の語に**outlook**「見通し、考え方」や**view**「意見」もある。**-tive**で終わっているが、名詞であることに注意しよう。

【訳】
Jeff	：大学3年生のときにバンクーバーに留学されていたのでしたね。
Aya	：はい。交換留学プログラムに参加する機会がありましたので。
Jeff	：それから、国際関係学の学位を持っているんですね。勉強したことがこの仕事に役立つと思われますか。
Aya	：はい、よりグローバルな視野を得ることができましたので。

Skit S019 Words&Phrases W019 Repeating R019

019 Ayaの面接④ 今までの仕事の経験は？

Ayaは以前の仕事内容について説明する。

Miki : Aya, can you tell me about your **relevant** work experience?
Aya : At ORD Foods I worked for the manager in **charge** of sales in Tokyo. I was responsible for checking manuals and **documents**.
Miki : Did you communicate **directly** with clients?
Aya : Yes. I often contacted them by phone or e-mail. But I wasn't a salesperson.

0073 □ **relevant** [réləvənt] 【形】関連した

relevant information「関連した情報」や**relevant experience**「関連した経験」で覚えよう。

反意語 **irrelevant**【形】無関係の

0074 □ **charge** [tʃáːrdʒ] 【名】責任、料金 【動】請求する

be in charge of～「～を担当している」は頻出。**person in charge**「担当者、責任者」も重要。お金に関する話題で使うときには名詞では「料金」、動詞では「請求する」となる。

0075 □ **document** [dákjumənt] 【名】文書

confidential document「極秘資料」のように形容詞とともに用いられることも多い。

コロケーション **submit a document** 文書を提出する

0076 □ **directly** [diréktli] 【副】直接に

反意語の**indirectly**「間接的に」も重要。

派生語 **direct**【形】直接の

【訳】Miki : Ayaさん、業務に関連した仕事の経験についてお聞かせいただけますか。
Aya : ORD Foodsでは、東京での営業を担当している部長のもとで働いておりました。マニュアルや文書をチェックするのが私の責務でした。
Miki : 顧客とは直接やりとりをしていたんですか。
Aya : はい。よく電話やEメールで連絡していました。でも営業部員ではありませんでした。

Skit S020 Words&Phrases W020 Repeating R020

020 Aya の面接⑤ Aya の自己アピール

Aya はフレンドリーでオープンな性格だと自分を紹介する。

Miki : This is an entry-level position, so we're not looking for someone who is **highly** experienced. The important thing is to have the right **attitude**. How would you **describe** yourself?

Aya : I'm friendly and open. I like to learn new things. I'm **independent**, but I also enjoy being part of a team.

Miki : I see.

0077 □ **highly** [háili] 【副】非常に、高度に

highly recommend「強く勧める」や**highly experienced**「非常に経験豊富な」などのフレーズで覚えよう。

派生語 **high**【形】高い **height**【名】高さ

0078 □ **attitude** [ǽtitjùːd] 【名】態度、心構え

attitude toward～「～に対する態度」のように用いられることが多い。

0079 □ **describe** [diskráib] 【動】詳しく説明する

describe the situation「状況を説明する」のフレーズで覚えておこう。

派生語 **description**【名】記述、描写

0080 □ **independent** [ìndipéndənt] 【形】自立心のある、独自の

independent firm「独立会社」のように使われる。また、副詞を用いて**work independently**「独立して働く」なども頻出する。

派生語 **independence**【名】独立、自立
independently【副】独力で、自主的に

【訳】Miki : 今回の募集は未経験者の仕事ですから、経験が豊富な人を求めているわけではありません。大切なのは、ふさわしい心構えを持っていることです。自分自身のことを説明していただけますか。

Aya : 私はフレンドリーでオープンな性格です。新しいことを学ぶのが好きですし、自主性もありますが、チームの一員として働くのも好きです。

Miki : わかりました。

Skit S021 Words&Phrases W021 Repeating R021

021 Ayaの面接⑥ Ayaの長所と短所は?

Ayaは自分の長所と短所について意見を述べる。

Jeff : What would be your strong points as a salesperson?

Aya : Well, I'm enthusiastic. I have good communication **skills**. And I have a good memory for **details**.

Jeff : What about weak points? You can be honest.

Aya : I **tend** to be **extremely** honest. Some people say that's a weak point... but I don't agree.

0081 □ **skill** [skíl] 【名】技量、技能

仕事への応募条件に、**communication skills**などが頻出する。形容詞**skillful**「熟練した」も重要だ。

派生語 **skillful**【形】熟練した **skillfully**【副】見事に

0082 □ **detail** [ditéil] 【名】細部、詳細 【動】詳述する

動詞で使う場合は、「詳細を説明する」となる。**in detail**「詳細に」という使い方も覚えておこう。

コロケーション **further details** さらに詳しい内容

0083 □ **tend** [ténd] 【動】傾向がある

tend to ~「~する傾向がある、~しがちである」で使われることが多い。

派生語 **tendency**【名】傾向、性質

0084 □ **extremely** [ikstrí:mli] 【副】極めて、非常に

程度の強さを表し、形容詞または**extremely quickly**のように副詞を修飾する。**very**「とても」の同意語。

【訳】Jeff : 営業部員としてのあなたの強みは何でしょうか。

Aya : ええと、私はやる気があり、コミュニケーション能力に長けています。また、細かいことを記憶するのが得意です。

Jeff : 弱点についてはどうですか。正直にお答えいただいて結構ですよ。

Aya : 正直過ぎる傾向があります。それが弱点だという人もいますが、私はそうは思っていません。

Skit S022 Words&Phrases W022 Repeating R022

022 Ayaの面接⑦　入社後の研修は？

研修期間はないが、上司が仕事を通じてサポートするとMikiは伝える。

Miki : Good for you. Well, do you have any questions?
Aya : Yes. Is there a **training period**?
Miki : Not really, but the senior salesperson will help you, and you'll **acquire expertise** as you go along.

0085 □ **training** [tréiniŋ] 【名】訓練、研修

動詞の**train**は**train new employees**「新入社員をトレーニングする」のように使われる。

派生語 **trainee**【名】訓練中の人　**trainer**【名】トレーナー、訓練指導者

0086 □ **period** [píəriəd] 【名】期間、時期

for a limited period of time「限られた期間」というフレーズが頻出。

派生語 **periodic**【形】定期的な　**periodically**【副】定期的に

0087 □ **acquire** [əkwáiər] 【動】身につける、手にする

スキルや能力などに対して用いられる。「買収する」という意味もある。

派生語 **acquisition**【名】獲得

0088 □ **expertise** [èkspərtíːz] 【名】専門的知識

expertise in ～で「～の専門」となる。**expert**「専門家」の派生語であるため、推測しやすいだろう。発音に注意しよう。

派生語 **expert**【名】専門家　【形】熟練した

【訳】Miki　：いいことですね。では、あなたのほうから質問はありますか。
Aya　：はい。研修期間はありますか。
Miki　：特にそういったものはありませんが、先輩の営業部員が助けてくれますので、やっていくなかで専門知識を身につけていくことになります。

Skit S023 Words&Phrases W023 Repeating R023

023 Ayaの面接⑧　給与体系は？

Mikiは給与とボーナスのシステムについて説明する。

Aya	: I see. Also, can you tell me about the **salary** and bonus system?
Jeff	: Yes. You'll be **paid** on the 25th of each month, and you'll receive two bonuses a year.
Aya	: In summer and at the end of the year?
Jeff	: Right. The monthly salary is **fixed**, but you'll be **entitled** to a larger bonus if your work is good.

0089 □ **salary** [sǽləri]　【名】給料、給与

「賃金」という意味の**wage**も覚えておこう。

コロケーション **salary increase**　昇給

0090 □ **pay** [péi]　【動】支払う　【名】給料

「給料日」のことを**pay day**という。名詞で**pay raise**といえば、「昇給」のこと。

派生語 **payment**【名】支払い

0091 □ **fix** [fíks]　【動】決める、修理する、手配する

fix a computer「コンピューターを修理する」のほか、**fix a schedule**「スケジュールを確定する」のようにも使われる。**repair**「修理する」の同意語。

コロケーション **fix a computer**　コンピューターを修理する

0092 □ **entitle** [intáitl]　【動】権利を与える

be entitled toで「～の資格がある」という意味。**be eligible for**～「～の資格がある」も同じような意味になる。

【訳】
Aya	：わかりました。あと、給与と賞与体系について教えていただけますか。
Jeff	：はい、毎月の25日に給与が支払われます。賞与は年に2回です。
Aya	：夏と年度末ですか。
Jeff	：そうです。毎月の給与は固定ですが、でも成果をあげれば、より多くの賞与が得られます。

Skit S024 Words&Phrases W024 Repeating R024

024 Ayaの面接⑨ ボーナスの支給額

ボーナスの支給額は、営業成績だけで判断されるのではないとMikiは伝える。

Aya : Do you mean I will earn a smaller or larger bonus in proportion to how much I sell?
Miki : Well, individual sales are only part of it. We think it's more important to have good ideas and help the company. The bonuses are meant to help motivate you to do that.
Aya : I see.

0093 □ **earn** [ə́ːrn] 【動】稼ぐ、売り上げを得る

お金を稼ぐだけでなく、**earn respect**「尊敬される」や**earn a prize**「賞を受ける」のようにも使う。

派生語 **earning**【名】所得、利益

0094 □ **proportion** [prəpɔ́ːrʃən] 【名】割合、比率

「割合」や「比率」という意味では、**ratio**という単語も重要なので覚えておこう。

0095 □ **individual** [ìndəvídʒuəl] 【形】個々の、個人の 【名】個人

名詞で**a private individual**といえば、会社に対する「個人」を意味します。

派生語 **individually**【副】個別に

0096 □ **motivate** [móutəvèit] 【動】やる気にさせる、動機を与える

motivate employees「従業員を動機づける」のように使われる。

派生語 **motivation**【名】やる気、意欲、モチベーション

【訳】Aya : どれくらい売ったかによって、いただける賞与が減ったり増えたりするということですか。
Miki : 個人の営業成績は評価の一部にすぎません。私たちは、いいアイデアを持っていて、会社に貢献することのほうが大切だと考えています。ボーナスは、あなたがそうするようにやる気を起こさせるという意味があります。
Aya : わかりました。

Skit S025 Words&Phrases W025 Repeating R025

025 Ayaの面接⑩ 福利厚生は？

Jeffは福利厚生のシステムと年金について説明する。

Jeff : By the way, you'll also receive a full **benefits** package.
Aya : Can you tell me what that includes?
Jeff : There's health **insurance**, of course. We also pay into a **pension** fund. And you can take ten days of paid **leave** the first year.
Aya : That sounds great.

0097 □ **benefit** [bénəfit] 【名】手当、利益

「利益」のほか、人事制度などに登場する場合は「諸手当」となる。

コロケーション **benefit package** 福利厚生

0098 □ **insurance** [inʃúərəns] 【名】保険

insurance company「保険会社」や、**buy insurance**「保険に入る」で使われる。

0099 □ **pension** [pénʃən] 【名】年金

採用後の話や人事関係の内容に、**pension plan**「年金プラン」などが出てくることがある。

0100 □ **leave** [lí:v] 【名】休暇

paid leave「有給休暇」や**annual leave**「年次休暇」として使われることが多い。

【訳】Jeff : ちなみに福利厚生も完備しています。
Aya : 福利厚生にはどういったものが含まれるのか教えていただけますか。
Jeff : 健康保険は当然ありますが、年金基金も積み立てています。初年度には10日間の有給休暇があります。
Aya : それはいいですね。

Skit S026 Words&Phrases W026 Repeating R026

026 採用者の決定① 採用の基準は英語力？

Jeffは英語力を理由に有力候補の男性の不採用を決める。

Miki : So now we have to decide which one of the candidates we should hire. What did you think, Jeff?

Jeff : In my opinion, the guy who worked as **assistant** to a **vice president** at Edge Automobile seemed **qualified** for the position, but his English wasn't as good as the other candidates'.

Miki : I agree. His **lack** of English fluency is the only reason we can't hire him.

0101 □ **assistant** [əsístənt] 【名】補佐（役）、助手

いわゆるアシスタントのこと。オフィスの役職では、**secretary**「秘書」も覚えておこう。

派生語 **assist**【動】援助する **assistance**【名】援助

0102 □ **vice president** 副社長

vice president of finance「財務担当副社長」のような用法もある。関連語の**deputy**「副〜、〜代理」も覚えておこう。

0103 □ **qualified** [kwáləfàid] 【形】資格がある

be qualified for the position「職種に適任である」として、頻出する。**qualified applicant**「資格のある応募者」という表現も覚えておこう。

派生語 **qualify**【動】資格がある **qualification**【名】資格、能力

0104 □ **lack** [lǽk] 【名】欠乏、不足

lack of fundsといえば、「資金不足」のこと。同じような意味の単語として、**shortage**「不足」がある。

【訳】Miki : これからどの志願者を採用すべきか決めないといけないわ。Jeff、あなたはどう思った？

Jeff : ぼくの意見としては、Edge Automobileで副社長のアシスタントとして働いていた男性が適任に思えたけど、英語が他の志願者ほどよくなかったね。

Miki : 同感だわ。英語が流暢でないのが、彼を採用できない唯一の理由ね。

Skit S027 Words&Phrases W027 Repeating R027

027 採用者の決定② Aya の採用を決定！

英語力が決め手となってAyaを採用することでJeffとMikiは意見が一致する。

Jeff : What did you think, Miki?
Miki : Well, all things **considered**, Aya Otomo may be the most **eligible** applicant. She's full of **energy** and seems really enthusiastic about fragrance. **Moreover**, her English is perfect.
Jeff : Yeah, it says here that her TOEIC score is 970, the highest among all the candidates.

0105 □ **consider** [kənsídər] 【動】じっくり考える、検討する、考慮に入れる

considerの後ろには名詞または動名詞が入り、**consider applying for the job**「仕事に応募することを考える」のように用いる。

派生語 **considerable**【形】相当な、かなりの　**considerably**【副】かなり

コロケーション **all things considered**　すべてを考慮に入れると

0106 □ **eligible** [élidʒəbl] 【形】適確な、適任な、資格のある

求人や人事関係で使われ、**be eligible for**～「～の資格がある」となる。有給休暇などについて使うことが多い。

0107 □ **energy** [énərdʒi] 【名】活気、エネルギー

発音に注意。形容詞**energetic**「活気のある、エネルギッシュな」も重要。

派生語 **energetic**【形】精力的な　**energize**【動】活気づける

0108 □ **moreover** [mɔːróuvər] 【副】そのうえ、さらに

内容を追加する時に使われ、似た意味の語句に**furthermore**「さらに」や**in addition / additionally**「加えて」がある。

【訳】Jeff : Miki、きみはどう思った。
Miki : そうね、すべてを考慮すると、Aya Otomoがいちばん適任かもしれないわね。元気いっぱいだし、香水に対してもとても関心があるようだから。それに英語が完璧だわ。
Jeff : そうだね、ここにTOEICのスコアが970って書いてある。志願者の中でいちばん高いね。

Skit S028 Words&Phrases W028 Repeating R028

028 Aya の入社① Aya が営業部に配属

Miki が新入社員の Aya を営業部員に紹介する。

Miki : Everyone. Can I have your **attention**, please? Let me **introduce** you to our **newcomer**, Aya Otomo. Starting today she'll be working with us as a salesperson.

Aya : Thank you for your kind introduction, Ms. Myers.

Miki : You don't need to be so **polite**, Aya. You can call me Miki. We all call each other by our first names here.

0109 □ **attention** [ətén∫ən] 【名】注目、注意

PART 4のアナウンスに出る**Attention passengers.**「乗客の皆様にお知らせします」のほか、PART 5以降で登場する**pay attention to**～「～に注意する」のように登場する。

コロケーション **attract customers' attention** 客の注意をひく

0110 □ **introduce** [ìntrədjú:s] 【動】紹介する、導入する

名詞の**introduction**を使ったフレーズとして、**self introduction**「自己紹介」や、**introduction of a system**「システムの導入」という使い方も覚えておこう。

派生語 **introduction**【名】紹介、導入

0111 □ **newcomer** [njú:kʌmər] 【名】新人

new employee/recruit「新入社員」も重要なので覚えておこう。

0112 □ **polite** [pəláit] 【形】礼儀正しい

同意語の**courteous**も、ホテルスタッフなどの対応について使われる。反意語は**impolite**「失礼な」である。

派生語 **politely**【副】礼儀正しく **politeness**【名】礼儀正しさ

【訳】Miki : みなさん、ちょっと聞いてください。紹介します、新人のAya Otmoさんです。今日から営業部員として一緒に仕事することになります。

Aya : Myersさん、親切にご紹介ありがとうございます。

Miki : Aya、そんなにかしこまらなくていいわよ。Miki って呼んで。ここではみんなファーストネームで呼び合うのよ。

Skit S029 Words&Phrases W029 Repeating R029

029 Aya の入社② Aya の自己紹介

Ayaは入社にあたって自己紹介のあいさつをする。

Aya : Oh, okay. Hi, everyone. My name is Aya Otomo. I have always been interested in a **career** in sales, so I'm very happy to be here. I'll work as hard as I can to **contribute** to the company's **growth**. Thank you.

Miki : That's the spirit, Aya. You will be working under Yasuo here, so he will **explain** your job to you now.

0113 □ **career** [kəríər] 【名】仕事、経歴

日本語のキャリアと同じ意味だが、発音に注意。**advance in career**「キャリアアップ」なども覚えておこう。

0114 □ **contribute** [kəntríbju:t] 【動】貢献する、寄与する

contribute to～「～に貢献する」のように、前置詞**to**とともに使われることが多い。**contribute to the company's growth**「会社の成長に貢献する」といったフレーズで覚えよう。

派生語 **contribution**【名】貢献、寄付金

0115 □ **growth** [gróuθ] 【名】成長、増加

economic growth「経済成長」のように使われる。

派生語 **grow**【動】成長する、増える

0116 □ **explain** [ikspléin] 【動】説明する

as I explained「説明したように」などのフレーズでも使われる。

派生語 **explanation**【名】説明、解説

【訳】Aya : そうですか、わかりました。みなさん、こんにちは。Aya Otomoと申します。以前からずっと営業の仕事に関心があったので、ここで仕事ができてとてもうれしいです。会社の成長に貢献できるよう、せいいっぱい頑張りますので、よろしくお願いします。

Miki : その意気よ、Aya。あなたにはここにいるYasuoのもとで仕事をしてもらいます。これから彼に仕事の説明をしてもらうわね。

Skit S030 Words&Phrases W030 Repeating R030

030 Ayaの入社③ 社内では英語で話す!?

Yasuoは Ayaに社内では英語を使うという規定があると伝える。

Yasuo: Hi, Aya. I'm Yasuo Nakata. Nice to meet you.
Aya : Nice to meet you, too, Mr. Naka... um, Yasuo.
Yasuo: You may not be **comfortable** talking to me in English, but there is a company **regulation** that we speak in English at work, even with our Japanese **colleagues**.
Aya : All right. I can **manage** that.

0117 □ **comfortable** [kʌ́mfərtəbl] 【形】気楽な、快適な

反意語**uncomfortable**「不快な」も覚えておこう。

派生語 **comfortably**【副】快適に **comfort**【名】快適さ

0118 □ **regulation** [règjuléiʃən] 【名】規則、規制

規則関係の単語では、**guidelines**「指針」、**standards**「基準」なども覚えておこう。

コロケーション **comply with the regulations** 規則に従う

0119 □ **colleague** [káli:g] 【名】同僚

同意語に**coworker**があり、ともに頻出語である。

0120 □ **manage** [mǽnidʒ] 【動】やる、何とか成し遂げる

I can manage to～で、「自分で何とかできる」という意味になる。

派生語 **manageable**【形】扱いやすい **managerial**【形】管理（者）の

【訳】Yasuo ：やあ、Aya。Yasuo Nakataです。よろしく。
Aya ：こちらこそよろしくお願いします、中……、Yasuo。
Yasuo ：ぼくと英語で話すのはしっくりこないかもしれないけど、仕事中は日本人の同僚とも英語で話すという社内規定があるんだ。
Aya ：わかりました。なんとかできそうです。

Skit S031 Words&Phrases W031 Repeating R031

031 Ayaの入社④ Ayaの名刺
Ayaは Jeffから自分の名刺を渡される。

Jeff	: Hi, Aya. Here are your **business** cards. When you are **short** of cards, just let me know and I'll have more of them printed out.
Aya	: Okay.
Jeff	: If you need a card holder, just look in the **stationery** cabinet over there. You will find just about everything in there.
Aya	: Thank you, Jeff. I really **appreciate** it.

0121 □ **business** [bíznis] 【名】仕事、任務、会社

日本語にもなっているビジネスは、**business card**「名刺」や**business hours**「営業時間」のようにも使われる。

コロケーション **business hours** 営業時間 **business card** 名刺

0122 □ **short** [ʃɔ́:rt] 【形】不足している、足りない、短い

be short of paper「紙が不足している」で覚えておこう。**run out of paper**も同じ意味。

派生語 **shorten**【動】短くする、縮める

0123 □ **stationery** [stéiʃənèri] 【名】文房具、便せん

各文房具を総称して**stationery**で言い換えることがある。車→**vehicle**「乗り物」、イス→**furniture**「家具」など、あらゆるものの総称を覚えておこう。

0124 □ **appreciate** [əprí:ʃièit] 【動】感謝する

thank youをフォーマルにした言い方。**I appreciate your cooperation.**「ご協力を感謝します」のように用いる。

派生語 **appreciation**【名】感謝

【訳】
Jeff : やあ、Aya。これがあなたの名刺です。名刺が足りなくなったときは、いつでも知らせてください。さらに印刷させますから。
Aya : わかりました。
Jeff : 名刺入れが必要なら、あそこの文房具用キャビネットの中を見てみてください。だいたいのものはあそこで見つかりますよ。
Aya : ありがとうございます、Jeff。本当に助かります。

Skit S032　Words&Phrases W032　Repeating R032

032 Ayaの入社⑤　オリエンテーション

Yasuo は Aya に Wonder Perfume 社の沿革について説明する。

Yasuo : I'll be giving you your **orientation** this morning. I'll explain your job and tell you a little about Wonder Perfume's history.

Aya : Thank you. I know the company was **founded** in 1969 and its **headquarters** are in London.

Yasuo : That's right, and so far we've opened 20 **branches** all over the world.

Aya : I read that the company had offices in other countries, but I didn't know there were so many.

0125 □ **orientation** [ɔ:riəntéiʃən]　【名】オリエンテーション

new employee orientation「新入社員オリエンテーション」がPAPT 4で頻出。

0126 □ **found** [fáund]　【動】設立する、創設する

会社などを「設立する」という意味。**find**の過去形（**found**）と同じスペルのため、混同しないように気をつけたい。

派生語 **foundation**【名】土台、基盤　**founder**【名】創業者、設立者

0127 □ **headquarters** [hédkwɔ̀:rtərz]　【名】本部、本社

同意語に**head office**「本社、本店」もある。

同意語 **head office** 本社、本店

0128 □ **branch** [brǽntʃ]　【名】支店、支社、部門、枝

会社の「枝」とは、つまり「支店、支社」のこと。なお、「子会社」は**subsidiary**という。

【訳】Yasuo ：今日の午前中はオリエンテーションを行います。きみの仕事について説明するし、Wonder Perfumeの沿革のことも簡単に話すから。

Aya ：ありがとうございます。設立は1969年で、本社がロンドンにあるんですよね。

Yasuo ：そのとおり。これまでに、世界中で20の支店を展開しているんだ。

Aya ：海外に支店があることは読んで知ってましたけど、それほどたくさんあるとは思いませんでした。

Skit S033 Words&Phrases W033 Repeating R033

033 Aya の入社⑥ Aya の仕事内容について

Yasuo は Aya の仕事の概要について話し始める。

Yasuo : Also, a new branch is **expected** to open in Seoul early next year, and we'll **probably** send someone over there from this branch. Anyway, I should start by telling you a bit about your work.

Aya : Thanks. In the interview, Miki gave me an **outline** of the job, but there's a lot I don't know yet.

Yasuo : Well, to begin with I'll be giving you pretty clear **instructions** about what you need to do, so don't worry too much.

0129 □ **expect** [ikspékt] 【動】期待する、予期する

be expected to「～すると思われる、予想される」として頻出。

派生語 **expectation**【名】見込み、期待

0130 □ **probably** [prábəbli] 【副】おそらく、十中八九

「可能性」に関する単語として、**perhaps**「おそらく」、**maybe**「もしかしたら」なども覚えておこう。

0131 □ **outline** [áutlàin] 【名】概要 【動】概略を説明する

動詞で「概略を説明する」という意味があり、**outline the plan**「計画の概略を説明する」のように用いる。

コロケーション **outline the agenda** 協議事項の概略を説明する

0132 □ **instruction** [instrʌ́kʃən] 【名】指示、取扱説明書

follow the instructions「説明書に従う」などのフレーズで覚えよう。形容詞を用いた**instructional video**「説明のためのビデオ」という使い方もある。

派生語 **instruct**【動】指示する **instructor**【名】指導員

【訳】Yasuo : それに新しい支店がもうひとつ、来年早々にソウルにオープンすることになっている。たぶんうちの支店からだれかひとり送り込むことになるだろう。それはそれとして、まず最初にきみの仕事の説明からはじめよう。

Aya : 面接のときにMikiから仕事の概要を教えていただいたんですが、まだわからないことがたくさんあるんです。

Yasuo : 最初に、きみがやらなきゃならないことをはっきり伝えるから心配しなくていいよ。

Skit S034 Words&Phrases W034 Repeating R034

034 Ayaの入社⑦ Ayaの仕事の優先順位

AyaはYasuoの直属の部下として仕事に従事するように説明を受ける。

Aya : That will help me a lot.
Yasuo : Since you report to me, you have to do the tasks I give you first.
Aya : Okay. So if someone asks me to do something urgent, should I consult with you?
Yasuo : Please. That way, at least I'll know what you're doing.

0133 □ **report** [ripɔ́ːrt] 【動】報告する、知らせる、部下である

「伝える」のほかに、**report directly to the vice president**「副社長の直属である」のように使われることもある。

コロケーション **report a malfunction** （機械などの）誤作動を報告する

0134 □ **task** [tǽsk] 【名】課題、任務

assign the task「仕事を割り当てる」や、**the completion of the task**「仕事の完了」のように用いる。

コロケーション **assign the task** 仕事を割り当てる

0135 □ **urgent** [ə́ːrdʒənt] 【形】緊急の、急を要する

すぐに対処が必要なことに対して用いる。

コロケーション **urgent need** 差し迫った必要性

0136 □ **consult** [kənsʌ́lt] 【動】相談する

「相談する」のほか、**consult the manual**のように「（マニュアルを）調べる、確認する」という意味も覚えておこう。

派生語 **consultant**【名】相談役、顧問

【訳】Aya : たいへん助かります。
Yasuo : きみはぼくの直属だから、なによりもまず、ぼくが頼んだ仕事をやってほしい。
Aya : わかりました。ということは、もしだれかがわたしに緊急になにかやってほしいと言ってきたときは、相談したほうがいいということですか？
Yasuo : そうしてほしい。そうすれば、少なくともきみがいま何をしているか把握できるからね。

Skit S035 Words&Phrases W035 Repeating R035

035 Ayaの入社⑧ 入社してよかった！

Yasuoの説明を聞いたAyaは会社に対して好感を抱く。

Aya : It sounds like there's a lot for me to learn. I guess I'll be **relying** on you a lot at the beginning.

Yasuo: That's okay. We want to **establish** a comfortable working **environment**, so any time you need help, just ask.

Aya : Thanks. I'm already glad I **joined** this company.

0137 □ **rely** [rilái] 【動】当てにする、頼る

rely on～「～を信頼する、頼る」で覚えよう。派生語の形容詞や名詞も頻出する。

派生語 **reliable**【形】信頼できる **reliability**【名】信頼性

0138 □ **establish** [istǽbliʃ] 【動】築く、設立する

establish a company「会社を設立する」や**establish relations**「関係を樹立する」など、幅広く使える。

派生語 **establishment**【名】機関、体制

0139 □ **environment** [inάviərənmənt] 【名】環境

副詞を用いた**environmentally friendly**「環境にやさしい」なども使われる。形容詞**environmental**「環境の」。

派生語 **environmental**【形】環境の **environmentally**【副】環境的に

コロケーション **working environment** 職場環境

0140 □ **join** [dʒɔ́in] 【動】入る、加入する、参加する

join the companyで「入社する」という意味。「退職する」は**leave the company**または**quit the company**という。

コロケーション **join the company** 入社する

【訳】Aya : 覚えなければいけないことがたくさんありそうですね。最初のうちずいぶん迷惑をおかけすると思います。

Yasuo : それはかまわない。気持ちのいい仕事環境をいっしょに作りたいと思っているから、困ったときはいつでも、とにかく質問して。

Aya : ありがとうございます。この会社に入社できて嬉しいです。

Skit S036 Words&Phrases W036 Repeating R036

036 社内の案内① 食堂を利用するには?

Yasuoの案内で社内を見学するAyaは食堂を訪れる。

Yasuo : Down the **hall** to the left is Personnel. They can answer any questions about your salary and so on. And just ahead is the **cafeteria**.
Aya : It looks great.
Yasuo : The food is pretty good, and the **vending** machines here all carry free drinks.
Aya : So I just bring my food up to the **cashier** and take whatever drink I like from the machine, right?

0141
□ **hall** [hɔ́:l] 【名】廊下、玄関、広間

banquet hall（宴会場）が頻出。**go down the hall**（廊下を進む）という表現も使われる。

0142
□ **cafeteria** [kæ̀fətíəriə] 【名】食堂、カフェテリア

ビジネスシーンでは「社員食堂」という意味で使われることが多い。

0143
□ **vend** [vénd] 【動】売る

vending machine「自動販売機」で覚えておこう。名詞**vendor**「行商人」も重要。

コロケーション **vending machine** 自動販売機

0144
□ **cashier** [kæʃíər] 【名】レジ係、会計係

cash register「レジ」で働く人を**cashier**と呼ぶ。

【訳】Yasuo : 廊下を左手にずっと行ったところに人事部があって、給料その他の質問になんでも答えてくれる。そしてその先に食堂がある。
Aya : すてきですね。
Yasuo : 料理もけっこうおいしいんだ。それと、社内にある販売機の飲みものはすべて無料だから。
Aya : ということは、食べものだけレジにもっていって、飲みものは好きなものを機械から取り出せばいいということですか?

Skit S037 Words&Phrases W037 Repeating R037

037 社内の案内② 改装中の部屋

Ayaは改装工事が行われている部屋を見つけてYasuoに質問する。

Yasuo : That's right.
Aya : What's that room to the right? It looks like it's being renovated.
Yasuo : That used to be the **accounting** department, but they moved to the second floor. The work's still in **progress** at the moment, but it's going to be another meeting room. Actually, I think we'll need to move to a bigger office soon. We've been here for almost a **decade**.
Aya : It sounds like there's a lot of work going on here.

0145 □ **renovate** [rénəvèit] 【動】修復する

名詞の**renovation**は、**closed for renovation**「改修のため閉鎖中」といったフレーズで頻出する。

派生語 **renovation**【名】修復

0146 □ **accounting** [əkáuntiŋ] 【名】会計、経理

「会計」や「財務」の内容で頻出。**accounting department**で「経理部」の意味。会計に携わる**accountant**「会計士」も頻繁に登場する。

派生語 **accountant**【名】会計士、経理士

0147 □ **progress** [prágres] 【名】進展、発展、前進

make progress「進展する」のようにも用いる。**in progress**で「進行中で」という意味になる。

コロケーション **make progress** 進展する

0148 □ **decade** [dékeid] 【名】10年間

選択肢で**ten years**と言い換えられることが多い。「20年」は**two decades**となる。

【訳】
Yasuo ：そのとおり。
Aya ：右手にあるあの部屋はなにかしら、改装中のようだけど。
Yasuo ：以前は経理部が使っていたんだけど、彼らは2階に引っ越したんだ。まだ工事中だけど、もうひとつ会議室ができる。まぁ、近いうちにもっと大きなオフィスに移る必要が出てくると思うけど。もうほぼ10年ここにいるからね。
Aya ：たくさんの作業が進行しているようですね。

Skit S038 Words&Phrases W038 Repeating R038

038 社内の案内③ 女性用トイレが使えない!?

Yasuoは今いるフロアの女性用トイレがメンテナンス中であることを伝える。

Yasuo : Oh, while we're talking about renovations, the ladies' restroom on this floor is **undergoing maintenance** at the moment.
Aya : Oh, right. So where's the nearest one?
Yasuo : You can use the one **upstairs** for the **duration** of the work. It's only minor maintenance, so it won't take more than a few days.
Aya : Okay, that doesn't sound like a problem.

0149 □ **undergo** [ʌ̀ndərgóu] 【動】受ける
undergo an inspection「検査を受ける」のように使われる。
コロケーション **undergo training** 訓練を受ける

0150 □ **maintenance** [méintənəns] 【名】維持、整備
動詞**maintain**も頻出し、**maintain a building**「ビルを維持管理する」のように使われる。
派生語 **maintain**【動】維持する、保つ

0151 □ **upstairs** [ʌ́pstɛ́ərz] 【副】上階へ
PART 1の問題に**go upstairs**「階段を上る」や、反対の意味の**go downstairs**「階段を下りる」が頻出。
反意語 **downstairs**【副】階下に

0152 □ **duration** [djuréiʃən] 【名】継続期間
duration of a contract「契約期間」のように使う。
コロケーション **duration of service** 勤務期間

【訳】Yasuo : そうだ、改装中といえば、この階の女性用トイレがちょうどいまメンテナンス作業中だから。
Aya : わかりました。では、いちばん近いのはどこにあるんですか。
Yasuo : メンテナンス期間は上の階のを使うといいよ。ちょっとしたメンテナンスだから数日で終わるから。
Aya : わかりました。心配いらないようですね。

Skit S039　Words&Phrases W039　Repeating R039

039 社内の案内④　喫煙所はどこに？
Ayaは喫煙スペースについてYasuoに質問する。

Yasuo: By the way, are you a smoker?
Aya　: No, but I heard that smoking is basically not allowed on the premises.
Yasuo: Yes, well, it's restricted to designated areas.
Aya　: So where can people go to smoke? I might need to know in case we have a visitor who smokes.

0153 □ **allow** [əláu]　【動】許す、可能にする

allow A to～で、「**A**に～させる」や、「**A**が～できる」という意味。**You are not allowed to**～.「～することはできない」という受動態も頻出する。

派生語 **allowable**【形】許容される

0154 □ **premise** [prémis]　【名】建物、敷地

on the premisesで「建物（敷地）内で」という意味。**Smoking is not allowed on the premises.**「建物内は禁煙です」で覚えておこう。

0155 □ **restrict** [ristríkt]　【動】制限する

restricted area「立入禁止区域」が頻出。名詞**restriction**「制限」も重要だ。

派生語 **restriction**【名】制限

0156 □ **designate** [dézignèit]　【動】指定する、指名する

野球好きな人は**D.H.**（指名打者）が**Designated Hitter**のことだと覚えておこう。

コロケーション **designated area**　指定された場所

【訳】Yasuo：ところで、きみ、たばこは？
Aya　：吸いません。でも、喫煙は社内では禁止だと聞いています。
Yasuo：そうなんだ。指定された場所でしか吸えない。
Aya　：みなさん、どこで吸われるんですか。タバコを吸われるお客様が見えたときのために知っておく必要がありそうですので。

Skit S040 Words&Phrases W040 Repeating R040

040 社内の案内⑤　喫煙所はどこに？

Ayaは喫煙スペースについてYasuoに質問する。

Yasuo: **In accordance with** company regulations there's a smoking area on the third floor, but it's always **crowded**. I usually smoke on the roof.
Aya : It makes sense that people can't smoke in the **workplace**, but the roof must be cold in winter.
Yasuo: Still, I **prefer** being outside than in a small room full of other smokers.

0157 □ **in accordance with** 〜に従って

PART 5の語彙問題でもよく出題される。**in accordance with the regulations**「規則に従って」といったフレーズで覚えよう。同じ意味の**in compliance with**も頻出。

0158 □ **crowded** [kráudid] 【形】混み合った、混雑した

crowded with people「人で混雑している」のように使われる。

0159 □ **workplace** [wə́ːrkplèis] 【名】職場、仕事場

仕事環境全体のことは、**working environment**という。**working conditions**「労働条件」も覚えておこう。

0160 □ **prefer** [prifə́ːr] 【動】〜の方を好む

prefer A to B「BよりAを好む」という構文が重要。形容詞を用いた**preferable conditions**「好ましい状況」も頻出。

派生語 **preferable**【形】よりよい　**preferably**【副】なるべく
preference【名】好むこと、好み

【訳】Yasuo：会社の規則にしたがって、3階に喫煙エリアが設けられている。でもいつも人があふれているから、ぼくはふだんは屋上で吸ってるんだ。
Aya：職場でたばこを吸ってはいけないというのは納得です。でも屋上は冬には寒いでしょうね。
Yasuo：それでもたばこを吸っている人がいっぱいいる狭い部屋より、ぼくは外のほうがいいからね。

Skit S041 Words&Phrases W041 Repeating R041

041 Aya の歓迎会① 歓迎会の時間と場所は?

Miki は Aya の歓迎会について Yasuo に相談する。

Miki : I'm planning a welcome party for Aya. How does this Friday sound?

Yasuo : That's a good idea. We could call a **catering** company and have it here after work, or we could go out somewhere. I know a nice Italian restaurant with a great **atmosphere**.

Miki : I like the sound of the restaurant, but first let's check with Aya and the other **coworkers** so we can **figure out** how many people are going.

0161 □ **catering** [kéitəriŋ] 【名】仕出し業、ケータリング

パーティーなどへの料理配達サービス（出前、仕出し）のこと。

0162 □ **atmosphere** [ǽtməsfìər] 【名】雰囲気、大気

大気という意味もあるが、ビジネスで使う場合は「雰囲気」である。

コロケーション **sociable atmosphere** 和やかな雰囲気

0163 □ **coworker** [kóuwə̀rkər] 【名】同僚

同意語の **colleague**「同僚」も重要。**co-** という接頭辞は「一緒の」という意味。

0164 □ **figure out** 見つけ出す、解決する

文脈によって、**understand** や **discover**「発見する」の同意語になったり、**solve**「解決する」の同意語となる。

コロケーション **figure out a solution** 解決法を見つける

【訳】Miki : Ayaの歓迎会を考えているの。今週金曜はどうかしら。

Yasuo : それいいですね。ケータリング（仕出し屋）を頼んで、仕事が終わる時間にここへもってきてもらうこともできますし、どこかで外食してもいいですね。とても雰囲気がよくて、おいしいイタリア料理店を知ってます。

Miki : レストランのほうがよさそうだけど、まずAyaと他の同僚たちの都合を確かめないとね。そうすれば、何人参加できるかわかるし。

Skit S042 Words&Phrases W042 Repeating R042

042 Ayaの歓迎会② レストランを予約

Ayaの都合を聞いたYasuoはイタリア料理店を予約する。

Yasuo: To **celebrate** your joining our company, we're thinking of having a party on Friday. It will be **held** at Villa Macaroni, that Italian place near the station. Is that evening okay for you?

Aya: It's great. Thank you! I've heard the restaurant has a good **reputation**. I'm really excited about it!

Yasuo: Okay, I'll make a **reservation** now.

0165 □ **celebrate** [séləbrèit] 【動】祝う

PART 4の記念スピーチなどのシチュエーションで、**celebrate our 10th anniversary**「10周年を祝う」のように使われる。名詞**celebration**「祝賀会」も重要。

派生語 **celebration**【名】祝賀会、祭典

0166 □ **hold** [hóuld] 【動】行う、持つ

The meeting will be held.「会議が開かれる」のような受動態の使い方も覚えておこう。

コロケーション **hold a meeting** 会議を開く **hold a banquet** 宴会を開く

0167 □ **reputation** [rèpjutéiʃən] 【名】評判、名声

have a good reputation「よい評判がある」のように覚えておこう。

0168 □ **reservation** [rèzərvéiʃən] 【名】予約

make a reservation「予約を取る」や**confirm your reservation**「予約を確認する」のようにフレーズで覚えておこう。

派生語 **reserve**【動】予約する

コロケーション **make a reservation** 予約する

【訳】Yasuo：きみが入社したことを祝って金曜日にパーティを開こうと思ってるんだ。Villa Macaroniっていう駅のそばにある、あのイタリアンの店でやるつもりなんだけど、金曜夜の都合はどうかな？

Aya：すてきですね、ありがとうございます。評判のよいお店だって聞いています。すごく楽しみです。

Yasuo：OK、じゃあこれから予約しよう。

Skit S043 Words&Phrases W043 Repeating R043

043 Ayaの歓迎会③ 飲み物を注文
イタリア料理店でAyaは飲み物に白ワインを注文する。

Yasuo: They serve the drinks first, so what beverage do you want?
Aya : White wine for me, please.
Yasuo: A few people are drinking wine, so is it okay if I order a bottle?
Aya : Yeah. If a group of us share, that's fine.

0169 □ **serve** [sə́ːrv] 【動】給仕する

serve the meal「食事を出す」で覚えよう。なお、**waiter/waitress**のように男女の区別をしない**server**「給仕」という呼び方も覚えておこう。

派生語 **service**【名】サービス、もてなし

0170 □ **beverage** [bévəridʒ] 【名】飲み物

drink「飲み物」のフォーマルな表現。

0171 □ **order** [ɔ́ːrdər] 【動】注文する 【名】注文、順序

take an order「(店員が)注文を取る」や、**place an order**「(商品を)注文する」のようにフレーズで覚えておこう。

コロケーション **take an order** 注文を取る

0172 □ **share** [ʃéər] 【動】分け合う、共用する 【名】株

share a ride「車の相乗りをする」が頻出。なお、名詞の**share**には「株(= **stock**)」という意味もある。

【訳】Yasuo : 最初は飲みものが出されるんだけど、きみはなにがいい?
Aya : 白ワインをお願いします。
Yasuo : ワインを飲む人が何人かいるから、ボトルを注文してもかまわないかな。
Aya : ええ。みんなで分けるのであれば、いいですね。

Skit S044 Words&Phrases W044 Repeating R044

044 Ayaの歓迎会④　入社しての感想は？

乾杯の後、Ayaは入社してからの1週間について感想を述べる。

Miki : Do you all have your drinks? Okay, then I'd like to say a few words. Welcome to our company, Aya. We're **delighted** to have you with us. Well, cheers!
Aya : Cheers! Thank you so much.
Miki : So, how was your first week at our **firm**, Aya?
Aya : **Frankly** speaking, it was very **tough**, since I had a lot of things to learn. But I'm enjoying the new challenges.

0173 □ **delighted** [diláitid] 【形】とてもうれしい

be delighted to～「～することはとてもうれしい」は、**be pleased to**～や**be pleased to**～と同じ意味のフレーズで頻出。

派生語 **delightful**【形】感じのいい、快適な

0174 □ **firm** [fəːrm] 【名】会社、企業

consulting firm「コンサルティング会社」や**accounting firm**「会計事務所」のように使われる。**company**「会社」の同意語。

0175 □ **frankly** [frǽŋkli] 【副】率直に

frankly speaking「率直に言うと」という前置きでよく使われる。

0176 □ **tough** [tʌ́f] 【形】難しい、厳しい、頑丈な

レイオフや解雇のような決定を、**tough decision**「厳しい決断」と表わすことがある。

【訳】Miki : みなさん、飲みものは持った？　OK、じゃあ、ひとこと挨拶するわね。Aya、わたしたちの会社にようこそ。あなたを迎えることができてみんな喜んでます。では乾杯！
Aya : 乾杯！　みなさん、どうもありがとうございます。
Miki : 会社での最初の1週間はどうだったかしら。
Aya : 正直言ってとてもたいへんでした。覚えなきゃいけないことばかりで。でも、新しいチャレンジをとてもたのしんでいます。

Skit S045 Words&Phrases W045 Repeating R045

045 Ayaの日常業務① Yasuoが遅刻？

Ayaは Yasuoからミーティングに遅れるかもしれないと電話で連絡を受ける。

Aya : Wonder Perfume, Aya Otomo speaking.
Yasuo : Hi, Aya. It's Yasuo. I'm going to be **late** for the 10:30 meeting with Mr. Price.
Aya : What happened? Are you okay?
Yasuo : Yes, but an accident **occurred** at Shibuya Station, so the train I'm on hasn't moved for the past 20 minutes. Can you please call Mr. Price's **secretary** and say that I'll be late and may even have to **call off** the meeting?
Aya : Okay. I'll do that now.

0177 □ **late** [léit] 【形】遅れた 【副】遅れて

be late for ～「～に遅れる」や**arrive late**「遅れて到着する」で使われる。

0178 □ **occur** [əkə́ːr] 【動】発生する、起こる

The accident occurred last night.「昨夜事故が起こった」のように、通常事故などが起こったことを伝える際に用いられる。

派生語 **occurrence**【名】出来事

0179 □ **secretary** [sékrətèri] 【名】秘書

形容詞を用いた**secretarial assistance**「秘書の手伝い」も重要。

派生語 **secretarial**【形】秘書の

0180 □ **call off** 中止する

cancel（キャンセルする）と同じ意味で、イベントや会議などに使われる。

コロケーション **call off the meeting** 会議を中止する

【訳】Aya : Wonder PerfumeのAya Otomoです。
Yasuo : やあ、Aya。Yasuoだよ。Priceさんとの10時半からの打ち合わせに遅れそうなんだ。
Aya : 何かありましたか？ 大丈夫ですか？
Yasuo : ああ、渋谷駅で事故があって、乗っている電車がもう20分間、動いていないんだ。Priceさんの秘書に電話して、ぼくが遅れそうで打ち合わせを中止しなければいけないかもしれないと言ってくれる？
Aya : わかりました。そうします。

Skit S046 Words&Phrases W046 Repeating R046

046 Ayaの日常業務② 手紙のプリントアウト

AyaはMikiからレターヘッドに手紙を印刷してほしいと頼まれる。

Miki : Aya, can you print a letter on **letterhead** paper? I've sent you the file.
Aya : Sure. Um, the letterhead is in that **drawer**, right?
Miki : You do have a good memory for details, don't you? I'm **impressed**.
Aya : Thank you—but **actually**, I wrote everything down!

0181 □ **letterhead** [létərhèd] 【名】レターヘッド

会社名や電話番号などが印刷されている便せん、または便せんに印刷された会社情報の部分。**company logo**「ロゴ」などが印刷されているものもある。

0182 □ **drawer** [drɔ́ːr] 【名】引き出し

机などの引き出しのことで、PART 1に頻出する。**pull out a drawer**「引き出しを開ける」のように使う。

0183 □ **impressed** [imprést] 【形】感動した、感銘を受けた

名詞の**impression**は、**first impression**「第一印象」などのフレーズで覚えておこう。

派生語 **impress**【動】印象づける、感心させる **impression**【名】印象、感じ

0184 □ **actually** [ǽktʃuəli] 【副】実は、実際のところ

正直に伝えたり、実際に起こったことをありのままに伝える際に使われる副詞。形容詞の**actual**「実際の」も重要。

派生語 **actual**【形】実際の

【訳】Miki : Aya、レターヘッドに手紙を印刷してもらえるかしら? ファイルをあなたに送ったところなんだけど。
Aya : もちろんです。ええと、レターヘッドはあの引き出しの中ですよね?
Miki : 細かいことまで覚えていて記憶力がいいのね。感心したわ。
Aya : ありがとうございます。でも、じつはすべてを書き留めていたんです!

Skit S047　Words&Phrases W047　Repeating R047

047 Ayaの日常業務③　手紙を送る

Ayaは Mikiから手紙の発送についていろいろと教わる。

Miki : Since we're sending the letter within Japan, we need to use this kind of **envelope**.

Aya : I see. Should I put a **stamp** on it, too?

Miki : Please. But why don't you **weigh** it first, just in case? The **scale** is over here.

Aya : Okay.

0185 □ **envelope** [énvəlòup]　【名】封筒

stamp the envelope「封筒に切手を貼る」といったフレーズで使われる。手紙関連の単語では**enclose**「同封する」も覚えておこう。

0186 □ **stamp** [stǽmp]　【名】切手、印

stamp a letter「手紙に切手を貼る」のように動詞でも使われる。

0187 □ **weigh** [wéi]　【動】重さを量る

weigh baggage「荷物の重さを量る」のように使われる。

派生語 **weight**【名】重量、重さ

0188 □ **scale** [skéil]　【名】はかり、規模、範囲

「はかり」という意味ではPART 1で頻出する。日本語の「スケールが大きい」は「規模」という意味の用法。

コロケーション **on a large scale**　大規模に

【訳】Miki : 日本国内に手紙を送るときは、封筒はこのタイプを使わないといけないのよ。

Aya : わかりました。切手も貼るんですか？

Miki : 貼ってください。でも念のため、まず重さを量ったほうがいいわね。はかりはこっちにあるわ。

Aya : はい。

Skit S048　Words&Phrases W048　Repeating R048

048 Ayaの日常業務④　議事録の保管場所

Ayaは Yasuoに議事録の保管場所について尋ねる。

Aya : Hi, Yasuo. Do you know where the minutes of past meetings are stored?
Yasuo : We keep them in the top drawer of that cabinet over there. But since it's very high, I always use the chair **folded** over there. But you should use a **ladder**. I'll go get one and **prop** it up against the cabinet for you.
Aya : Thank you. I'd appreciate it.
Yasuo : After you're done with the ladder, please put it back in the storage room.

0189 □ **minutes** [mínits] 【名】議事録

minutes from last meeting「前回の会議の議事録」として覚えておこう。**agenda**「会議事項」に関する内容で使われることが多い。

0190 □ **fold** [fóuld] 【動】折りたたむ

紙を折ることを**fold paper**という。PART 1では、**hold**との発音の混同を狙った問題が出題されることがある。

0191 □ **ladder** [lǽdər] 【名】はしご

PART 1で頻出。**leaning against the wall**「壁に立てかけられている」という描写が多い。

0192 □ **prop** [prάp] 【動】立てかける、もたせかける

PART 1で「ものが壁に立てかけられている」写真を、**propped up against the wall**と描写することもある。同じ意味の**leaning against the wall**も頻出。

【訳】Aya : ねえ、Yasuo。これまでの会議の議事録がどこに保管されているか知っていますか？
Yasuo : むこうのあのキャビネットの一番上の引き出しに保管しているよ。でも、かなり高いところだから、ぼくはいつも向こうに折りたたまれてあるイスを使うんだ。でも、きみははしごを使ったほうがいいね。はしごを持ってきて、キャビネットにかけてあげるよ。
Aya : ありがとうございます。助かります。
Yasuo : はしごを使い終わったら、たたんで収納室に戻しておいて。

Skit S049　Words&Phrases W049　Repeating R049

049 Ayaの日常業務⑤　請求書にミス!?

Yasuoは、請求書の確認をAyaに依頼する。

Yasuo: I just got an e-mail from one of our clients saying that the **invoice** we gave them had some **unexpected** items. Can you check it for me?

Aya　: Let me see... It looks like there's been a mistake.

Yasuo: That's what I thought. I'll **reply** and say that we'll do the **calculations** again and send a new invoice later today.

0193 □ **invoice** [ínvɔis]　【名】送り状、納品書、明細書

ビジネスの書類に関する用語として、**specification**「仕様書」、**receipt**「領収書」も覚えておこう。

0194 □ **unexpected** [ʌ̀nikspéktid]　【形】予期せぬ、思いがけない

unexpected result「予期せぬ結果」というフレーズで覚えておこう。副詞**unexpectedly**「思いがけなく」も重要。

コロケーション **unexpected delay**　予期せぬ遅延

0195 □ **reply** [riplái]　【動】返事をする、答える　【名】返答

reply to customers' questions「顧客からの質問に返事をする」のように使われる。**respond to**「〜に答える」や**answer**も同じような意味。

0196 □ **calculation** [kæ̀lkjuléiʃən]　【名】計算

電卓のことを**calculator**と呼ぶことも知っておこう。動詞の**calculate**も重要。

派生語 **calculate**【動】計算する

【訳】Yasuo：クライアントの1件から、うちが渡した請求書に覚えのない項目がいくつか含まれているというメールが届いたんだ。確認してもらえるかな？

Aya：ええと……。間違いがあるみたいです。

Yasuo：そうだと思ったんだ。返信して、計算し直して新しい請求書をあとで送ると伝えるよ。

Skit S050 Words&Phrases W050 Repeating R050

050 市場調査の報告① 報告結果の転送

Mikiは Yasuoから市場調査の報告を転送してもらう。

Miki : I heard the market research team finished their work.
Yasuo: That's right. They sent me the results and I'm looking at them now.
Miki : Can you forward the results to me?
Yasuo: Yes, I did it already.

0197 □ **market** [má:rkit] 【名】市場

competitive market「競争市場」や、**on the market**「市場に出ている」などのフレーズも覚えておこう。

コロケーション **competitive market** 競争（の激しい）市場 **market research** 市場調査

0198 □ **research** [risə́:rtʃ] 【名】研究、調査 【動】研究する、調査する

research and development「研究開発」や、**market research**「市場調査」などのフレーズを覚えておきたい。

コロケーション **conduct research** 調査を行う

0199 □ **result** [rizʌ́lt] 【名】結果、成果 【動】結果として生じる

the result of the survey「調査の結果」のように用いられる。**disappointing result**「不本意な結果」のように、形容詞とともに用いられることも多い。動詞では**result in** ～「～の結果になる」の形を覚えておこう。

コロケーション **result in success** 結果として成功する

0200 □ **forward** [fɔ́:rwərd] 【動】転送する

動詞で使えば「（メールなどを）転送する」という意味。

コロケーション **forward an e-mail** メールを転送する

【訳】Miki : 市場調査チームが仕事を終えたそうね。
Yasuo : そうなんですよ。結果が送られてきたので見ているところです。
Miki : その結果を転送してくれる？
Yasuo : ええ、もう転送してあります。

Skit S051 Words&Phrases W051 Repeating R051

051 市場調査の報告② 書類の整理と要約

Ayaは Yasuoから書類の整理および要約を頼まれる。

Yasuo : Hi, Aya. I need you to **sort** out these documents by date and then **summarize** the main points. I've finished the first five, so please do the **rest**.

Aya : Okay. When do you need the summaries?

Yasuo : I'm supposed to **submit** them to the board by Friday, so could you finish the job by the end of Thursday?

Aya : Sure. No problem.

0201 □ **sort** [sɔ́ːrt] 【動】分類する、整理する

sort out「整理する、分類する」で使われる。

0202 □ **summarize** [sʌ́mərὰiz] 【動】要約する

summarize the contentで「内容を要約する」という意味になる。名詞**summary**を用いた**summary of a report**「レポートの要約」といったフレーズも覚えておこう。

派生語 **summary**【名】要約、概要

0203 □ **rest** [rést] 【名】残り 【動】休む

the rest of the weekといえば、「週の残りの日」のこと。

0204 □ **submit** [səbmít] 【動】提出する

submit the report「報告書を提出する」は最重要。

派生語 **submission**【名】提出

コロケーション **submit the report** 報告書を提出する

【訳】Yasuo ：ねえ、Aya。日付順にこれらの書類を整理して、それから要点をまとめてくれないかな。最初の5枚は終わったから残りを頼むよ。

Aya ：わかりました。要約はいつ必要ですか？

Yasuo ：金曜日までに役員会に提出することになっているので、木曜日中に終わらせてくれる？

Aya ：ええ。わかりました。

Skit S052 Words&Phrases W052 Repeating R052

052 Yasuoの業務① 売り上げノルマの提案

Yasuoは売り上げノルマについての考えをMikiに伝えようとするが……。

Miki : Have you thought about the sales **quotas** for the April-June period yet?
Yasuo : Actually, I was going to **address** that in the next meeting, but I can talk to you about my ideas now if you have time.
Miki : I'm interested to know what you **suggest**, but I'm on my way to an **appointment** now, so can you just send me an e-mail?
Yasuo : Sure. I'll send the suggestions this afternoon.

0205 □ **quota** [kwóutə] 【名】ノルマ

sales quotaで「売り上げノルマ」という意味になる。

コロケーション **meet the sales quota** 売り上げノルマを達成する

0206 □ **address** [ədrés] 【動】演説する、対応する 【名】住所

様々な意味を持つ動詞だが、TOEICでは「話す」や「対応する」という意味で頻繁に使われる。

コロケーション **address the audience** 聴衆に話す

0207 □ **suggest** [sədʒést] 【動】提案する、示す、示唆する

PART 2や3に頻出する提案の表現として、**Why don't you～?**「～してはどうですか」や**Why don't we～?**「～しませんか」なども覚えておこう。

派生語 **suggestion**【名】提案、可能性

0208 □ **appointment** [əpɔ́intmənt] 【名】予約、約束、任命

予約に関する話題では「約束、予約」という意味。動詞**appoint**は役職などに用いられ、「任命する」という意味になる。**A was appointed as B.**「AがBに任命された」も覚えておこう。

派生語 **appoint**【動】任命する

【訳】Miki : 4-6月期の売り上げノルマのこと、もう考えてみた？
Yasuo : 実は次の会議でそのことを話すつもりでしたが、お時間があれば、今、私の考えをお話することはできます。
Miki : あなたの提案する内容を知りたいけれど、予約があって出かけるところなのでメールを送ってくれる？
Yasuo : わかりました。今日の午後、提案をメールします。

Skit S053 Words&Phrases W053 Repeating R053

053 Yasuo の業務② 予算案の提出

本社に予算案を提出する際、Yasuoが準備を担当することに。

Miki : Hi, Yasuo. Headquarters want us to submit our **budget** plan for the next **fiscal** year by the end of the month. Could you get it ready?

Yasuo : Sure. But before I **work on** it, I need to know how much money will be **allocated** to our department.

Miki : That's right. They've sent me that information, so I'll forward it to you now.

Yasuo : Okay. Thank you.

0209 □ **budget** [bʌ́dʒit] 【名】予算、経費

budget proposal「予算の提案」や **budget meeting**「予算会議」などフレーズでも使われる。

コロケーション **budget proposal** 予算の提案 **budget meeting** 予算会議

0210 □ **fiscal** [fískəl] 【形】財政上の

fiscal year で「会計年度」という意味になる。

コロケーション **fiscal year** 会計年度

0211 □ **work on** ～に取り組む

work on a document といえば、「文書に取り組んでいる」こと。

0212 □ **allocate** [ǽləkèit] 【動】割り当てる、配分する

「時間や仕事などを割り当てる」という際に使われる。

派生語 **allocation**【名】割り当て

コロケーション **allocate tasks** 仕事を割り当てる

【訳】Miki : ねえ、Yasuo。本社が月末までに来年度の予算案を提出するようにって。準備してもらえる?

Yasuo : わかりました。しかし、作業の前に、うちの部署にいくらくらい予算が割り当てられるのか知っておかないと。

Miki : そうね。その情報は私のところに送られてきてるから転送するわ。

Yasuo : そうですか。ありがとうございます。

Skit S054 Words&Phrases W054 Repeating R054

054 Yasuoの報告書① 報告書のコピーをとる

Yasuoは報告書のコピーをとろうとしたが、コピー機がうまく作動しない。

Yasuo : Hi, Aya. If you've got a moment, could you help me out? I'm trying to make a copy of this report, but the **photocopier** won't work. Is it **malfunctioning**?
Aya : It looks like it's just **run out** of paper.
Yasuo : Oh, is that all? In that case, can you get some more paper from the stationery cabinet?
Aya : Sure, I'll do it right away. Give me the report and I'll make the **copy** for you as well.

0213 □ **copy** [kápi] 【名】コピー 【動】コピーする

いわゆるコピー（複写）のほか、本１冊のことを**copy**と呼ぶことも覚えておこう。

コロケーション **make a copy** コピーを取る

0214 □ **photocopier** [fóutoukɑ̀piər] 【名】コピー機

PART 1の写真描写問題に頻出する。また、**make a photocopy**で「コピーを取る」という意味になる。

同意語 **copier**【名】コピー機

0215 □ **malfunction** [mælfʌ́ŋkʃən] 【動】故障する 【名】故障

故障に関する内容で使われる。**be out of order**「故障中」も重要。接頭辞の**mal-**には、「悪い」という意味があり、**function**「機能」が悪いことを意味する。

コロケーション **system malfunction** システムの故障

0216 □ **run out** なくなる

run out of time「時間がなくなる」や**run out of paper**「紙が不足する」で頻出。

コロケーション **run out of time** 時間がなくなる

【訳】Yasuo : ねえ、Aya。ちょっと時間があったら手伝ってくれるかな？ この報告書のコピーを取ろうとしているんだけど、コピー機が動かないんだよ。故障かな？
Aya : 用紙切れをおこしているだけのようです。
Yasuo : なんだ、それだけ？ それなら、文房具のキャビネットから用紙を持ってきてくれるかな？
Aya : はい、すぐにやります。その報告書を渡してください。コピーもしておきます。

Skit S055 Words&Phrases W055 Repeating R055

055 Yasuoの報告書② 報告書にミス発見!

Ayaは Yasuoの報告書にミスがあることを発見する。

Aya : You asked me to make a copy of this report for the meeting this afternoon. I glanced at it and I think there's a mistake.

Yasuo: Really? I read it but I'm not aware of any mistakes.

Aya : These figures aren't accurate, see?

Yasuo: Oh, yes! Thanks for that. I should be more careful in the future.

0217 □ **glance** [glǽns] 【動】目を通す、ちらっと見る

glance at ～で「～を見る」という意味。**at a glance**「一見して」も重要。

コロケーション **glance at a picture** 絵を見る

0218 □ **aware** [əwέər] 【形】気づいている、認識している

be aware that ～「～だと気づく」や**be aware of**～「～に気づく、～を知る」のように使う。

派生語 **awareness**【名】意識、認識

0219 □ **figure** [fígjər] 【名】数値、数字、金額

sales figures「売上高」で頻出する。**in round figures**「概算で」も覚えておこう。

コロケーション **sales figures** 売上高

0220 □ **accurate** [ǽkjurət] 【形】正確な

accurate information「正確な情報」のように使われる。副詞**accurately**「正確に」や名詞**accuracy**「正確さ」も重要。

派生語 **accuracy**【名】正確さ **accurately**【副】正確に

反意語 **inaccurate**【形】誤った

【訳】Aya : 今日の午後の会議のため、この報告書をコピーするようにとのことでしたが、ちょっと見たら間違いがあるように思いました。

Yasuo : 本当? 読んだけど何の間違いにも気づかなかったな。

Aya : これらの数字は正確ではありませんよね?

Yasuo : ああ、そのとおり! 助かったよ。これからはもっと気をつけないと。

Skit S056 Words&Phrases W056 Repeating R056

056 商品の問い合わせ① 商品の割引はありますか？

代官山の店主から商品についての問い合わせの電話が入る。

Aya	: Wonder Perfume, sales department.
Customer	: Hi. My name is Tom Rowlands. I own a perfume store in Daikanyama. I'd like to ask you a question about your new product, Vitamin Drop.
Aya	: Yes, Mr. Rowlands. How can I help you?
Customer	: Do you offer a discount for bulk orders?

0221 □ **own** [óun] 【動】所有する 【形】自分の

形容詞を名詞的に用いた**on my own**「ひとりで」という表現も覚えておこう。

派生語 **owner**【名】所有者、オーナー

0222 □ **offer** [ɔ́:fər] 【動】提供する 【名】申し出、提案

offer a discount「割引を提供する」のように使われる。なお、**make an offer**「申し出をする」のように名詞で使われることも多い。

コロケーション **offer a discount** 割引を提供する **special offer** 特価

0223 □ **discount** [dískaunt] 【名】割引、値引き

日本語のディスカウントと同じ意味。**offer at a reduced price**「割引価格で提供する」という言い方もできる。

0224 □ **bulk** [bʌ́lk] 【形】大量の、大口の

bulk order「大量注文」や**in bulk**「大量に」でよく使われる。割引への言及が続くことが多い。

コロケーション **bulk order** 大量注文

【訳】Aya : Wonder Perfume、営業部です。
顧客 : もしもし、Tom Rowlandsと申します。代官山で香水店を経営しています。貴社の新製品のVitamin Dropに関してお聞きしたいのですが。
Aya : はい、Rowlands様。ご質問をおうかがいいたします。
顧客 : 大量の注文の場合、割引してもらえますか？

Skit S057 Words&Phrases W057 Repeating R057

057 商品の問い合わせ② 電話での注文は可能？

Ayaはインターネットからの注文で追加割引が受けられると説明する。

Aya : Definitely. If you purchase more than 50 bottles, you'll receive a ten percent discount.

Customer: Oh, that's great. Can I order on the phone now?

Aya : Yes. But if you order over the Internet, you can receive an additional five percent discount.

Customer: That sounds like a generous offer. I'll try that. Thank you.

0225 □ **definitely** [défənitli] 【副】確かに、間違いなく、そのとおり

派生語はいずれも重要なので、あわせて覚えておこう。

派生語 **definite**【形】明確な **definition**【名】定義 **define**【動】明確にする

0226 □ **purchase** [pə́ːrtʃəs] 【動】購入する 【名】購入

buyの同意語。保証期間について、**for a year from the date of purchase**「購入日から1年間」という表現もある。

コロケーション **purchase a new computer** 新しいコンピュータを購入する

0227 □ **additional** [ədíʃənl] 【形】追加の、さらなる

an additional fee「追加料金」などのフレーズで使われる。名詞を用いた**in addition (to～)**「(～に)加えて」や、副詞**additionally**「さらに」も頻出。

派生語 **add**【動】加える **addition**【名】加わったもの、追加分
additionally【副】追加して、さらに

0228 □ **generous** [dʒénərəs] 【形】気前のよい、親切な、惜しみない

generous introduction「親切な紹介」のように用いる。

コロケーション **generous offer** 好意的な申し出

【訳】Aya ：もちろんです。50ボトル以上ご購入いただきますと10パーセントの割引が受けられます。

顧客 ：それはすごいですね。今、電話で注文できますか？

Aya ：はい。ですが、インターネットでご注文していただきますと5パーセントの追加割引となります。

顧客 ：条件のよい申し出ですね。インターネットからやってみます。ありがとう。

Skit S058 Words&Phrases W058 Repeating R058

058 顧客の開拓① 潜在顧客とのアポイント

Ayaは Yasuoから潜在顧客とアポイントをとるように頼まれる。

Yasuo: Aya, I'd like you to arrange meetings with some potential customers.
Aya : Okay. What do I need to do?
Yasuo: Well, I've listed 20 companies. Can you try to make appointments with at least five of them for next week? Here's my appointment book.
Aya : All right. I'll get started.

0229 □ **arrange** [əréindʒ] 【動】手配する、配置する

arrange a meeting「ミーティングを手配する」というフレーズで覚えよう。「配置する」という意味では、**be arranged in a row.**「一列に並べられている」がPART 1で頻出。

派生語 **arrangement**【名】手配

0230 □ **potential** [pəténʃəl] 【形】潜在的な 【名】可能性、潜在能力

potential customerで、「今後お客さんになる可能性のある人たち＝潜在顧客」のことを指す。名詞で「可能性、潜在能力」という意味もある。

コロケーション **potential customer** 潜在顧客

0231 □ **customer** [kʌ́stəmər] 【名】顧客

customer satisfaction「顧客満足度」などのフレーズで覚えておこう。

派生語 **customize**【動】カスタマイズする

0232 □ **list** [líst] 【動】一覧表にする、リストアップする

動詞で使うと、リストアップすると言う意味。**list all the products**「製品をすべてリストアップする」のように使う。なお、**list up**は和製英語。

【訳】Yasuo：Aya、潜在顧客とのミーティングを設定してほしいんだけど。
Aya：はい。何をすればいいでしょうか？
Yasuo：ええと、20社をリストアップしておいたんだ。その中から少なくとも5社と来週中にアポイントを取りつけてくれるかな？　これがぼくのスケジュール帳。
Aya：わかりました。取りかかります。

Skit S059 Words&Phrases W059 Repeating R059

059 顧客の開拓② 潜在顧客との電話

Ayaは電話で化粧品チェーン店経営者とのミーティングをとりつける。

Aya : Ms. Cassini, we know that you **run** a chain of cosmetics stores, Prima Box, with branches in several Asian countries. We'd like to meet with you to tell you about our new fragrance, Vitamin Drop.

Cassini: All right. Most of our **merchandise** is **imported** from my country, Italy, but we do sell a few brands from other countries.

Aya : I read that the first Japanese branch of Prima Box was opened in Ginza after a **merger** with a Japanese retailer.

Cassini: That's right. We now have three stores in Tokyo.

0233 □ **run** [rʌ́n] 【動】経営する、走る

run one's own company「自分の会社を経営する」で頻出する。

0234 □ **merchandise** [mə́ːrtʃəndàiz] 【名】商品

The merchandise is on display.「商品が展示されている」は、PART 1でも頻出。

派生語 **merchant**【名】売買業者、貿易商

0235 □ **import** [impɔ́ːrt] 【動】輸入する 【名】輸入品

名詞と動詞が同形。「輸出する」は、**export**という。ともに、前にアクセントがある場合は名詞、後ろにアクセントがある場合は動詞である。

反意語 **export**【動】輸出する 【名】輸出

0236 □ **merger** [mə́ːrdʒər] 【名】合併、合同

PART 4やPART 7で頻出。合併を表す**M&A**は、**Merger and Acquisition**の略。

派生語 **merge**【動】合併する、結合する

【訳】Aya : Cassini様がアジア諸国に支店があるPrima Boxという化粧品のチェーン店を経営なさっていることを存じあげております。弊社の新しい香水、Vitamin Dropについてお話しさせていただくためにお会いしたいのですが。

Cassini : わかりました。私どもは商品の大部分を母国のイタリアから輸入しておりますが、ほかの国のブランド品も多少は販売していますから。

Aya : Prima Box初の日本支社が日本の小売店との合併後、銀座にオープンされたと拝見いたしました。

Cassini : そうなんです。現在、東京に3店ございます。

Skit S060 Words&Phrases W060 Repeating R060

060 潜在顧客との商談① 新商品の人気をアピール

Yasuo とAyaは化粧品チェーン店の経営者と商談を始める。

Yasuo : Ms. Cassini, thank you for your interest in our new fragrance, Vitamin Drop. As you probably know, we **recently launched** a Vitamin Drop advertising campaign.
Cassini: Yes, I've seen the ads. You seem to be **targeting** working women.
Yasuo : That's right. In Japan, Vitamin Drop has been very **popular** among career women.
Cassini: Around what age?

0237 □ **recently** [ríːsntli] 【副】最近、近ごろ

recentlyは、現在完了形または過去形の動詞と一緒に用いられる。現在形ではないので注意しよう。なお、**currently**「現在」は現在形の動詞と一緒に使われる。

派生語 **recent**【形】最近の

0238 □ **launch** [lɔ́ːntʃ] 【動】始める、発売する

launch a project「プロジェクトに着手する」のように用いる。

コロケーション **launch a new product** 新製品を発売する

0239 □ **target** [tɑ́ːrgit] 【動】ターゲットにする 【名】ターゲット

be targeted at～で「～を対象とする」という意味になる。似た意味の表現に**be intended for**～がある。

0240 □ **popular** [pɑ́pjulər] 【形】人気のある、評判の良い

be popular among young peopleといえば、「若者の間で人気がある」という意味。

派生語 **popularity**【名】人気、評判 **popularly**【副】一般（的）に
popularize【動】普及させる

【訳】Yasuo : Cassini様、弊社の新しい香水のVitamin Dropにご関心をお持ちいただき、ありがとうございます。おそらくご存知だと思いますが、最近、Vitamin Dropの広告キャンペーンを開始いたしました。
Cassini : ええ、広告を見ました。働く女性を対象にされているようですね。
Yasuo : そのとおりです。日本ではVitamin Dropがキャリアウーマンの方々にたいへん人気がございます。
Cassini : 何歳ぐらいのかたたちですか?

Skit S061 Words&Phrases W061 Repeating R061

061 潜在顧客との商談② 新商品のターゲット層は？

Ayaは Vitamin Dropの利用者のメインが30代だと伝える。

Aya : Our survey showed that the average age of Vitamin Drop users in Japan is approximately 33. We assume that many of your customers are around that age.

Cassini: That's right.

Aya : Here is a fragrance sample, Ms Cassini.

0241 □ **survey** [səːrvéi] 【名】調査

conduct a survey「調査を行う」で覚えよう。なお、調査の回答者を**survey respondent**という。

コロケーション **conduct a survey** 調査を行う

0242 □ **average** [ǽvəridʒ] 【形】平均の、標準的な

数字に関して用いられる。なお、合計は**sum**という。**on average**「平均で」も覚えておこう。

0243 □ **approximately** [əprάksəmətli] 【副】およそ、約

approximately 45 minutesのように後ろに数字を伴い、「およそ～」という意味である。形容詞の場合は、**approximate number**「だいたいの数」のように使う。

派生語 **approximate**【形】おおよその

0244 □ **assume** [əsúːm] 【動】見なす、仮定する

名詞の**assumption**「仮定」は、**make an assumption**で「仮定する」という意味になる。

派生語 **assumption**【名】仮定

【訳】Aya : 私どもの調査では、日本のVitamin Drop使用者の平均年齢が約33歳だとわかりました。御社のお客様もだいたいその年齢ではないかと思いますが。

Cassini: そのとおりです。

Aya : Cassini様、こちらが香水のサンプルでございます。

Skit S062 Words&Phrases W062 Repeating R062

062 潜在顧客との商談③ 新商品のイメージは？

Yasuo は Vitamin Drop の商品イメージについて説明する。

Cassini: Thanks. Hmm, it's really nice. And not too strong.
Yasuo: Vitamin Drop **appeals** to many women because it's fresh and **modern**, but also feminine and elegant... like your store.
Cassini: I'm glad you think so. That's **precisely** the image we **aim** for.

0245 □ **appeal** [əpíːl] 【動】興味をそそる、訴える 【名】訴え、魅力

形容詞 **appealing**「魅力的な」は、**attractive**「魅力的な」の同意語。

派生語 **appealing**【形】魅力的な **appealingly**【副】魅力的に

0246 □ **modern** [mádərn] 【形】現代の、最新の

modern building「現代的な建物」や **modern architecture**「現代的な建築物」としてよく使われる。

派生語 **modernize**【動】近代化する、現代的にする

0247 □ **precisely** [prisáisli] 【副】まさに、正確に

precisely at 8:00「8時ちょうどに」のようにも使われる。

派生語 **precision**【名】正確さ **precise**【形】正確な

0248 □ **aim** [éim] 【動】目指す、目標にする 【名】目標

名詞も動詞も同形。**aim at**～「～を狙う」という前置詞を含めたフレーズも知っておきたい。

【訳】Cassini: ありがとう。うーん、本当にいい香りですね。それに強すぎないわ。
Yasuo : Vitamin Drop は多くの女性の好みに合います。なぜなら、新鮮で現代的でありながら女性らしく上品なので。……貴店のように。
Cassini: そう思っていただけるなんてうれしいです。それがまさに私たちが目指すイメージなんです。

Skit S063 Words&Phrases W063 Repeating R063

063 潜在顧客との商談④　新商品の特徴は？

Vitamin Dropの別の特徴はボトルのデザインにあると説明する。

Yasuo : Another **distinctive feature** of Vitamin Drop is the bottle design.
Cassini: Yes, I love the bottle. Actually, we sell **mainly** cosmetics and accessories at our store—not much perfume. That's the only problem.
Yasuo : On the **contrary**, it hasn't been a problem for Vitamin Drop at all.
Cassini: What do you mean?

0249 □ **distinctive** [distíŋktiv]　【形】独特な、特有な

distinctive feature「顕著な特徴」などで用いられる。

コロケーション **distinctive feature**　顕著な特徴

0250 □ **feature** [fíːtʃər]　【名】特徴、特色　【動】特集する

動詞と名詞が同形。動詞では**be featured in a magazine**「雑誌で特集される」のように使われる。

0251 □ **mainly** [méinli]　【副】主に、主として

同意語に**primarily**「主に」、**chiefly**「主に」がある。

派生語 **main**【形】主な

0252 □ **contrary** [kántreri]　【名】反対、逆

それまで述べたことと逆のことに関して言及する場合、**on the contrary**「逆に」が使われる。

【訳】Yasuo : Vitamin Dropのもうひとつの顕著な特徴は瓶のデザインです。
Cassini: ええ、瓶が素敵ですね。実際のところ、うちの店で主に売れているのは化粧品とアクセサリーで、香水はそれほど多くないんです。それが唯一の問題ね。
Yasuo : 逆に、それはVitamin Dropにとってはまったく問題ではありません。
Cassini: どういうことかしら？

Skit S064 Words&Phrases W064 Repeating R064

064 潜在顧客との商談⑤ ビジネス成功のカギは？

Yasuoは、香水が主力ではない相手に何とか新商品をアピールする。

Yasuo :	Vitamin Drop is selling very well in stores that are not known for perfume—and also bringing more people into those stores. In today's **economy**, businesses have to be **competitive**, and one way to succeed is by **diversifying**.
Cassini:	You mean carrying a wider **selection** of products is good for business.
Yasuo :	Exactly. But each product has to be really special—like Vitamin Drop.
Cassini:	I see your point.

0253 □ **economy** [ikánəmi] 【名】経済

stimulate the economy「経済を刺激する」などのフレーズでも覚えておこう。

派生語 **economic**【形】経済の **economical**【形】経済的な **economist**【名】経済専門家

0254 □ **competitive** [kəmpétətiv] 【形】競争力のある、競争の激しい

at a competitive priceで、「競争力のある価格で」つまり「安価で」のことを表す。**remain competitive**「競争力を保つ」も頻出。

派生語 **compete**【動】競い合う **competition**【名】競争 **competitively**【副】他に負けない価格で

0255 □ **diversify** [divə́ːrsəfài] 【動】多様化する、多角化する

形容詞**diverse**「多様な」の動詞である。企業が活動分野を広げることなどに用いる。

派生語 **diverse**【形】さまざまな、多様な **diversity**【名】多様性

0256 □ **selection** [silékʃən] 【名】品ぞろえ、選ぶこと

a large selection of ～で「～の豊富な品ぞろえ」という意味である。

派生語 **select**【動】選ぶ

【訳】

Yasuo :	Vitamin Dropは香水で有名ではない店で非常によく売れています。さらに、そのような店にさらに多くの人々を集めます。今日の経済において、企業は競争力が不可欠ですし、成功するひとつの方法は多角化することです。
Cassini :	より幅広い品揃えがビジネスになるということね。
Yasuo :	そのとおりです。しかし、各商品はVitamin Dropのように本当に特別なものでなければなりません。
Cassini :	あなたの言いたいことはわかったわ。

Skit S065 Words&Phrases W065 Repeating R065

065 潜在顧客との商談⑥ 商談相手の結論は？

YasuoとAyaのふたりは、商談相手から結論を保留されてしまう。

Yasuo: By the way, let me **emphasize** that we're **flexible** about the size of the order.

Cassini: I see. Well, I'll just need a couple of days to think about it. I'll let you know my **decision** soon.

Yasuo: Thank you, Ms. Cassini. We'd be **proud** to have Vitamin Drop in your store.

0257 □ **emphasize** [émfəsàiz] 【動】強調する

名詞**emphasis**「強調」は、**put emphasis on** ～で「～を強調する」という意味になる。同意語に動詞**stress**「強調する」がある。

派生語 **emphasis**【名】強調、重点

0258 □ **flexible** [fléksəbl] 【形】臨機応変な、融通のきく

スケジュールなどに使われる。名詞**flexibility**「柔軟性、自由度」も頻出。

コロケーション **flexible timetable** 融通のきく時間割

0259 □ **decision** [disíʒən] 【名】決定、決断

make a decision「決定する」は頻出。

派生語 **decide**【動】決める **decisive**【形】決定的な、決断力のある
decidedly【副】明らかに、かなり

0260 □ **proud** [práud] 【形】誇りに思う

be proud of ～「～を誇りに思う」で頻出。社長から社員に向けてのスピーチなどで用いられる。

派生語 **proudly**【副】誇らしげに、得意げに **pride**【名】誇り

【訳】Yasuo：ところで、ご注文の量に関しては融通がきくことを強調させてください。
Cassini：わかりました。では、考えるのに2、3日だけいただけるかしら。決論はすぐにお知らせします。
Yasuo：Cassini様、ありがとうございます。貴店にVitamin Dropを置いていただけると光栄です。

Skit S066　Words&Phrases W066　Repeating R066

066 出張の手配①　Miki と Yasuo の出張

Aya は、Miki と Yasuo の出張の手配を頼まれる。

Miki : Aya, I need you to do something. Yasuo and I are going on a **business trip** next week, so could you make travel **arrangements** for us?

Aya : Sure. Where are you going?

Miki : We're **attending** the **annual** sales meeting at the headquarters in London.

0261 □ **business trip**　出張

出張に関する話題は頻出。同じ意味の語句に、**travel on business**「出張」がある。

コロケーション **go on a business trip**　出張する

0262 □ **arrangement** [əréindʒmənt]　【名】手配、準備

travel arrangement「旅行の手配」や、**make an arrangement**「手配をする」のように用いる。

派生語 **arrange**【動】手配する、配置する

0263 □ **attend** [əténd]　【動】出席する

attend the conference「会議に出席する」といったフレーズで覚えよう。

派生語 **attendance**【名】出席　**attendant**【名】案内係　**attendee**【名】出席者

0264 □ **annual** [ǽnjuəl]　【形】年次の、1年間の

「1年の」という意味。**anniversary**と同様に**annu-**や**anni-**は「1年」という意味。**annual conference**「年次総会」のように用いる。**once a year**「1年に1回」と書き換えられることも多い。

派生語 **annually**【副】毎年、年1回

【訳】Miki : Aya、頼みたいことがあるんだけど。来週、Yasuo と私は出張に行くので旅行の手配をしてくれるかしら？

Aya : わかりました。どこに行かれるんですか？

Miki : ロンドンの本社で行われる年次販売会議に出席するの。

Skit S067 Words&Phrases W067 Repeating R067

067 出張の手配② フライトの種類は？

Ayaは、Mikiに直行便にするかどうかを尋ねる。

Aya : Would you prefer a direct **flight**, or a flight **via** Frankfurt, like the last time you traveled to London?

Miki : A direct flight to London. But on the way back we would like to stop by the Frankfurt office, so please **book** a flight with a changeover for the return trip.

Aya : Okay. Do you need me to arrange **accommodation**, too?

0265 □ **flight** [fláit] 【名】フライト、便

take a direct flight「直行便に乗る」のように使われる。

0266 □ **via** [váiə] 【前】～経由で

飛行機で使われる場合は、**via Chicago**「シカゴ経由で」のように「～経由で」という意味。

0267 □ **book** [búk] 【動】予約する

動詞で使う場合は「予約する」という意味となり、**book a table**「テーブルの予約をする」や**be fully booked**「すべて予約済みである」のように用いる。

派生語 **booking**【名】予約

0268 □ **accommodation** [əkɑ̀mədéiʃən] 【名】宿泊

ホテルなどの「宿泊」を指す。動詞の**accommodate**「収容できる」も頻出で、**accommodate 50 people**のように用いる。

派生語 **accommodate**【動】収容する、宿泊させる、対応する

【訳】Aya : 直行便がいいですか、それとも前回、ロンドンに行かれたときのようにフランクフルト経由がいいですか？

Miki : ロンドンへの直行便がいいわ。でも、帰りはフランクフルト支社に立ち寄りたいので、帰路変更した便を予約してください。

Aya : わかりました。宿泊先も予約しましょうか？

Skit S068 Words&Phrases W068 Repeating R068

068 出張の手配③ 宿泊先は？

Ayaは、宿泊先の希望についてMikiに尋ねる。

Miki : Please. I stayed at Hotel Seventh Heaven the last time I was there, and the service and the **hospitality** of the staff were **amazing**. So could you get us rooms there?
Aya : All right. Would you like a **complimentary** breakfast at the hotel each day, or are you planning to have a business breakfast with clients somewhere else?
Miki : No business breakfast is **scheduled**, so we will eat at the hotel every day.
Aya : I see. I'll call a travel agency right away.

0269 □ **hospitality** [hàspətǽləti] 【名】接待、接客、歓待

hospitality industryで「サービス産業、接客産業」のこと。

派生語 **hospitable**【形】もてなしのよい

0270 □ **amazing** [əméiziŋ] 【形】見事な、すばらしい

プラスの意味を持つ形容詞。プラスおよびマイナスの意味を持つ形容詞は、しっかりと分類しておこう。

派生語 **amaze**【動】びっくりさせる

0271 □ **complimentary** [kàmpləméntəri] 【形】無料の

広告で**complimentary breakfast**「無料の朝食」や**complimentary gift**「無料のギフト」が使われる。**free**の同意語。

0272 □ **schedule** [skédʒu:l] 【動】予定する 【名】スケジュール、予定

schedule a meeting「会議を予定する」のように用いられる。名詞では**be behind schedule**「予定より遅れている」が頻出。**reschedule**「～の予定を変更する」も重要。

【訳】
Miki : お願いします。前回はHotel Seventh Heavenに滞在したけど、スタッフのサービスや温かいもてなしが素晴らしかったわ。だから、そこで部屋を取ってくれるかしら？
Aya : わかりました。毎日、ホテルで無料の朝食を召し上がりますか、それともどこか別の場所でクライアントとビジネス・ブレックファーストを食べるおつもりですか？
Miki : ビジネス・ブレックファーストの予定はないので、毎日、ホテルで食べるわ。
Aya : わかりました。すぐ旅行代理店に電話します。

Skit S069 Words&Phrases W069 Repeating R069

069 出張の手配④ 出張費の請求

Ayaは、出張費の請求期限についてYasuoに伝える。

Yasuo : Miki told me that you're making all the travel arrangements for us. Is everything okay?

Aya : I think so. I just went to the accounting department, and they asked me to **remind** you that you have to **claim** your travel **expenses** within two weeks of your return from the trip.

Yasuo : Thanks for the **reminder**. I always forget that. But this time I will try to do it right after I come back. So don't worry.

0273 □ **remind** [rimáind] 【動】思い出させる、気づかせる

remind you of ～や**remind you that**～「あなたに～を思い出させる」のように使われる。

0274 □ **claim** [kléim] 【動】請求する、主張する

日本語の「クレーム（苦情）を言う」の意味はない。「苦情を言う」は**complain**である。

コロケーション **claim for travel expenses** 出張費を請求する

0275 □ **expense** [ikspéns] 【名】費用、経費

travel expenses「出張費」として頻出。「費用がかかる」という形容詞が、**expensive**である。

0276 □ **reminder** [rimáindər] 【名】思い出させるもの、注意

This is a reminder...「これは…を思い出させるためのものです」のように用いる。動詞**remind**「思い出させる」も重要。

【訳】Yasuo ：出張の手配を全部やってくれているとMikiから聞いたよ。問題ない？

Aya ：そう思います。経理部に行ってきたところですが、出張から戻ったあと、2週間以内に出張費を請求しなければならないことをあなたに伝えるように頼まれました。

Yasuo ：思い出させてくれてありがとう。いつも忘れちゃうんだ。でも、今回は戻ったらすぐにやるから心配しないで。

Skit S070 Words&Phrases W070 Repeating R070

070 出張のフライト① 出発時刻の確認

YasuoとMikiは、空港で搭乗時間について確認する。

Yasuo: What time does our flight leave?
Miki : It departs at 2:00 P. M., so we should be at the boarding gate by 1:30.
Yasuo: It's 10:05 now, so we have enough time to exchange currency and buy souvenirs for the people in the London office.

0277 □ **depart** [dipɑ́ːrt] 【動】出発する

名詞**departure**「出発」が頻出。**departure time**「出発時刻」や**departure gate**「出国ゲート」のように用いる。

派生語 **departure**【名】出発

0278 □ **exchange** [ikstʃéindʒ] 【動】両替する、交換する 【名】交換、為替

名詞**exchange**を用いて、**exchange rate**「為替レート」のようにも使う。

0279 □ **currency** [kə́ːrənsi] 【名】通貨

経済関係の記事で出ることが多い。なお、ドルと円などを「両替する」場合には、動詞**exchange**を使う。

0280 □ **souvenir** [sùːvəníər] 【名】土産、記念品

ツアーガイドなどのトークの最後で、「お土産を買える」などの内容が出ることがある。

【訳】Yasuo：ぼくたちが乗る便が発つのは何時ですか？
Miki：午後2時に離陸だから、1時30分までに搭乗口に行けばいいわ。
Yasuo：今、10時5分なので、両替してロンドン本社の人たちにおみやげを買う時間は十分にありますね。

Skit S071 Words&Phrases W071 Repeating R071

071 出張のフライト② 機内アナウンス①

搭乗した機内で客室乗務員のアナウンスが流れる。

Judy : Welcome aboard Pino Air Lines Flight 33 bound for London. I am flight attendant Judy Palmer, and along with Captain Hartnoll and the entire crew, I'd like to thank you for flying with Pino Air Lines.

0281 □ **aboard** [əbɔ́ːrd] 【副】乗って

乗客に向けたアナウンスの冒頭で **Welcome aboard.**「ご乗車（ご搭乗）ありがとうございます」が使われる。

0282 □ **bound** [báund] 【形】行きの

主に交通機関に使われ、**bound for** ～で、「～行きの」という意味。日本の電車の英語アナウンスでも使われている。

0283 □ **entire** [intáiər] 【形】全体の

entire building「建物内すべて」のように用いる。同意語は **whole**「全部の」や **all** など。

派生語 **entirely**【副】完全に、まったく

0284 □ **crew** [krúː] 【名】乗務員、チーム

maintenance crew「整備チーム」のように使われる。**staff** の同意語。

【訳】Judy : Pino Air Lines33便ロンドン行きへようこそ。客室乗務員のJudy Palmerです。Pino Air Linesをご利用くださいまして誠にありがとうございます。Hartnoll機長および乗務員一同、心よりお礼を申し上げます。

Skit S072 Words&Phrases W072 Repeating R072

072 出張のフライト③ 機内アナウンス②

客室乗務員が到着予定時刻についてアナウンスする。

Judy : We are departing right **on time**, at 2:00 P.M., and the flight will be about 12 hours long. Our **estimated** time of **arrival** is 5:10 P.M. London time. Two meals will be served on this flight, and light **snacks** will be available at all times.

0285 □ **on time** 時間どおりに

timeを使ったフレーズでは、**ahead of time**「時間より前に」や**behind time**「遅れて」という表現も重要。

0286 □ **estimated** [éstəmèitd] 【形】概算の、見積りの

estimated cost「見積もられたコスト」のように使われる。

派生語 **estimate**【動】見積もる 【名】見積もり（書）

コロケーション **estimated cost** 見積もられたコスト

0287 □ **arrival** [əráivəl] 【名】到着

接尾辞**-al**で終わる名詞。**arrival time**「到着時刻」のほか、**departure time**「出発時刻」も覚えておこう。

派生語 **arrive**【動】到着する、着く

コロケーション **arrival time** 到着時刻

0288 □ **snack** [snǽk] 【名】軽食

お菓子のことではないので注意。サンドイッチなどのこと。

同意語 **refreshment**【名】軽食、飲食物

【訳】Judy : 当機は定刻どおり午後2時に出発いたします。約12時間の空の旅でございます。到着予定時刻はロンドン時間で午後5時10分です。当機は2度のお食事をご用意しております。また軽食はいつでもご利用可能でございます。

Skit S073 Words&Phrases W073 Repeating R073

073 出張のフライト④ 機内アナウンス③

離陸前の安全確認のアナウンスが流れる。

Judy : We're about to show you a safety video, and there is a safety information card in the seat pocket in front of you. We will be taking off **shortly**, so please **make sure** your **belongings** are stored safely and please **fasten** your seatbelts.

0289 □ **shortly** [ʃɔ́ːrtli] 【副】すぐに

開始を伝える際に、**begin shortly**「まもなく始まる」のように使われる。

派生語 **short**【形】短い、不足している **shorten**【動】短くする、縮める

0290 □ **make sure** 確かめる

make sure (that)...「…であることを確かめる」のように使われる。

0291 □ **belongings** [bilɔ́ːŋiŋz] 【名】持ち物、所持品

動詞**belong**「属する」の名詞で、「所有物」となる。**belongings**と**s**がつくことに注意しよう。

コロケーション **carry one's belongings** 荷物を運ぶ

0292 □ **fasten** [fǽsn] 【動】締める

ファスナー（**fastener**）は、この単語から来ている。主に、シートベルトに対して用いる。

コロケーション **fasten your seatbelt** シートベルトを締める

【訳】Judy ：これから安全のためのビデオを放映いたします。また、正面のシートのポケットに安全のしおりがございます。まもなく離陸いたしますので、手荷物が安全に収納されていることをご確認ください。シートベルトはしっかりとしめてください。

Skit S074 Words&Phrases W074 Repeating R074

074 出張のフライト⑤ 出張日程の確認

YasuoとMikiは出張の日程について機内で確認する。

Yasuo : Let's **go over** the **itinerary**, Miki. Tomorrow is the sales meeting, of course.

Miki : The next day we visit the Manchester factory. And on the 17th we meet with the London sales manager. By the way, that meeting was **rescheduled** for 4:00.

Yasuo : That late? We may need to **extend** our stay in London by a day.

Miki : No, the flight to Frankfurt is at 9:00 P.M. There's plenty of time.

0293 □ **go over** チェックする

資料や報告書について使われることが多い。**review**と似た意味の語句。

コロケーション **go over the document** 文書を見直す

0294 □ **itinerary** [aitínərèri] 【名】旅行計画、旅程

旅行関係の内容で頻出。**schedule**「スケジュール」と同じ意味である。

0295 □ **reschedule** [rìːskédʒuːl] 【動】予定を変更する

会議や出張について用いられることが多い。**reschedule a meeting**「会議の予定を変更する」のように使う。

コロケーション **reschedule an appointment** 予約を変更する

0296 □ **extend** [iksténd] 【動】延長する、拡張する

extend the contract period「契約期間を延長する」など、主に期間を延ばす時に用いられる。名詞は**extension**「延長」。なお、**extension (number)**で、内線を意味する。

派生語 **extensive**【形】幅広い、大量の **extention**【名】延長、拡張

【訳】Yasuo : Miki、出張日程のチェックをしましょう。明日はもちろん販売会議ですね。

Miki : 翌日はマンチェスターの工場を訪問して、17日はロンドンの営業部長に会う予定ね。ところで、その打ち合わせは4時に変更されたわ。

Yasuo : そんなに遅い時間に? ロンドンの滞在を1日延ばす必要があるかもしれません。

Miki : いいえ、フランクフルト行きの便は午後9時よ。たっぷり時間はあるわ。

Skit S075 Words&Phrases W075 Repeating R075

075 出張のフライト⑥ ドイツ滞在の目的

ドイツに行く目的は、上司の送別会だとMikiはYasuoに説明する。

Yasuo : So we arrive in Frankfurt late at night and we stop by our branch there the following afternoon, right?
Miki : That's right. And in the evening we attend a **farewell** party for my old boss, who's going to **retire**. The party starts at 7:30, and it will probably **last** until about 10:00.
Yasuo : I see. Are we still going to visit the biggest perfume store in Germany?
Miki : Yes. We will only stay there for an hour, so we should be able to make it to the party on time, **provided that** the traffic isn't so heavy.

0297 □ **farewell** [fèərwél] 【名】別れ、告別

farewell party「送別会」や、**bid farewell to** ～「～にお別れを言う」として使われる。

コロケーション **farewell party** 送別会

0298 □ **retire** [ritáiər] 【動】退職する

PART 4では、退職パーティでのスピーチが頻出。名詞**retirement**「退職」も重要。

派生語 **retirement**【名】退職、引退

0299 □ **last** [lǽst] 【動】続く

動詞**last**「続く」は重要。**last until 6:00**「6時まで続く」や、**last a week**「1週間続く」のように使われる。

0300 □ **provided that** もし～ならば

if「もし～ならば」とほぼ同じ意味。そのまま覚えてしまいたい。

【訳】Yasuo : では、夜遅くにフランクフルトに到着して、その翌日の午後、支店に立ち寄るんですね。
Miki : そうよ。そして夜は、退職する年配の上司の送別会に出席します。7時半に始まって、だいたい10時頃まで続くわね。
Yasuo : わかりました。ドイツで最大の香水店には、まだ行くつもりですか?
Miki : ええ。そこには1時間いるだけなので、送別会には時間どおり間に合うはずよ。ただし、道路がひどい渋滞でなければね。

Skit S076 Words&Phrases W076 Repeating R076

076 出張のフライト⑦ 機長のアナウンス①

機長から到着時刻についてのアナウンスが流れる。

Pilot : This is Captain Hartnoll. I hope you've all had a pleasant flight. We'll be landing at Heathrow Airport in around 45 minutes, at 5:15 P.M. local time. London may be known for its cool, rainy climate, but the weather today is bright and sunny, and the temperature is 25 degrees.

0301 □ **pleasant** [plézənt] 【形】心地よい、楽しい

pleasant climate「心地よい気候」のように用いられる。また、副詞を用いて**be pleasantly surprised**「嬉しい驚きである」という使い方もある。

派生語 **pleasantly**【副】心地よく、感じよく

0302 □ **local** [lóukəl] 【形】現地の、地元の

local manufacturer「地元の製造業者」や**local government**「地方自治体」として頻出。

派生語 **locally**【副】現地で

コロケーション **local government** 地方自治体

0303 □ **climate** [kláimit] 【名】気候

気候については、**stable**「安定した」や**unstable**「不安定な」などで説明されることも多い。

0304 □ **temperature** [témpərətʃər] 【名】温度

climate「気候」や**weather**「天気」など、気候・天気関係の単語も関連づけて覚えておこう。

【訳】機長 : 機長のHartnollです。みなさま、快適な空の旅をお楽しみいただけましたでしょうか。当機はおよそ45分でヒースロー空港に到着いたします。現地時間で午後5時15分の予定でございます。ロンドンは寒く、雨の多い気候で知られていますが、本日はよく晴れており、気温は25度でございます。

Skit S077　Words&Phrases W077　Repeating R077

077 出張のフライト⑧　機長のアナウンス②

機長から到着後の手続きについての説明が流れる。

Pilot : If London is your final **destination**, you will go through passport control and **customs** at Heathrow. If you're taking another flight today, please **proceed to transit**. If you have any problems, our ground crew will assist you. Thank you for flying Pino Air Lines.

0305 □ **destination** [dèstənéiʃən] 【名】目的地、行き先

旅行関係の内容でよく使われる。行き先の地名を**destination**「目的地」と言い換えることもある。

0306 □ **customs** [kʌ́stəms] 【名】税関

空港に関する話題に登場する。**immigration office**「入国管理事務所」も空港関係の話題に出てくる。

0307 □ **proceed** [prəsíːd] 【動】進む、続ける

空港のアナウンスで、**proceed to Gate 20**のように使われる。**go to**～と同じ意味。

コロケーション **proceed to Gate 20**　20番ゲートに進む

0308 □ **transit** [trǽnsit] 【名】乗り継ぎ、輸送

trans-は「移動」に関係する語が多い。**transit company**といえば、「運輸会社」のこと。

【訳】機長　：ロンドンが最終目的地のかたは、ヒースロー空港で入国審査と税関検査をお受けください。本日、ほかの便に乗り換える方はトランジットにお進みください。何かお困りのことがございましたら、地上係員がお手伝いいたします。Pino Air Linesのご利用をありがとうございました。

Skit S078 Words&Phrases W078 Repeating R078

078 空港の税関① Yasuoの手荷物がない!?

空港の手荷物受取所でYasuoの手荷物が行方不明に。

Yasuo	: Excuse me. This is the baggage claim for Flight 33, isn't it? I think everything is out now, but I haven't seen my suitcase.
Employee	: Are you sure it isn't here, sir? Many suitcases are similar.
Yasuo	: No, it's an unusual color—blue-green. It's hard to miss. There must be some delay.

0309 □ **baggage** [bǽgidʒ] 【名】荷物、手荷物

荷物のことを指す。同意語に**luggage**がある。**baggage claim**は、空港の「手荷物受取所」のこと。

0310 □ **similar** [símələr] 【形】似ている

be similar to～「～に似ている」で使われる。反意語は**be different from**～「～とは異なる」。名詞**similarity**「類似」も重要。

派生語 **similarity**【名】類似(性)

0311 □ **unusual** [ʌnjú:ʒuəl] 【形】珍しい、普通でない

usual「普通の」の反意語。**unusual experience**「珍しい経験」や**unusual feature**「ユニークな特徴」のように用いる。

0312 □ **delay** [diléi] 【名】遅れ、遅延

TOEIC最頻出語のひとつ。動詞と名詞が同形。**due to**～「～が原因で」とともに用いられることが多い。

コロケーション **cause a delay** 遅延を引き起こす

【訳】Yasuo ：すみません。ここは33便の手荷物受取所ですよね? 荷物はすべて出ていると思いますが、自分のスーツケースが見つかりませんでした。
係員 ：ここにないのは確かですか。スーツケースは似たものが多いですから。
Yasuo ：はい、青緑色でめずらしい色なんです。見逃すことはありません。きっと何かで遅れているはずです。

Skit S079 Words&Phrases W079 Repeating R079

079 空港の税関② Yasuo の手荷物発見！

Yasuo のスーツケースが最後になって出てくる。

Employee : Did you check in early for the flight?
Yasuo : Yes, almost three hours before we boarded the plane.
Employee : Well, the luggage that is loaded on the plane first often comes out last. Ah, here's a blue-green suitcase now.
Yasuo : That's it! Thank you!

0313 □ **check** [tʃék] 【動】調べる

ホテルなどでは、**check in** や **check out** といったフレーズが頻出する。

0314 □ **board** [bɔ́:rd] 【動】搭乗する、乗る

PART 1で「人物が乗り物に乗り込んでいる動作」の描写に使われる。**board the bus**「バスに乗る」で覚えておこう。

コロケーション **board the train** 電車に乗る

0315 □ **luggage** [lʌ́gidʒ] 【名】手荷物、かばん

荷物のこと。所有物という意味で、**belongings** という言い方もある。

0316 □ **load** [lóud] 【動】荷を積み込む、積む

PART 1で、**load boxes onto the truck**「箱をトラックに乗せる」などで頻出。降ろす場合は、**unload** を使う。

【訳】係員 ：フライトのチェックインを早めにされましたか？
Yasuo ：はい、搭乗の3時間前ぐらいに。
係員 ：そうですか、はじめに飛行機に積まれる荷物は、最後によく出てくるんです。ああ、青緑色のスーツケースですよ。
Yasuo ：それです！ ありがとうございます！

Skit S080 Words&Phrases W080 Repeating R080

080 空港の税関③ 抜き打ち検査 !?

なぜかYasuoが抜き打ちで手荷物検査を受けることに。

Customs : Excuse me, sir, could you step this way, please?
Yasuo : Sure. Is there a problem? They already checked my bag when I went through **security**, and I don't think I have anything I need to **declare**.
Customs : Just a random check, sir. Do you have any alcohol or cigarettes?
Yasuo : I have some duty-free cigarettes, but not an **excessively** large amount. It's within the limit allowed by your **government**.

0317 □ **security** [sikjúərəti] 【名】警備、安全

go through security「セキュリティを通過する」などで使われる。

派生語 **secure**【形】安定した、安全な **securely**【副】きつく、しっかりと

0318 □ **declare** [dikléər] 【動】申告する、宣言する

be declared bankruptで「破産宣告を受ける」という意味。名詞**declaration**「申告、宣言」も重要。

派生語 **declaration**【名】宣言、申告

0319 □ **excessively** [iksésivli] 【副】過度に

動詞**exceed**は、**exceed the demand**「需要を上回る」といったフレーズで覚えておきたい。

派生語 **excessive**【形】過度の **exceed**【動】上回る、超える **excess**【名】超過

0320 □ **government** [gʌ́vərnmənt] 【名】政府、行政

local government「地方自治体」が頻出する。動詞**govern**「治める」や形容詞**governmental**「政府の」も重要。

派生語 **governmental**【形】政府の **governor**【名】知事 **govern**【動】治める

【訳】
税関 : すみませんが、こちらに来ていただけますか?
Yasuo : はい。問題ありますか? 荷物はセキュリティチェックをもう受けましたし、申告する必要があるものは持っていませんが。
税関 : 単なる抜き打ち検査です。アルコールやタバコはお持ちですか?
Yasuo : 免税のタバコは持っていますが、過剰な量ではありません。政府の許容範囲内です。

Skit S081 Words&Phrases W081 Repeating R081

081 空港の税関④　無事に税関をパス
結局Yasuoに問題はなく、無事に空港を後にする。

Customs	: So you were a **passenger** on the flight from Tokyo? That's a pretty long flight.
Yasuo	: It's about 12 hours **altogether**, but with all the in-flight **entertainment** these days, it doesn't feel so long. The time difference can be a bit **confusing**, though.
Customs	: All right, well, everything looks fine here. Enjoy your time in London.

0321 □ **passenger** [pǽsəndʒər]　【名】乗客

乗り物の乗客のこと。乗り物のアナウンスは、**Attention passengers.**「乗客の皆さま」で始まることが多い。

0322 □ **altogether** [ɔ̀:ltəgéðər]　【副】全部で、完全に

in total「全部で」と同じ意味の副詞。**There were ten people altogether who attended the meeting.**（そのミーティングに出席したのは全部で10人でした）のように使われる。

0323 □ **entertainment** [èntərtéinmənt]　【名】娯楽、エンターテイメント

日本語の「エンターテイメント」と同じ意味。動詞は**entertain**である。

派生語 **entertain**【動】楽しませる　**entertainer**【名】芸能人、エンターテイナー

0324 □ **confuse** [kənfjú:z]　【動】混乱させる、困惑させる

人が混乱している場合は形容詞の**confused**を使って、**be confused**「混乱している」となる。

派生語 **confused**【形】混乱している　**confusing**【形】混乱させる

【訳】税関　：東京からの乗客ですか？　かなりの長旅でしたね。
Yasuo：12時間ほどですが、最近は機内の娯楽でそれほど長く感じません。時差には少し混乱させられますが。
税関　：いいでしょう。すべて問題ないようです。ロンドンで楽しんでください。

Skit S082 Words&Phrases W082 Repeating R082

082 ホテルに宿泊① Mikiのチェックイン

ホテルに到着したMikiはフロントでチェックインする。

Miki : Hello. My name is Miki Myers. I have a reservation.
Receptionist: Ms. Myers, yes. You reserved a single room for three nights, correct?
Miki : That's right. And I asked for a room overlooking the river.
Receptionist: Oh, we weren't informed of that. We've prepared a room for you on the other side.

0325 □ **correct** [kərékt] 【形】正しい、適切な 【動】直す

形容詞と動詞が同形で、形容詞は「正しい」、動詞は「(間違いなどを)直す」を意味する。名詞**correction**「修正」と副詞**correctly**「正しく」も頻出。

派生語 **correction**【名】訂正、修正 **correctly**【副】正しく、正確に

0326 □ **overlook** [òuvərlúk] 【動】見下ろす、見渡す

overlook the oceanと言えば、海岸沿いのレストランで「海を見下ろす」という特徴を述べる場合などに使われる。

0327 □ **inform** [infɔ́:rm] 【動】報告する、通知する

inform you of～や**inform you that**～で、「～を知らせる」という意味。

派生語 **information**【名】情報 **informative**【形】有益な

0328 □ **prepare** [pripéər] 【動】準備をする

prepare for the presentation「プレゼンテーションの準備をする」のように用いる。名詞**preparation**「準備」も重要。

派生語 **preparation**【名】準備

【訳】Miki : こんにちは。Miki Myersです。予約してあります。
フロント: Myers様でございますね。シングルルームを3泊ご予約でよろしいでしょうか?
Miki : そうです。そして、川が見渡せる部屋を頼みました。
フロント: まあ、そのお知らせはお受けしておりませんでした。反対側のお部屋を準備しておりますが。

Skit S083 Words&Phrases W083 Repeating R083

083 ホテルに宿泊② 予約した部屋と違う！

川の見える部屋を予約したはずのMikiだが、今日は満室で変更できないと言われる。

Miki : But the person who took the reservation **confirmed** that I'd have a river view.

Receptionist: Oh, really? **Unfortunately**, we don't have a **record** of that, and we're **fully** booked tonight. But I'll see what I can do.

Miki : I'd appreciate that.

0329 □ **confirm** [kənfə́ːrm] 【動】確認する

予約や注文の確認で必ず使われる。名詞は**confirmation**「確証」。

派生語 **confirmation**【名】確証、確認通知書

コロケーション **confirm one's reservation** 予約を確認する

0330 □ **unfortunately** [ʌ̀nfɔ́ːrtʃənətli] 【副】残念ながら

通常、文頭に置かれる。続く文章の内容が否定的な意味になると予測できる。

0331 □ **record** [rékərd] 【名】記録 【動】記録する

customer record「顧客記録」や**attendance record**「出席記録」のようなフレーズで使われる。

コロケーション **attendance record** 出席記録

0332 □ **fully** [fúlli] 【副】完全に、十分に

fully booked「予約がいっぱい」のように使われる。同意語に**completely**「完全に」がある。

【訳】Miki : ですが、予約を取った者が川の見える部屋を取ったと確かに言っていました。

フロント: まあ、左様でございますか。残念ながらその記録が残っておりません。しかも今夜は満室となっております。ですが、何とかできることを考えてみます。

Miki : お願いします。

Skit S084 Words&Phrases W084 Repeating R084

084 ホテルに宿泊③　ダブルルームに宿泊!?

Mikiは追加料金なしで明日からダブルルームに宿泊できることに。

Receptionist: Good news, Ms. Myers. There's a **vacancy** from tomorrow—a double room with a river view. It's a very nice corner room with a higher **ceiling**.

Miki : I'm **afraid** I can't pay for a double. It isn't in my budget.

Receptionist: We can give you the room at no additional charge, if you don't mind waiting until tomorrow.

Miki : That sounds great. Thank you for being so **helpful**.

0333 □ **vacancy** [véikənsi] 【名】空き部屋、空席

ホテルや不動産関係で多く用いられる。形容詞**vacant**「空いている」も重要。

派生語 **vacant**【形】空いている　**vacantly**【副】ぼんやりと

0334 □ **ceiling** [sí:liŋ] 【名】天井

PART 1で頻出する単語。**hanging from the ceiling**「天井からつり下げられている」のように用いられる。

0335 □ **afraid** [əfréid] 【形】気がかりで、怖がった、恐れた

不都合な内容に対して、**I'm afraid that**～「あいにく～だと思います」のようにも使われる。

0336 □ **helpful** [hélpfəl] 【形】役立つ、助かる

接尾辞**-ful**がつくものは形容詞である。反意語は**helpless**「役に立たない」。

【訳】フロント：Myers様、いいお知らせです。明日から空きがございました。川の見えるダブルルームでございます。天井が高く、とても快適な角部屋です。

Miki：残念ながらダブルの料金は払えないわ。予算オーバーです。

フロント：明日までお待ちいただければ、追加料金なしでそのお部屋をご提供いたします。

Miki：それはうれしいわ。とても助かりました。

Skit S085 Words&Phrases W085 Repeating R085

085 Yasuo の不運① エアコンが故障 !?

Yasuoは宿泊した部屋のエアコンが故障していたのでフロントに連絡する。

Yasuo : Hi. I'm in room 578 and the air conditioning isn't working. Can you send someone up to fix it?
Receptionist: Yes, sir. Someone will be there within an hour.
Yasuo : I'm sorry to **complain**, but it's really hot in here. Can you **take care of** it right away?
Receptionist: **Certainly**. I'll send a **mechanic** up right away.

0337 □ **complain** [kəmpléin] 【動】不平を言う、苦情を言う

complain about～「～について苦情を言う」のように使う。

派生語 **complaint**【名】不平、苦情

0338 □ **take care of** 処理する、世話する

ビジネスの内容では、**take care of the problem**「問題を処理する」のように使われる。

0339 □ **certainly** [sə́ːrtnli] 【副】もちろん、確かに

返事で**Certainly.**と使う場合は、「確かにそうです」という意味になる。

派生語 **certain**【形】確信している

0340 □ **mechanic** [məkǽnik] 【名】整備士、修理工

「何かを修理する」というシチュエーションでは、ほかにも**repairman**「修理工」、**plumber**「配管工」などが登場する。

派生語 **mechanical**【形】機械（上）の

【訳】Yasuo ：もしもし、578号室ですがエアコンが壊れています。修理しに誰かよこしてもらえますか？
フロント：はい。1時間以内にそちらへうかがわせます。
Yasuo ：不平を言ってすみませんが、ここはものすごく暑いです。すぐに何とかしてもらえませんか？
フロント：かしこまりました。すぐに修理工を向かわせます。

Skit S086 Words&Phrases W086 Repeating R086

086 Yasuoの不運② エアコンが故障!?

エアコンを修理するために修理工がYasuoの部屋を訪れる。

Mechanic	: Hello. I'm here to **repair** the air conditioner.
Yasuo	: Great. It's over here. There's no air coming out.
Mechanic	: Ah, I see. I'll have it fixed in no time. You know, it's **quite** warm for this time of year. The weather in London is hard to **predict**.
Yasuo	: It sure is. I **packed** the wrong clothes.

0341 □ **repair** [ripέər] 【動】直す、修理する 【名】修理

動詞では**repair the machine**「機械を修理する」、名詞で**repair cost**「修理費用」のように使われる。

0342 □ **quite** [kwáit] 【副】かなり、まったく、実に

veryや**extremely**と同様に程度を表す副詞。形容詞や副詞と一緒に用いられる。

0343 □ **predict** [pridíkt] 【動】予測する、予期する

同意語に**forecast**「予想する」や**foresee**「予見する」がある。形容詞**predictable**「予測可能な」も頻出。

派生語 **predictable**【形】予想どおりの、予測可能な

0344 □ **pack** [pǽk] 【動】荷物に入れる、梱包する

pack a suitcase「スーツケースに荷物を詰める」のように使われる。逆に「梱包を開ける」場合は**unpack**を用いる。

コロケーション **pack a suitcase** スーツケースに荷物を詰める

【訳】修理工 : こんにちは。エアコンの修理に参りました。
Yasuo : よかった。こちらです。風がまったく出てこないんです。
修理工 : わかりました。すぐに修理します。この時期はかなり暖かいんですよ。ロンドンの天気は予測しにくいんです。
Yasuo : そのとおりですね。合わない服を詰め込んできました。

Skit S087 Words&Phrases W087 Repeating R087

087 Yasuoの不運③ ホテルが停電!?

Yasuoは電気が使えなくなったのでフロントに連絡を入れる。

Yasuo	: Hi. I'm in room 578 and I haven't been able to use electricity in my room for the past 10 minutes.
Receptionist	: The whole city is having a blackout right now and we still don't know when things will get back to normal. But since our hotel has its own *electrical generator in case of emergency, the electricity supply will be restored in just a few more minutes.
Yasuo	: That's great. Thank you.

*erectrical generator: 発電機

0345 □ **electricity** [ilektrísəti] 【名】電気

形容詞の**electric**と**electrical**も頻出の単語で、**electric appliance**および**electrical appliance**で「電化製品」のように使われる。

派生語 **electric**【形】電力供給の **electrical**【形】電気的な、電動の

0346 □ **case** [kéis] 【名】状況、事例、事件

in case of～「～の場合」や**in case** 主語＋動詞「…が～する場合」でよく使われる。**just in case**「念のため」という使い方もある。

0347 □ **emergency** [imə́:rdʒənsi] 【名】緊急時

in case of emergency「緊急の場合は」などで頻出する。

コロケーション **in case of emergency** 緊急の際には

0348 □ **restore** [ristɔ́:r] 【動】復旧する、取り戻す

故障やメンテナンスに関する話題で登場。停電の際に、**Electricity will be restored at five.**「電気は5時に復旧する」のように用いられる。

派生語 **restoration**【名】修復、復元

【訳】Yasuo：もしもし。578号室ですが、この10分間、部屋で電気が使えないんですが。

フロント：現在、街全体が停電しておりまして、いつ復旧するのかまだわからない状態でございます。ですが、当ホテルには非常時に備えて発電機がございますので、あと数分で電力供給を復旧します。

Yasuo：それはよかった。ありがとうございます。

Skit S088 Words&Phrases W088 Repeating R088

088 Mikiの部屋① もうひとつの枕

Mikiは枕をもうひとつ借りたいとフロントに申し出る。

Receptionist: Hello. This is the **front desk.**

Miki: Hi. This is Miki Myers in room 567. Can I get one more **pillow**, please?

Receptionist: Certainly. Is there a problem with the one you have?

Miki: No, it's fine. It's just that I always have trouble sleeping when I'm on a business trip, and I thought an **extra** pillow might help. Also, I would like to order room service and use my **voucher.**

0349 □ **front desk** 受付、フロント

「受付」という意味で、**reception desk**という語もある。

0350 □ **pillow** [pílou] 【名】枕

枕のほか、ベッドなどホテルの部屋に関連した単語は特にPART 1で頻出する。

0351 □ **extra** [ékstrə] 【形】余分の、追加の

extra charge「追加料金」や**extra bus service**「臨時のバス運行」のように使われる。

コロケーション **extra charge** 追加料金 **at no extra cost** 追加料金なしで

0352 □ **voucher** [váutʃər] 【名】割引券、引換券

広告などで使われる。**receive a voucher**「割引券を受けとる」のように用いる。

【訳】フロント：もしもし、フロントでございます。

Miki：567号室のMiki Myersです。枕をもうひとつ貸してもらえますか？

フロント：かしこまりました。そちらにございます枕に何か問題がありましたか？

Miki：いいえ、問題ありません。出張中はいつもなかなか眠れないので、追加の枕が役に立つかもしれないと思ったんです。あと、引換券を使ってルームサービスをお願いしたいのですが。

Skit S089 Words&Phrases W089 Repeating R089

089 Mikiの部屋② ルームサービスを注文

Mikiはルームサービスでフランス料理を注文する。

Receptionist: All right. As you see on the menu, we offer Italian, French and Chinese **cuisine**.
Miki: Yes. I'd like something from the French menu—the trout amandine. How long will it take to prepare it?
Receptionist: About 30 minutes. You can **specify** the time, so that we can bring you the **meal** in a timely **manner**.
Miki: That's great. Then could you bring it up with the extra pillow at 8:30?
Receptionist: Certainly.

0353 □ **cuisine** [kwizí:n] 【名】料理

レストラン関係の話題に登場する。**food**の同意語である。

0354 □ **specify** [spésəfai] 【動】指定する、明確に述べる

名詞**specification**は、「明細書、仕様」という意味。形容詞を用いた**specific time**「特定の時間」といったフレーズも重要。

派生語 **specification**【名】明細書、仕様 **specific**【形】特定の **specifically**【副】特に

0355 □ **meal** [mí:l] 【名】食事、食べ物

breakfast、**lunch**、**dinner/supper**「夕食」をまとめて**meal**と呼ぶことができる。

コロケーション **have a meal** 食事をする

0356 □ **manner** [mǽnər] 【名】やり方、態度

PART 5で**in a timely manner**「すぐに、時間通りに」というフレーズの形で出題されることがある。

コロケーション **in a timely manner** 速やかに、直ちに

【訳】フロント：はい。メニューにございますように、イタリアン、フレンチ、中華料理がございます。
Miki：ええ。フレンチのメニューからマスのアマンディーヌ(アーモンドソテー)にします。どのくらいの時間でできますか？
フロント：30分ほどでございます。時間を指定してくだされば、時間どおりにお食事をお持ちいたしますが。
Miki：それはうれしいわ。では8時半に予備の枕と一緒に持って来ていただけますか？
フロント：かしこまりました。

Skit S090 Words&Phrases W090 Repeating R090

090 Yasuo の不運④ シャワーが故障!?

Yasuoは部屋のシャワーが壊れていたためフロントに連絡をする。

Receptionist: Hello. This is the front desk.
Yasuo : Hi. This is Yasuo Nakata in room 578 again. Sorry to call you **repeatedly**, but my shower isn't working **properly**. I can't get any hot water.
Receptionist: Oh, I'm sorry. I'll send a **plumber** up **immediately**.
Yasuo : How long will it take to fix it?

0357 □ **repeatedly** [ripí:tidli] 【副】繰り返して

practice repeatedly「繰り返し練習する」のように使われる。

派生語 **repeat**【動】繰り返す **repetition**【名】繰り返し

0358 □ **properly** [prápərli] 【副】適切に、きちんと

The machine does not work properly.「機械が適切に作動しない」のように使われる。形容詞を用いた**proper use**「適切な使用」などのフレーズも頻出。

派生語 **proper**【形】適切な、ふさわしい

0359 □ **plumber** [plʌ́mər] 【名】配管工、水道工事事業者

水道の故障などに関する内容で登場する。職業を覚えておくと、文脈が理解しやすい。

0360 □ **immediately** [imí:diətli] 【副】直ちに、すぐに

right away「すぐに」も同じ意味の語句。形容詞**immediate**を用いた、**immediate attention**「すぐに対処すること」、**immediate supervisor**「直属の上司」という表現も重要。

【訳】フロント: もしもし、フロントでございます。
Yasuo : また578号室のYasuo Nakataです。たびたび電話をしてすみませんが、シャワーが壊れていてお湯がまったく出ません。
フロント: 申し訳ありません。すぐに配管工を向かわせます。
Yasuo : 修理にどれくらいかかりますか?

Skit S091 Words&Phrases W091 Repeating R091

091 Yasuo の不運⑤ 修理にかかる時間は？

Yasuoはフロントから修理の所要時間について説明を受ける。

Receptionist: It depends on the problem. First the plumber will examine the shower to find the cause. Hopefully it won't take long.

Yasuo : I just took a cold shower and I'm afraid I might catch a cold.

Receptionist: I'm very sorry about all the problems.

Yasuo : Yeah. Me, too. Anyway, please hurry.

0361 □ **depend** [dipénd] 【動】頼る、依存する

depend on ～には「～に依存する、～による」のほか、「～に頼る」という意味もある。形容詞**dependable**「信頼できる」も頻出。

派生語 **dependable**【形】当てになる、頼りになる

0362 □ **examine** [igzǽmin] 【動】調査する、診察する

PART 1で**examine some documents**「資料を検討している」や**examine a patient**「患者を診察する」といったフレーズが頻出する。

派生語 **examination**【名】調査、検査、試験

0363 □ **cause** [kɔ́:z] 【名】原因、理由 【動】引き起こす

the cause of the problem「問題の原因」のように用いられる。動詞では**cause a problem**「問題を引き起こす」のように使う。

0364 □ **hopefully** [hóupfəli] 【副】願わくば、できれば

形容詞**hopeful**「有望な」は、同意語の**promising**「有望な」とあわせて覚えておこう。

派生語 **hopeful**【形】有望な、希望に満ちた

【訳】フロント：問題によりますが、まず配管工が故障の原因を見つけるためにシャワーをお調べいたします。長い時間はかからないように思うのですが。

Yasuo ：冷たいシャワーを浴びたので、風邪をひいてしまうかもしれません。

フロント：いろいろとご迷惑をおかけしまして、大変申し訳ありません。

Yasuo ：ええ、こちらこそ。とにかく急いでください。

Skit S092 Words&Phrases W092 Repeating R092

092 Yasuoの不運⑥ 無効の引換券

Yasuoは無料の引換券を使って、フットマッサージのサービスを頼むが……。

Receptionist: Good morning, sir. How may I help you?
Yasuo : I'd like to use this voucher for a free foot massage.
Receptionist: Let me check the **expiration** date. I'm sorry, but this coupon is **invalid**. But you can have a foot massage at the reasonable price of 15 pounds. **Otherwise**, there are massage chairs available at our fitness gym **free of charge**.
Yasuo : That sounds good. I'll pass on the foot massage this time. Thank you.

0365 □ **expiration** [èkspəréiʃən] 【名】終了、満期

契約や保証に関する話題で多く用いられる。**expiration date**「有効期限、期限日」として頻出。

派生語 **expire**【動】期限が切れる

0366 □ **invalid** [invǽlid] 【形】無効な

有効期間に関して用いられ、**invalid**は「無効な」。反意語の**valid**が「有効な」である。

反意語 **valid**【形】有効な

0367 □ **otherwise** [ʌ́ðərwàiz] 【副】それ以外は、さもなければ

unless otherwise notified「特にお知らせがない限り」というフレーズも重要。

0368 □ **free of charge** 無料で

似たような表現に**for free**「無料で」がある。あわせて覚えておこう。

【訳】フロント：おはようございます。どうなさいましたか?
Yasuo：この無料フットマッサージのクーポンを使いたいのですが。
フロント：有効期限を確認させてください。申し訳ございませんが、こちらのクーポン券は無効です。ですが15ポンドとお手頃な価格でフットマッサージを受けられます。もしくは、フィットネスジムに無料でご利用いただけるマッサージチェアがございます。
Yasuo：それはいいですね。今回は、フットマッサージはやめておきます。ありがとう。

Skit S093　Words&Phrases W093　Repeating R093

093 チェックアウト①　過剰請求!?

チェックアウトの際、Yasuoは明細に間違いを発見する。

Yasuo　: Hi, I'd like to check out.
Receptionist: How would you like to pay, by credit card or in **cash**?
Yasuo　: I'll use my credit card. Here you are.
Receptionist: Thank you, sir. May I have your **signature**?
Yasuo　: Excuse me. I think I've been **overcharged**. This **bill** shows that I've been charged for a foot massage, but I didn't use that service.

0369 □ **cash** [kǽʃ]　【名】現金　【動】現金化する

in cashで「現金で」という意味になる。動詞**cash**で「現金化する」という意味もある。

0370 □ **signature** [sígnətʃər]　【名】署名、サイン

put one's signature「署名する」で覚えておこう。なお、動詞**sign**「署名する」も重要。

0371 □ **overcharge** [òuvərtʃáːrdʒ]　【動】過剰請求する

「～過ぎる」という意味の**overestimate**「過大評価する」や**overwork**「働きすぎる」も覚えておこう。

0372 □ **bill** [bíl]　【名】請求書、勘定

一般的に「請求書」のこと。**an electric bill**「電気代」や**a gas bill**「ガス代」のような使い方もある。

【訳】Yasuo　: こんにちは。チェックアウトしたいのですが。
フロント: お支払いはクレジットカードまたは現金のどちらになさいますか?
Yasuo　: クレジットカードで。はい、これです。
フロント: ありがとうございます。ご署名をお願いいたします。
Yasuo　: すみませんが、実際の金額より多く請求されているようです。この明細ではフットマッサージの料金が請求されていますが、そのサービスは利用しませんでした。

Skit S094 Words&Phrases W094 Repeating R094

094 チェックアウト② 今度の引換券は……

過剰請求分を払い戻されたYasuoは、引換券を受け取る。

Receptionist: Let me check, sir. Yes, you're right. There's a billing error. We'll give you a refund for the service you didn't receive. I apologize for the inconvenience.

Yasuo: That's okay. No problem.

Receptionist: As a token of our appreciation, here is a voucher for a free foot massage. There's no expiration date, so you can use it anytime. We thank you for your patronage.

0373 □ **apologize** [əpálədʒàiz] 【動】謝罪する、謝る

I'm sorry for～のフォーマルな表現が**I apologize for**～である。名詞**apology**「謝罪」も頻出。

派生語 **apology**【名】謝罪

0374 □ **inconvenience** [ìnkənvíːnjəns] 【名】不便、迷惑、不都合

We apologize for the inconvenience.「ご迷惑をおかけして申し訳ありません」はフレーズで覚えておくこと。反意語は**convenience**。

派生語 **inconvenient**【形】不便な、迷惑な、都合の悪い

0375 □ **token** [tóukən] 【名】あかし、しるし

as a token of appreciation「感謝の印として」や、**as a token of gratitude**「感謝の印として」で覚えておこう。

コロケーション **as a token of appreciation** 感謝の印として

0376 □ **patronage** [péitrənidʒ] 【名】愛顧、ひいき、後援

図書館などのアナウンスで、**Thank you for your patronage.**「ご利用いただきありがとうございます」がよく使われる。

派生語 **patron**【名】後援者、常連客

【訳】フロント：確認させてください。はい、お客様のおっしゃるとおりでございます。請求に間違いがございました。お客様が受けていないサービスの料金を払い戻しいたします。ご迷惑をおかけして申し訳ありません。

Yasuo：構いませんよ。大丈夫です。

フロント：感謝の印として、こちらはフットマッサージを無料で受けられる引換券でございます。有効期限がございませんので、いつでもご利用いただけます。当ホテルをご利用いただきまして誠にありがとうございます。

Skit S095 Words&Phrases W095 Repeating R095

095 年次販売会議① 会場へ出発

YasuoとMikiは年次販売会議の会場となるコンベンションセンターへ出発する。

Miki : After breakfast, we should head for the convention center.
Yasuo: Sure. It's right beside the London office, right? How do we get there from this hotel?
Miki : We can take a bus or the subway.

0377 □ **head for** ～へ向かう

head for Sapporo「札幌に向かう」のように、公共交通機関に対して使われることが多い。**bound for**「～へ向かう」も同意語。

0378 □ **convention** [kənvénʃən] 【名】大会、総会

convention center「会議場」として頻出。**conference**「会議」の同意語。

コロケーション **convention center** 会議場

0379 □ **beside** [bisáid] 【前】～のそばに、～と比べると

位置関係の表現として、PART 1によく登場する。**next to**「隣に」と同じ意味である。

0380 □ **subway** [sʌ́bwèi] 【名】地下鉄

take a subway「地下鉄に乗る」で覚えておこう。

【訳】Miki : 朝食後に、コンベンションセンターに向かったほうがいいわね。
Yasuo : そうですね。ロンドンオフィスの真横ですよね？ このホテルからどうやって行きましょうか？
Miki : バスか地下鉄で行きましょう。

Skit S096 Words&Phrases W096 Repeating R096

096 年次販売会議② バスそれとも地下鉄？

YasuoとMikiは地下鉄で会場へ向かうことに決める。

Yasuo: How much are the **fares**?
Miki : The bus is 2 pounds and the subway is 4 pounds, so there's not so much **difference**.
Yasuo: But the bus can take a long time if there's a **traffic jam**, right?
Miki : Oh, that's right. **Perhaps** we should take the subway.

0381 □ **fare** [fέər] 【名】運賃、交通費

運賃のことで、交通機関の料金に用いる。**airfare**「航空運賃」という単語もある。

0382 □ **difference** [dífərəns] 【名】違い

make a difference「違いをもたらす」も重要。形容詞**different**「違った」や動詞**differ**「異なる」も頻出する。

派生語 **different**【形】異なった、別の **differ**【動】異なる

0383 □ **traffic jam** 【名】交通渋滞

遅れの原因などで使われることがある。**traffic congestion**という難しい言い方もある。

0384 □ **perhaps** [pərhǽps] 【副】たぶん、おそらく

ほかに**probably**「おそらく」、**rarely**「めったに～ない」など、可能性に関する副詞は頻繁に使われる。

【訳】Yasuo ：料金はいくらですか？
Miki ：バスが2ポンド、地下鉄は4ポンド、たいした違いはないわ。
Yasuo ：でも渋滞したら、バスは時間がかかりますよね。
Miki ：そうね。たぶん地下鉄に乗ったほうがいいわね。

Skit S097 Words&Phrases W097 Repeating R097

097 年次販売会議③ 議長のあいさつ①

議長をつとめるKateのあいさつで年次販売会議が始まる。

Kate : Welcome to Wonder Perfume's annual sales meeting. I'm Kate Johnson, sales director here at the London headquarters and **chairperson** of today's meeting. **Thanks to** all of you, it's been a **rewarding** year for our company. We've had **remarkable** success with new products as well as established fragrances, and we expect even better results in the coming year.

0385 □ **chairperson** [tʃέərpə̀ːrsn] 【名】議長、委員長

議長や委員長のこと。**chair**を動詞で使うと「議長を務める」という意味になる。

同意語 **chairman**【名】会長、議長、司会

0386 □ **thanks to** ～のおかげで、～のせいで

Thanks to your hard work「あなたの努力のおかげで」のように、冒頭で使われることが多い。

0387 □ **rewarding** [riwɔ́ːrdiŋ] 【形】やりがいのある、満足のいく

rewardには「報いがある」という意味もあり、**rewarding job**で「やりがいのある仕事」となる。

派生語 **reward**【名】報酬 【動】報酬を与える

0388 □ **remarkable** [rimáːrkəbl] 【形】めざましい、驚くべき

remarkable achievement「めざましい功績」のように、非常によい意味で使われる。

派生語 **remarkably**【副】驚くほど、著しく

【訳】Kate : Wonder Perfumeの年次販売会議へようこそ。Kate Johnsonです。ロンドン本社で営業部長をしております。本日の議長を務めます。みなさんのおかげで、当社にとって実り多い1年でした。従来の香水と並んで新商品もまた目覚ましい成功を収めました。来期もさらにすばらしい結果を期待したいと思います。

Skit S098　Words&Phrases W098　Repeating R098

098 年次販売会議④　議長のあいさつ②

Kateは各支社の販売活動について報告を求める。

Kate　: To begin the meeting, each of our branch representatives will report on their office's sales performance over the past 12 months, and explain how their sales activities helped bring about these results. First we'll hear from Miki Myers, sales manager of the Japan branch. Miki, thank you for traveling such a long way to be with us today.

0389 □ **representative** [rèprizéntətiv]　【名】代表者、代表的な人

sales representative「販売員」や**service representative**「サービス担当」のように用いられる。

派生語 **represent**【動】代理をする、代表する、表す

コロケーション **sales representative**　営業担当者、販売員

0390 □ **performance** [pərfɔ́ːrməns]　【名】成績、業績、公演

会社関係の話題で用いられる場合は、おもに業績のこと。**performance evaluation**「業績評価」として使われることも多い。**based on performance**「成績に基づいて」などのフレーズも覚えておこう。

派生語 **perform**【動】遂行する、演じる　**performer**【名】役者、演者

0391 □ **activity** [æktívəti]　【名】活動

economic activityで「経済活動」のこと。形容詞**active**「元気な、積極的な」や副詞**actively**「積極的に」も重要。

派生語 **active**【形】元気な、積極的な　**actively**【副】積極的に

0392 □ **bring about**　起こす、生じさせる

ある結果をもたらすという意味で用いられ、**bring about a change**「変化を引き起こす」のように使う。

【訳】Kate　: 会議を始めるにあたって各支社の代表者のみなさんには、過去12カ月の販売実績を報告し、販売活動がどのように結果に寄与したかを説明していただきます。まずは日本支社の営業部長、Miki Myersから報告を聞きましょう。Miki、今日は参加するために長旅をしてきてくれてありがとう。

Skit S099 Words&Phrases W099 Repeating R099

099 年次販売会議⑤ Miki の報告①

Deborahから紹介されたMikiは発表を始める。

Miki : Thank you, Kate. My colleague Yasuo Nakata and I are very happy to be here, and I'm **honored** to speak on **behalf** of everyone at the Tokyo office. We had set a sales goal of 2 billion yen for the year, and I'm pleased to say we **achieved** that goal and even exceeded it. Our newest fragrance, Vitamin Drop, was an important **factor** in this success. Can you please look at the chart?

0393 □ **honored** [ánərd] 【形】光栄に思う

be honored to ～「～を光栄に思う」として頻出。

派生語 **honor**【動】栄誉をたたえる、尊敬する

0394 □ **behalf** [bihǽf] 【名】代わって、代表して

on behalf of～「～を代表して、～の代わりに」で頻出する。PART 5の問題では、空欄で**on**が問われることも**behalf**が問われることもある。

0395 □ **achieve** [ətʃíːv] 【動】到達する、成し遂げる、獲得する

accomplish「達成する」の同意語。**achieve a goal**「目標に到達する」のように用いられる。名詞**achievement**「達成」も頻出。

派生語 **achievement**【名】達成、業績

0396 □ **factor** [fǽktər] 【名】要因、要素

various factors「様々な要素」などで使われる。同意語に**element**「要素」がある。

【訳】Miki : ありがとう、Kate。同僚のYasuo Nakataと私は、今日ここに参加していることを大変うれしく思っております。そして、東京支社を代表してお話させていただくことを光栄に思います。私どもは20億円という年間販売目標を設定して、その目標を達成したばかりでなく、さらに目標を上回る成果を収めたことを喜んでおります。わが社の最も新しい香水、Vitamin Dropがこの成功において大きな要素となりました。表をご覧いただけますか？

Skit S100 Words&Phrases W100 Repeating R100

100 年次販売会議⑥ Miki の報告②

Miki は Vitamin Drop のキャンペーン効果について説明する。

Miki : Sales in the first two **quarters** were below our targets. At that time we were mainly **attempting** to find new markets for well known products. This **effort** had only limited success. As you see, after Vitamin Drop was launched with a big ad campaign, sales increased by nearly 15 percent for two **consecutive** quarters. This increase was not only from Vitamin Drop itself. Sales of several other fragrances increased as well. We call it the "Vitamin Drop boost."

0397 □ **quarter** [kwɔ́:rtər] 【名】四半期

quarterは4分の1のことで、四半期を指す。年4回出版される季刊誌は**quarterly magazine**と呼ぶ。

派生語 **quarterly**【形】年4回の、四半期の

0398 □ **attempt** [ətémpt] 【動】挑戦する、試みる 【名】試み

動詞**try**の同意語である。**attempt to**～「～しようと試みる」で用いられる。なお、名詞も同形である。

0399 □ **effort** [éfərt] 【名】試み、努力

make an effort「努力をする」で覚えておこう。

コロケーション **make an effort** 努力する

0400 □ **consecutive** [kənsékjutiv] 【形】連続した

for the third consecutive year「3年連続で」のように用いる。

派生語 **consecutively**【副】連続して

【訳】Miki : 最初の2四半期では売り上げが目標を下回っていました。その時点ではすでに知名度のある商品に対して、新しい市場を主に見つけようとしておりましたが、この努力はそれほど成功しませんでした。ご覧のとおり、Vitamin Dropの一大広告キャンペーンを開始したあと、売り上げは2連続四半期で15パーセント近く増加しました。この増加はVitamin Dropだけから得られたものではなく、ほかのいくつかの香水も売り上げが増加いたしました。私たちはこれを「ビタミンドロップ効果」と呼んでいます。

Skit S101 Words&Phrases W101 Repeating R101

101 年次販売会議⑦ CEOの登場

KateはCEOのRick Smithを紹介する。

Kate : Now I'm pleased to introduce the CEO of Wonder Perfume, Rick Smith. Rick will **deliver** the meeting's **keynote** speech later this afternoon. Right now, he's going to **award prizes** to the branches with the best sales performance of the past year. Rick?

0401 □ **deliver** [dilívər] 【動】配達する、(スピーチなどを)する

配達だけでなく、**deliver a speech**「スピーチを行う」のように用いることもある。名詞は**delivery**。

派生語 **delivery**【名】配達

0402 □ **keynote** [kíːnòut] 【形】基調をなす

keynote speech「基調講演」や**keynote speaker**「基調講演者」として使われる。なお、PART 5の語彙問題で出題されることもある。

コロケーション **keynote speech** 基調講演 **keynote speaker** 基調講演者

0403 □ **award** [əwɔ́ːrd] 【動】授与する、与える 【名】賞

TOEICに頻出する場面設定のひとつが授賞式。**awards ceremony**「授賞式」も覚えておこう。

コロケーション **receive an award** 受賞する

0404 □ **prize** [práiz] 【名】賞、賞金

award a prize「賞を与える」や**receive a prize**「賞を受ける」で覚えておこう。

コロケーション **win a prize** 賞を獲得する

【訳】Kate : ではWonder PerfumeのCEO、Rick Smithをご紹介いたします。Rickは今日の午後、本会議の基調スピーチをいたしますが、いまはこの1年間に最高の販売実績をあげた支社に対する賞を授与してもらいます。Rick?

Skit S102 Words&Phrases W102 Repeating R102

102 年次販売会議⑧ 優秀支社の表彰

CEOのRickによって成績上位の支社が表彰される。

Rick : Thanks, Kate. And I'd like to thank all of you for coming here from every corner of the world. Now it's time to announce the three **recipients** of this year's Wonder Sales Awards. The third-place prize goes to the U.S. branch! The second-place prize goes to...the Japan branch! And now I would like to **present** the first prize to... Hong Kong! Congratulations on your **outstanding** work!

0405 □ **announce** [ənáuns] 【動】発表する、通知する

announce a plan「計画を発表する」のように使われるほか、**announce that** 主語＋動詞という使い方がある。名詞は**announcement**。

派生語 **announcement**【名】発表 **announcer**【名】アナウンサー、発表者

0406 □ **recipient** [risípiənt] 【名】受取人、受領者

手紙や荷物を受けとる人物のことを**recipient**という。

0407 □ **present** [prizént] 【動】贈呈する、提出する、見せる

present the coupon to the staff「クーポンをスタッフに提示する」のように用いる。形容詞で使うと「現在の」という意味で、**current**の同意語。

コロケーション **present your identification card** 身分証明書を提示する

0408 □ **outstanding** [àutstǽndiŋ] 【形】めざましい、際立った

肯定的な意味で使われ、**outstanding achievement**「めざましい業績」のように用いる。

コロケーション **outstanding results** めざましい結果

【訳】Rick : ありがとう、Kate。そして世界各地からここに来てくれたみなさんに感謝します。では今年のWonder Sales Awardsの3組の受賞者を発表する時がきました。3位は米国支社です！ 2位は……、日本支社！ そして1位を発表したいと思います……。香港です！ 優れた業績に対して心からお祝いいたします！

Skit S103 Words&Phrases W103 Repeating R103

103 年次販売会議⑨ CEOのあいさつ①

CEOは受賞した支社だけではなくすべての支社を賞賛する。

Rick : With these awards, we are **recognizing** not only your great achievements, but also your **vision** for the future. Of course, all of our branches have great teams who have achieved success this year. And I hope you will all be **inspired** by today's winners to **pursue** even greater success in the coming year. Thank you all.

0409 □ **recognize** [rékəgnàiz] 【動】認める、承認する、表彰する

be recognized as ～「～として認められている」のように用いられることが多い。名詞**recognition**「認識、承認」も重要。

派生語 **recognition**【名】認識、承認

0410 □ **vision** [víʒən] 【名】見通し、視野

形容詞**visible**「目に見える」も覚えておこう。関連する名詞を用いた**poor visibility**といえば、雨などによる「視界不良」のこと。

派生語 **visible**【形】目に見える **visibility**【名】視界

0411 □ **inspire** [inspáiər] 【動】鼓舞する、刺激する

刺激を与えて人の心を動かすこと。名詞は**inspiration**「ひらめき、インスピレーションを与えるもの」。

派生語 **inspiration**【名】着想、ひらめき、インスピレーションを与えるもの

0412 □ **pursue** [pərsúː] 【動】続ける、追い求める

pursue a careerで「キャリアを積む」のように用いる。

コロケーション **pursue a goal** 目的を追い求める

【訳】Rick : これらの賞は、みなさんのすばらしい業績だけではなく、将来的な見通しをもたたえるものであります。もちろん、すべての支社が、今年度、成功をおさめたすばらしいチームを持っています。本日の受賞者たちに刺激を受けて、みなさんが次年度さらに大きな成功をおさめられることを願っています。みなさん、ありがとう。

Skit S104 Words&Phrases W104 Repeating R104

104 年次販売会議⑩ CEOのあいさつ②

CEOが昨年度の好調な成績の要因について語る。

Rick : As you know, last year was a great year for our company. We're all very pleased about that, and of course, so are our **shareholders**. One reason for this success is the distinctiveness of our fragrances. We make a wide **variety** of perfumes, from classics like Secret Message to new stars like Vitamin Drop, and they all have a **common characteristic**—freshness.

0413 □ **shareholder** [ʃέərhòuldər] 【名】株主

shareは「株」という意味で、それを持っている人物（株主）が**shareholder**である。なお、**stockholder**と呼ぶこともある。

0414 □ **variety** [vəráiəti] 【名】種類、変化に富んでいること

a wide variety of products「幅広い製品」で覚えておこう。形容詞**various**「様々な」や、動詞**vary**を使った**vary in size**「サイズが色々ある」も重要。

派生語 **various**【形】さまざまな **vary**【動】さまざまである

0415 □ **common** [kámən] 【形】共通の、よくある、一般的な

have ～ in common「～に共通点がある」や、**common ground**「共通点」などで使われる。

派生語 **commonly**【副】一般的に

0416 □ **characteristic** [kæ̀riktərístik] 【形】固有の、独特の 【名】特質、特徴

接尾辞**-ic**で終わっているが、形容詞と名詞が同形である。同意語に**feature**がある。

派生語 **characterize**【動】特徴を述べる、特徴づける

【訳】Rick ：ご存知のとおり、昨年は当社にとってすばらしい1年でした。われわれ一同、そのことを非常に満足しておりますし、もちろん株主のかたがたも同じです。この成功の理由のひとつは、当社の香水の独自性です。Secret Messageのような伝統的なものからVitamin Dropのような新商品まで、幅広い種類の香水を作っていますが、そのすべてに共通する特徴が、「新鮮さ」です。

Skit S105 Words&Phrases W105 Repeating R105

105 年次販売会議⑪ CEOのあいさつ③
CEOが新製品Juicy Fragranceについて紹介する。

Rick : This year—the 40th **anniversary** of Wonder Perfume—freshness will be our main **theme** as we launch our fresh new line, Juicy Fragrance. Recently there has been a **trend** towards flowery, romantic fragrances. **In contrast**, Juicy Fragrance features the clean scents of citrus fruits and herbs.

0417 □ **anniversary** [ænəvə́:rsəri] 【名】記念日

the fifth anniversary「5周年記念」のように使われる。ちなみに、接頭辞**anni-**は「1年」という意味である。

0418 □ **theme** [θí:m] 【名】テーマ、主題

main theme「主なテーマ」のように使われる。発音に注意しよう。

0419 □ **trend** [trénd] 【名】傾向、風潮、流行

recent trend in technology「最近の技術の傾向」のように用いられる。

0420 □ **in contrast** ～とは対照的に

ふたつの物事を対比する際に使われる。**on the other hand**「もう一方で」も類似表現。

【訳】Rick : Wonder Perfumeの40周年となる今年度、「新鮮さ」こそ新製品のJuicy Fragranceを発売するにあたってのメインテーマとなるでしょう。近年は花の香りがするロマンチックな香水が増加する傾向にありますが、対照的にJuicy Fragranceは柑橘系の果物とハーブの清潔感ある香りを特徴としています。

Skit S106 Words&Phrases W106 Repeating R106

106 年次販売会議⑫ CEO のあいさつ④

新製品Juicy Fragranceの特徴についてCEOが説明する。

Rick : Juicy Fragrance is made from all natural ingredients. There are three scents: Juicy Lemon, Juicy Orange, and Juicy Lime. This line is about 20 percent less expensive than our other products, but **retains** our company's elegant image. The fragrances **were designed to reach** a younger market—people in their teens and twenties.

0421 □ **ingredient** [ingríːdiənt] 【名】材料、要素

料理やレシピに関する話題で使われることが多い。料理関係の単語は**nutritious**「栄養がある」などを含め、同じ分野のものをまとめて覚えておくとよい。

0422 □ **retain** [ritéin] 【動】保つ、保管する

retain a receipt「レシートを取っておく」のように用いる。**keep**の同意語だと覚えておこう。

派生語 **retention**【名】保留、保持

0423 □ **be designed to** ～することを目的としている

This software is designed to improve work efficiency.「このソフトは仕事効率を高めることを目的としている」のように使う。

0424 □ **reach** [ríːtʃ] 【動】達する、手が届く、伸ばす

reach an agreement「合意に達する」のようなフレーズでしっかり覚えよう。

コロケーション **reach a compromise** 妥協に至る

【訳】Rick : Juicy Fragranceはすべて天然成分から作られており、3種の香りがあります。Juicy Lemon、Juicy Orange、それとJuicy Limeです。この製品は、当社のほかの製品より約20パーセント価格をおさえていますが、わが社のエレガントなイメージは維持しております。この香水は10代や20代といった年齢層の低い市場を対象に作ったものです。

Skit S107 Words&Phrases W107 Repeating R107

107 年次販売会議⑬　CEOのあいさつ⑤

CEOが新製品の広告展開について言及する。

Rick : We plan to introduce Juicy Fragrance at the World Perfume Show in Miami three months from now. In the next fiscal year we will also increase our **investment** in advertising. We'll be running a series of TV commercials throughout the world to make Juicy Fragrance and our other products more widely known by the **general public**. With your help, I'm sure our next year will be even greater than our last one. Thank you, and see you at the **banquet** tonight!

0425 □ **investment** [invéstmənt] 【名】投資、出資

make an investmentで「投資を行う」という意味になる。動詞の**invest**は、**invest in stock**「株式投資をする」のように用いる。

派生語 **invest**【動】投資する　**investor**【名】投資家

0426 □ **general** [dʒénərəl] 【形】一般的な、全体の

in general「一般に」という表現もおさえておこう。

派生語 **generally**【副】一般に

0427 □ **public** [pʌ́blik] 【名】大衆、庶民

open to the public「一般に公開されている」というフレーズが頻出。

0428 □ **banquet** [bǽŋkwit] 【名】宴会、祝宴

宴会のこと。パーティの話題などには、**banquet hall**「宴会場」も登場する。

【訳】Rick : 3カ月後にマイアミで行われるWorld Perfume ShowでJuicy Fragranceを発表する予定です。来年度は広告費も増やします。Juicy Fragranceやほかの商品を一般にもっと広く知られるように世界中でテレビCMをシリーズで放映します。みなさんの協力によって、来年は今年よりもさらに成功をおさめるであろうことを確信しております。ありがとうございました。それでは、今夜の晩餐会でお会いしましょう！

Skit S108 Words&Phrases W108 Repeating R108

108 工場見学① Miki と Yasuo の会話

Miki は工場見学に際して、タバコを吸っている Yasuo に注意する。

Miki : Someone will come in a moment to take us on the tour. Make sure you put out your cigarette before you go inside the factory.

Yasuo: Oh, that's right. Smoking is **strictly prohibited** in all parts of the factory, isn't it?

Miki : Yeah, they have this rule to **prevent** accidents.

0429 □ **tour** [túər] 【名】ツアー、見学

factory tour といえば、「工場見学」のこと。なお、動詞として用いて、**tour the facility**「施設を見学する」のように言うこともできる。

派生語 **tourism**【名】観光業 **tourist**【名】観光客

0430 □ **strictly** [stríktli] 【副】厳しく、厳重に

strictly speaking「厳密に言えば」というフレーズも覚えておこう。形容詞 **strict**「厳しい」の同意語として、**stringent** もまれに使われる。

派生語 **strict**【形】厳しい、厳格な

0431 □ **prohibit** [prouhíbit] 【動】禁止する、妨げる

be strictly prohibited「厳しく禁止されている」は頻出。反意語の **permit**「許可する」も覚えておこう。

コロケーション **be strictly prohibited** 厳しく禁止されている

0432 □ **prevent** [privént] 【動】防ぐ、防止する

prevent anyone from accessing files「人がファイルにアクセスすることを防ぐ」のように用いる。名詞は **prevention**「予防」。

派生語 **prevention**【名】防止、予防

【訳】Miki : すぐに私たちを見学に案内してくれる人がくるでしょう。工場に入る前に必ずタバコを消してね。

Yasuo : ああ、そうですね。喫煙は工場の全域にわたって厳禁ですよね？

Miki : ええ、事故を防ぐためにこの規則があるのよ。

Skit S109 Words&Phrases W109 Repeating R109

109 工場見学② 注意事項の説明

工場長のKarlが工場見学の前の注意事項について述べる。

Karl : Welcome to Wonder Perfume's Manchester factory. I'm Karl Hyde, and I will **lead** today's tour. Before we start, please be sure to put on a hard hat. This is just standard **procedure** for **avoiding** injury in case something happens—but please don't worry. Nothing will fall on your head. If you have any questions as we go around the factory, please don't **hesitate** to ask. I'll be more than happy to answer them. Thank you.

0433 □ **lead** [lí:d] 【動】案内する、導く

形容詞**leading**「一流の、主要な」を用いた、**leading manufacturer**「主要な製造業者」も頻出。

派生語 **leading**【形】主要な **leader**【名】指導者 **leadership**【名】指導力

0434 □ **procedure** [prəsí:dʒər] 【名】やり方、手続き

payment procedure「支払いの手順」や**procedure for** 〜「〜の手順」のように使われる。

コロケーション **procedure for registration** 登録手続き

0435 □ **avoid** [əvɔ́id] 【動】避ける、回避する

渋滞のニュースなどで、**avoid taking the Packard Street**「パッカード通りの通行を避ける」などのようなアドバイスがされる。

0436 □ **hesitate** [hézətèit] 【動】ためらう、躊躇する

Do not hesitate to ask us.「遠慮なくお聞きください」のように使われる。

派生語 **hesitant**【形】ためらいがちな **hesitation**【名】ためらい

【訳】Karl : Wonder Perfumeのマンチェスター工場へようこそお越しくださいました。Karl Hydeです。本日の見学をご案内します。出発する前にヘルメットを必ずかぶってください。これは何かあった場合にケガを避けるための標準的な手続きですから心配しないでください。何も頭の上には落ちてきませんよ。工場を歩き回る際に何か質問がありましたら、遠慮なくたずねてください。喜んでお答えします。ありがとうございました。

Skit S110 Words&Phrases W110 Repeating R110

110 工場見学③ Miki のヘルメット

YasuoはMikiにヘルメットがお似合いだと揶揄する。

Yasuo: You look really nice in that hard hat.
Miki : Shut up. I know I look stupid in it. Joking aside, as a salesperson it's very **important** to know about the production **process** **to some extent**, so I would **urge** you to ask a lot of questions during the tour.
Yasuo: Will do. Thanks.

0437 □ **important** [impɔ́ːrtənt] 【形】重要な、大切な

名詞は**importance**。接尾辞**-ant**の形容詞は、**-ance**で名詞になることが多い。

派生語 **importance**【名】重要性

0438 □ **process** [práses] 【名】過程、製法 【動】処理する

名詞では**hiring process**「採用プロセス」のように、動詞では**process information**「情報を処理する」のように使われる。

0439 □ **to some extent** ある程度

物事の程度を表す際に用いる。「完全に」という場合は、**entirely**などを用いる。

0440 □ **urge** [ə́ːrdʒ] 【動】強く促す

urge you to ～で、「～することを強く勧める」となる。同意語に**recommend**「勧める」がある。

【訳】Yasuo ：ヘルメットがとてもお似合いですよ。
Miki ：うるさいわね。バカっぽく見えるのはわかってるわ。冗談はさておき、営業担当者として製造工程をある程度知っておくのはとても大切よ。だから見学中は質問をたくさんするようにね。
Yasuo ：そうします。ありがとうございます。

Skit S111 Words&Phrases W111 Repeating R111

111 工場見学④ 3つの工場

Karlはマンチェスター工場以外にふたつの工場があると説明する。

Karl : At this factory, we manufacture about 50 percent of the company's products. The Sheffield factory and the Leeds factory produce the other 30 percent and 20 percent, respectively.
Yasuo: How many people are working at this plant?
Karl : Currently 100 people are working here.

0441 □ **manufacture** [mænjufǽktʃər] 【動】製造する、大量生産する

名詞**manufacturer**「製造会社」も重要。業者に関する単語としては、**supplier**「供給業者」も頻出。

派生語 **manufacturer**【名】製造会社、メーカー

0442 □ **respectively** [rispéktivli] 【副】それぞれ

A and B, C and D respectivelyというと、AとC、BとDが対応しているという意味になる。

派生語 **respective**【形】それぞれの

0443 □ **plant** [plǽnt] 【名】工場、植物

PART 1では「植物」の意味、PART 5以降では「工場」の意味で頻出する。文脈で理解しよう。

コロケーション **manufacturing plant** 製造工場 **water plants** 植物に水をやる

0444 □ **currently** [kə́:rəntli] 【副】今、現在

nowの同意語。形容詞**current**「現在の」は、**current situation**「現状」などで使われる。

派生語 **current**【形】今の、現時点の

【訳】Karl : この工場では当社の商品の約50パーセントを製造しています。シェフィールド工場とリーズ工場が、残りの30パーセントと20パーセントをそれぞれ生産しています。
Yasuo : どれくらいの人がこの工場で働いていますか？
Karl : 現在、100人がここで働いています。

Skit S112 Words&Phrases W112 Repeating R112

112 工場見学⑤ 香水の生産量は？

Mikiは Karlに香水の生産量について質問する。

Miki	: How much perfume does this factory produce per day?
Karl	: We produce 10,000 bottles every day.
Miki	: Do you have night **shifts**?
Karl	: Yes. There are workers here during the night, so the **assembly** line is in **operation** 24 hours a day.

0445 □ **per** [pər] 【前】～につき、～あたり

per hour「1時間につき」や、**per person**「1人につき」のように用いる。

0446 □ **shift** [ʃift] 【名】勤務時間 【動】変える

morning shift「早番（午前中勤務）」で使われる。動詞として用いて**shift the focus**「焦点をずらす」という使い方もある。

コロケーション **morning shift** 早番

0447 □ **assembly** [əsémbli] 【名】組み立て

工場に関するトピックで、**assembly line**「組み立てライン」として登場する。動詞**assemble**は「組み立てる」という意味。

派生語 **assemble**【動】集まる、召集する、組み立てる

0448 □ **operation** [àpəréiʃən] 【名】作業、業務

in operationで「操業中、作動中」という意味がある。動詞を用いた**operate the machine**「機械を操作する」はPART 1で頻出。

派生語 **operate**【動】操業する **operator**【名】操作係、業者

【訳】Miki ：この工場では1日にどれくらいの香水を生産していますか？
Karl ：毎日、1万本を生産します。
Miki ：夜勤はありますか？
Karl ：はい。夜間もここには労働者たちがいるので、製造ラインは24時間稼働しています。

Skit S113 Words&Phrases W113 Repeating R113

113 工場見学⑥ 生産量の限界

Karlは10,000本を生産するのが限界だとYasuoに説明する。

Yasuo: Is it **possible** to manufacture more than 10,000 bottles a day?

Karl: Unfortunately not. The **machinery** is only **capable** of producing **up to** 10,000 bottles a day, as all the production processes are done here, including mixing ingredients and packaging. So it takes a long time to make finished products.

0449 □ **possible** [pάsəbl] 【形】可能性のある、達成可能な

反意語の**impossible**「不可能な」も頻出する。名詞**possibility**「可能性」も重要。

派生語 **possibility**【名】可能性、実現性

0450 □ **machinery** [məʃíːnəri] 【名】機械

機械全般のことを指す。**equipment**「機械」も同意語。

0451 □ **capable** [kéipəbl] 【形】能力がある、有能な

be capable of～「～する能力がある」というフレーズで出題される。**can** ～の同意語。名詞**capability**「能力」も重要。

派生語 **capacity**【名】容量、能力

0452 □ **up to** ～まで、最大～で

数字について用いられ、最大値を指す。割引について**up to 50 percent**と言えば、「最大50%まで」という意味。

【訳】Yasuo：1日に1万本以上を製造することは可能ですか？

Karl：残念ながら無理です。機械は1日に最大1万本しか生産できません。原料の調合や包装も含め、すべての製造工程がここで行われているものですから。完成品にするには時間がかかります。

Skit S114 Words&Phrases W114 Repeating R114

114 工場見学⑦ 出荷量の制限

Yasuoは、香水の出荷量について制限はあるのかと質問する。

Yasuo: I guess there is also a **limit** to how many bottles you can **ship**.

Karl : **Exactly**. In any case, if we ship out too many bottles and they don't sell well, the stores will end up with too much **inventory**.

0453 □ **limit** [límit] 【名】限度、制限 【動】制限する

形容詞の**limited**は、**for a limited period of time**「限られた期間」や**limited budget**「限られた予算」のように使われる。

派生語 **limited**【形】限定された、わずかの

0454 □ **ship** [ʃíp] 【動】配送する

ship the item「商品を発送する」で覚えておこう。**distribute**「配送する」の同意語。**shipping fee**「配送料」も重要。

派生語 **shipment**【名】積み荷、発送

0455 □ **exactly** [igzǽktli] 【副】そのとおり、正確に、まさに

exactly the same「まったく同じ」のように使う。形容詞は**exact**「正確な」。

派生語 **exact**【形】正確な

0456 □ **inventory** [ínvəntɔ̀:ri] 【名】在庫品

take an inventory「在庫を調べる」は重要。在庫がある場合は**in stock**、在庫切れは**out of stock**で表すことができる。

コロケーション **take an inventory** 在庫を調べる

【訳】Yasuo ：どれくらいの本数を出荷できるのかの制限もあるのですね。
Karl ：そのとおりです。いずれにせよ、大量に出荷しすぎて売れ行きがよくないと、店は在庫を抱えすぎることになります。

Skit S115 Words&Phrases W115 Repeating R115

115 工場見学⑧ 新工場の建設

Karlは需要の増加に対応するために新たに工場を建設していると説明する。

Yasuo: That's why most of our products sell out quickly and we always have a hard time **keeping up with** demand.

Karl : Yes. But actually, a new plant is under **construction** in Cardiff in order to **fulfill** the increasing demand. So that should **solve** the problem.

Yasuo: I see.

0457 □ **keep up with** 遅れずについていく

keep up with the trend「流行についていく」のように用いる。

コロケーション **keep up with change** 変化についていく

0458 □ **construction** [kənstrʌ́kʃən] 【名】建設、工事

under constructionで、「工事中」を意味する。動詞**construct**「建設する」も頻出語。

派生語 **construct**【動】建設する

0459 □ **fulfill** [fulfíl] 【動】実現する、(期待に) 添う、満たす

fulfill the requirement「要件を満たす」のように使うこともできる。

コロケーション **fulfill the demands** 需要にこたえる

0460 □ **solve** [sálv] 【動】解決する

solve a problem「問題を解決する」といったフレーズで覚えよう。また、名詞を用いた**solution to the problem**「問題への解決策」も重要。

派生語 **solution**【名】解決策

【訳】Yasuo : だからうちの会社の商品の大半がすぐに売り切れて、需要にこたえるのにいつも苦労するんですね。

Karl : ええ。でも実は、需要の増加に見合うように新しい工場をカーディフに建設中なんです。だから問題は解決されるはずですよ。

Yasuo : そうですか。

Skit S116 Words&Phrases W116 Repeating R116

116 工場見学⑨ 新しい香水の開発

Karlは香水を開発する研究室がリバプールにあると伝える。

Karl : We have a **laboratory** in Liverpool where they **experiment** with different ingredients in order to **create** new fragrances. Then we make the finished product here.

Yasuo: How long does it take to **create** a new fragrance?

Karl : They blend hundreds of ingredients to find the right **mixture**, so it takes a few months.

0461 □ **laboratory** [lǽbərətɔ̀ːri] 【名】研究所

省略して**lab**ということもある。研究所で行うのが、**experiment**「実験」である。

0462 □ **experiment** [ekspérəmənt] 【動】試す、実験する 【名】実験

conduct an experimentで「実験を行う」という意味になる。形容詞**experimental**「実験の」も重要。

派生語 **experimental**【形】実験の

0463 □ **create** [kriéit] 【動】創り出す、もたらす

create employmentで「雇用を創出する」という意味になる。名詞**creation**「創造」や**creativity**「創造性」、形容詞**creative**「創造力のある」も覚えておこう。

派生語 **creation**【名】創造 **creative**【形】創造的な **creativity**【名】創造性

0464 □ **mixture** [míkstʃər] 【名】混ぜたもの

combination「混合物」や**assortment**「組み合わせた物」も同意語。

派生語 **mix**【動】混ぜる、混ざる

【訳】Karl : 新しい香水を作り出すために様々な原料を試す研究室がリバプールにあります。その後、ここで完成品を作ります。

Yasuo : 新しい香水を作り出すのに、どれくらいの時間がかかりますか？

Karl : 最も適切な混合物を見つけるために何百もの原料を調整するので、数カ月かかります。

Skit S117 Words&Phrases W117 Repeating R117

117 工場見学⑩ 研究室の調香作業

Mikiは香水の調合作業についてKarlに質問する。

Miki : I suppose they have to compare a large number of mixtures to find the right one.

Karl : Yes, and many of the mixtures include chemicals, so their working hours are limited to only four hours a day.

Miki : They're not allowed to eat spicy food, to protect their sense of smell, right?

Karl : Right. It's a tough job.

0465 □ **suppose** [səpóuz] 【動】思う、前提とする

I suppose... は**I think**の同意表現。なお、**be supposed to**「～することになっている」のフレーズは頻出。

0466 □ **compare** [kəmpέər] 【動】比較する

compare A with Bで、「AとBを比較する」となる。

派生語 **comparison**【名】比較、類似 **comparative**【形】比較的 **comparable**【形】比較可能な、類似の

0467 □ **chemical** [kémikəl] 【名】化学物質 【形】化学の、化学的な

chemical industryで「化学工業」という意味。名詞**chemistry**「化学」も重要。

派生語 **chemistry**【名】化学

0468 □ **protect** [prətékt] 【動】保護する、防ぐ、守る

形容詞を用いた**protective gear**「保護服」という表現もある。

派生語 **protection**【名】保護 **protective**【形】保護する

【訳】Miki : 最適なものを見つけるには膨大な量の混合物を比較しなければならないのでしょうね。

Karl : ええ、しかも混合物の多くは化学物質を含んでいるので、労働時間は1日に4時間までと制限されています。

Miki : 嗅覚を保護するために辛いものを食べることも許されてないのですね。

Karl : そうです。きつい仕事ですよ。

Skit S118 Words&Phrases W118 Repeating R118

118 工場見学⑪ 工場の定期点検

半年に一度、工場の点検が実施されているとKarlは説明する。

Miki : I heard that safety regulations are very strict in Britain.

Karl : Yes, our factory goes through **inspections** by an outside **organization** every six months to make sure we **comply** with the regulations.

Miki : As a **reliable** manufacturer of perfume, compliance with the law is very important, isn't it?

0469 □ **inspection** [inspékʃən] 【名】検査、視察、監査

a routine inspectionで「定期点検」という意味になる。**inspect**「検査する」を行う人物のことを**inspector**「検査官」という。

派生語 **inspect**【動】検査する **inspector**【名】検査官

0470 □ **organization** [ɔ̀ːrgənizéiʃən] 【名】組織、構造

動詞**organize**「準備する、主催する」は、**organize an event**「イベントを主催する」のように用いる。

派生語 **organize**【動】主催する、準備する **organizer**【名】主催者

0471 □ **comply** [kəmplái] 【動】従う、応じる

comply with the regulationsで「規則に従う」となる。名詞の**compliance**が使われている**in compliance with**～「～にしたがって」も同様の表現。

派生語 **compliance**【名】従うこと、順守

コロケーション **comply with the regulations** 規則に従う

0472 □ **reliable** [riláiəbl] 【形】信頼できる、信頼性の高い

reliable manufacturer「信頼できる製造業者」のように使われる。同意語の**dependable**「信頼できる」も重要。

派生語 **reliability**【名】信頼度 **reliably**【副】信頼性が高くて

【訳】Miki : 安全規則がイギリスでは非常に厳しいと聞きました。
Karl : そうです、規則に従っていることを確かなものにするため、6カ月ごとに外部の組織に依頼して監査を受けています。
Miki : 信頼できる香水の製造業者として、法令の遵守はとても大切なことなんでしょうね。

Skit S119 Words&Phrases W119 Repeating R119

119 工場見学⑫ 工場長の役割

Karlは工場長として、サポートチームとともに工場をチェックしている。

Karl : Absolutely. As factory **supervisor**, I **oversee** each procedure myself and I have a very experienced support team working with me. So our internal checks are conducted quite **thoroughly**, too. When the inspectors visit our factory, they are always impressed with our **commitment** to safety.

0473 □ **supervisor** [sú:pərvàizər] 【名】監督者、管理者、上司

「上司」にあたる表現としては、**boss**や**manager**もおさえておこう。

派生語 **supervise**【動】監督する

0474 □ **oversee** [òuvərsí:] 【動】監督する

oversee the project「その計画を監督する」のように使われる。同意語の**supervise**「監督する」も頻出。

0475 □ **thoroughly** [θə́:rouli] 【副】徹底的に、完全に、入念に

thoroughly tested「徹底的にテストされた」や、**examine it thoroughly**「徹底的に調べる」のように、検査や分析などについて使われる。

派生語 **thorough**【形】徹底的な　**thoroughness**【名】入念さ

0476 □ **commitment** [kəmítmənt] 【名】義務、約束、献身

TOEICでは、「関与」や「献身」としてよく使われる。形容詞**committed**を使った**be committed to**～「～に献身的な」も重要。

派生語 **commit**【動】確約する　**committed**【形】献身的な

【訳】Karl : そのとおりです。工場の監督者として、自ら製造過程を監視していますし、一緒に働いてくれる非常に経験豊富なサポートチームがいます。ですから、内部調査もかなり徹底的に実施しています。検査官が工場を訪れると、いつも私どもの安全へのこだわりに感心していますよ。

Skit S120 Words&Phrases W120 Repeating R120

120 工場見学⑬ 品質の追求

Mikiは Karlに商品の品質と安全性が顧客からの信頼を得ていると述べる。

Miki : That's good to hear. We've won customers' **trust** because we have **proven** the **quality** and safety of our products over the years.

Karl : Yes, and we do everything we can to **preserve** that quality. We are all very proud of what we're doing here, and I believe that's one of the keys to a successful business.

Miki : That's so true.

0477 □ **trust** [trʌ́st] 【名】信頼、信用 【動】信頼する

形容詞**trustworthy**「信頼できる」も覚えておこう。

派生語 **trustworthy**【形】信頼できる

0478 □ **prove** [prú:v] 【動】証明する、わかる

prove to be ～「～であることがわかる」のフレーズで使われることが多い。名詞は**proof**「証拠」。**proof of purchase**「購入証明＝レシート」のような使い方もある。

派生語 **proof**【名】証拠

0479 □ **quality** [kwáləti] 【名】質、性質 【形】高品質の、高級な

improve quality「質を向上させる」と名詞で使われるほかに、**quality item**「高級な品物」のように形容詞として使われることもある。

コロケーション **quality control** 品質管理

0480 □ **preserve** [prizə́:rv] 【動】保存する、維持する

preserve food「食べ物を保存する」のように用いる。**keep**の同意語である。

【訳】Miki : そう聞いて安心しました。わが社が顧客の信用を勝ち得たのは、長年にわたって製品の品質と安全性を証明してきたからこそですね。

Karl : そうです。その品質を守るためには最善の努力をはらっています。みんなここで行っていることに非常に誇りを持っていますし、それが事業が成功していることの要因のひとつだと信じています。

Miki : まったくそのとおりですね。

Skit S121 Words&Phrases W121 Repeating R121

121 工場見学⑭ 新しい設備

Karlは新製品の製造のために設置された設備を案内する。

Karl : We are going up these **stairs**, so please hold onto the **handrail**.
Yasuo: Is that the new **equipment** that was **installed** last month?
Karl : Yes, this equipment is designed to make only Juicy Fragrance, and we are ready to mass-produce it in time for the product's release in July.

0481 □ **stairs** [stέərz] 【名】階段

PART 1で頻出。**go down the stairs**「階段を下りる」や**go up the stairs**「階段を上る」といったフレーズで覚えよう。

0482 □ **handrail** [hǽndrèil] 【名】手すり

同じ「手すり」という意味の**railings**もPART 1で頻出する。

0483 □ **equipment** [ìkwípmənt] 【名】設備、道具

道具や機械類などの総称。すべてのパートを通して使われる。動詞は**equip**「設置する」。

派生語 **equip**【動】設備を備える

0484 □ **install** [instɔ́:l] 【動】設置する、取り付ける

ソフトのインストールの意味もあるが、エアコンやセキュリティ装置などを「設置する」という意味でも使われる。

派生語 **installation**【名】設置、取り付け

【訳】Karl : この階段をのぼりますから、手すりにつかまってください。
Yasuo : 先月、設置された新しい設備ですか？
Karl : はい、この設備はJuicy Fragrance専用に作られたもので、7月の発売に向けて大量生産の準備ができています。

Skit S122　Words&Phrases W122　Repeating R122

122 業務のトラブル① 工場で故障発生 !?

工場の設備が故障したため、Yasuoは倉庫の在庫を確認するようにAyaに指示する。

Yasuo: Aya, I heard there's been an equipment failure at the factory in Manchester.

Aya : Oh, no. How long will it take to fix the problem?

Yasuo: It's likely to take a couple of days. Can you call the warehouse and make sure there's plenty of stock?

Aya : Sure.

0485 □ **failure** [féiljər]　【名】失敗、不成功

「故障」という意味もあり、**electrical failure**で「停電」を意味する。動詞**fail**「失敗する」も重要。

派生語 **fail**【動】失敗する

0486 □ **likely** [láikli]　【形】ありえそうな、可能性の高い

He is likely to be appointed as a new manager.「彼が新しいマネジャーに任命される可能性が高い」のように使われる。

0487 □ **warehouse** [wέərhàus]　【名】倉庫

発送に関する内容で頻出。**ship the product from our warehouse**「商品を倉庫から発送する」のように覚えよう。

0488 □ **plenty** [plénti]　【名】たくさん、たっぷり

plenty of ～「たくさんの～」として使われる。**many**や**a lot of**の同意語。

【訳】Yasuo：Aya、マンチェスターの工場で設備が故障したそうだよ。
Aya：どうしましょう。問題の解決にはどれくらいかかるのですか？
Yasuo：2、3日はかかりそうだ。倉庫に電話をして在庫がたくさんあるか確かめてくれるかな？
Aya：わかりました。

Skit S123 Words&Phrases W123 Repeating R123

123 業務のトラブル② 事務用品の値上げ

Mikiは事務用品の値上げにともなって、納入業者の変更を検討する。

Miki : I'm meeting with a new **supplier** of office equipment today.
Aya : Is there any problem with the current supplier?
Miki : Yes, they've **raised** their prices by as much as 15 percent because of the **rising** cost of oil. With our limited budget for this fiscal year, we can't **accept** the cost increase.
Aya : I see. That's why we need to find another supplier.

0489 □ **supplier** [səpláiər] 【名】供給者

動詞**supply**「供給する」も重要。なお、名詞を用いた**office supplies**「事務用品」も頻出する。

派生語 **supply**【動】供給する 【名】供給量、必需品

0490 □ **raise** [réiz] 【動】上げる、持ち上げる

raise shipping fee「配送料を上げる」のように用いる。名詞も**raise**で、**pay raise**といえば「昇給」のこと。

コロケーション **raise a price** 価格を上げる

0491 □ **rising** [ráiziŋ] 【形】上昇する、増加する

cost「価格」や**temperature**「気温」が主語になることが多い。動詞の**rise**は、**rise significantly**「急激に伸びる」のように一緒に使われる副詞も覚えておこう。

派生語 **rise**【動】上がる、増加する

0492 □ **accept** [æksépt] 【動】受諾する、認める

accept the offerなど、「物以外」を受け入れる場合にも使われる。

派生語 **acceptable**【形】受け入れられる **acceptance**【名】受け入れ、承認

【訳】Miki : 今日、事務用品の新しい納入業者に会います。
Aya : 今の納入業者に何か問題でもあるんですか?
Miki : ええ、石油価格の高騰で15パーセントも値上げしたのよ。今年度の限られた予算でコストの増加は受け入れられないわ。
Aya : そうですか。そういうわけで別の納入業者を見つける必要があるんですね。

Skit S124 Words&Phrases W124 Repeating R124

124 マンション購入① 不動産業者に電話

マンションの購入を検討しているJeffは不動産業者に電話する。

Agent: Electro World Housing.
Jeff : Hello. I hear that your **real estate agency** has many non-Japanese customers.
Agent: That's right. We have been helping **foreign residents** find homes for over 30 years.
Jeff : Great. I'll stop by tomorrow.

0493 □ **real estate** 【名】不動産、不動産業

real estate agency「不動産業者」で覚えておこう。

0494 □ **agency** [éidʒənsi] 【名】代理店、機関

agencyは「代理店」のこと。**travel agency**「旅行代理店」や**real estate agency**「不動産屋」で頻出。そこで働く人を**agent**と呼ぶ。

派生語 **agent**【名】代理人、エージェント

0495 □ **foreign** [fɔ́:rən] 【形】外国の

反意語は、**domestic**「国内の、家庭の」である。

コロケーション **foreign investment** 外国からの投資

0496 □ **resident** [rézədənt] 【名】住民

形容詞を用いた**residential area**「住宅街」も重要。名詞は**residence**「住宅」。

派生語 **residence**【名】住宅 **residential**【形】住宅用の、居住の

【訳】業者 ：Electro World Housingです。
Jeff ：もしもし、そちらの不動産会社には外国人の顧客が大勢いると聞いていますが。
業者 ：そのとおりです。30年以上、在日外国人の方々がお住まいを見つけるのを手伝っております。
Jeff ：よかった。明日寄ります。

Skit S125 Words&Phrases W125 Repeating R125

125 マンション購入② 希望のエリアは？

Jeffは中心街から遠くないエリアにあるマンションを希望する。

Agent: Hello. May I help you?
Jeff: Yes. My wife and I are looking for a **condominium** to buy.
Agent: What area do you have in mind?
Jeff: We don't want to spend a lot of time **commuting**, so it should be **located** not far from the **downtown** area.

0497 □ **condominium** [kὰndəmíniəm] 【名】（分譲）マンション

condoとも略される。なお、**mansion**は、「豪邸」という意味になる。

0498 □ **commute** [kəmjúːt] 【動】通勤する

commute by train「電車で通勤する」というフレーズで覚えよう。また、通勤する人を**commuter**「通勤者」という。

派生語 **commuter**【名】通勤者

0499 □ **locate** [lóukeit] 【動】ある、置く

場所を示す際に、**be located in** ～「～にある」が使われる。名詞は**location**「場所」。

派生語 **location**【名】場所、位置

0500 □ **downtown** [dáuntaun] 【名】中心街

中心街のことで、**city center**「市街地」ともいえる。直訳の「下町」という意味はない。

【訳】業者：こんにちは。ご用件は何でしょうか？
Jeff：はい。妻と私は購入目的でマンションを探しているのですが。
業者：どの地域をお考えですか？
Jeff：通勤にあまり時間を費やしたくないので、中心街からあまり遠くないほうがいいのですが。

Skit S126 Words&Phrases W126 Repeating R126

126 マンション購入③ 部屋の数は？
Jeffはリビングルームの広さを重視していると伝える。

Agent: Are you looking for a **furnished** condo?
Jeff : No, we have our own **furniture**.
Agent: Okay. And how many rooms do you need?
Jeff : We'd like two bedrooms, but our main **concern** is space. If the living room is large and the price is **reasonable**, then one bedroom will be enough.

0501 □ **furnished** [fə́ːrniʃt] 【形】家具付きの

不動産関係の内容に頻出。**furnished property**「家具付き物件」のように使われる。

派生語 **furnish**【動】家具を備え付ける

コロケーション **furnished room** 家具付きの部屋

0502 □ **furniture** [fə́ːrnitʃər] 【名】家具

イスや机などを総称して**furniture**で言い換えることがある。動詞**furnish**「家具を備え付ける」も重要。

0503 □ **concern** [kənsə́ːrn] 【名】関心、心配事

形容詞の**concerned**を使った**be concerned about**は、**be worried about**「〜について心配する」と同じ意味。

派生語 **concerned**【形】心配している

0504 □ **reasonable** [ríːzənəbl] 【形】妥当な

価格の安さに対して用いる語としては、**inexpensive**「安価で」や**affordable**「手頃な価格の」もある。

派生語 **reasonably**【副】かなり、まあまあ

【訳】業者 ：家具付きの分譲マンションをお探しですか？
Jeff ：いいえ、家具は自分たちのを持っています。
業者 ：わかりました。お部屋はいくつ必要でしょうか？
Jeff ：寝室はふたつほしいのですが、いちばん関心があるのは広さです。もしリビングルームが広くて価格が手頃なら、寝室はひとつでもかまいません。

Skit S127　Words&Phrases W127　Repeating R127

127 マンション購入④　バルコニーと駐車場

Jeffはバルコニーと駐車場の必要性について質問される。

Agent : We've talked about the interior. What about the exterior? Do you require a balcony?
Jeff : A balcony would be great, but it isn't absolutely necessary.
Agent : I see. And should the building have a parking lot?
Jeff : We don't have a car, so we don't need parking.

0505 □ **exterior** [ikstíəriər] 【名】外面、外壁

住宅関連の話題で登場する用語。**interior**「内側」の反意語にあたる。

反意語 **interior**【名】内側

0506 □ **absolutely** [ǽbsəlú:tli] 【副】本当に、そのとおり

質問に対して「その通り」という意味で使うことが多い。形容詞**absolute**「完全な」も重要。

派生語 **absolute**【形】まったくの、完全な

0507 □ **necessary** [nésəsèri] 【形】必要な、欠かせない

It is necessary to ～「～することが必要である」の構文で頻出する。

派生語 **necessarily**【副】必然的に　**necessity**【名】必要（性）

0508 □ **parking lot** 【名】駐車場

adjoining parking lot「隣接する駐車場」や、**expansion of the parking lot**「駐車場の拡張」がよく登場する。

【訳】業者 : 室内の話はわかりましたが、外はどうでしょうか？　バルコニーは必要ですか？
Jeff : バルコニーはあればすばらしいでしょうが、絶対に必要ということではありません。
業者 : わかりました。駐車場は必要ですか？
Jeff : 車は持っていないので、駐車場は必要ありません。

Skit S128　Words&Phrases W128　Repeating R128

128 マンション購入⑤　住宅ローン

Jeffは住宅ローンを組む際の手続きについて質問する。

Jeff : By the way, is it difficult to take out a **mortgage** in Japan?

Agent : There's a lot of paperwork, but if all the requirements are met, it should go smoothly.

Jeff : Of course, we're hoping for the best possible **interest rate**.

Agent : If you buy a home through Electro World, we will help you with all of the **financial** matters.

0509 □ **mortgage** [mɔ́ːrgidʒ]　【名】住宅ローン

take out a mortgageで「住宅ローンを組む」という意味になる。住宅関連の話題で使われる。

0510 □ **interest** [íntərəst]　【名】金利、興味

形容詞**interested**を使った**be interested in** ～「～に興味がある」という使い方も重要だが、TOEICでは**interest rate**「利率」という使い方も覚えておこう。

派生語 **interested**【形】興味を持っている　**interesting**【形】興味深い

コロケーション **interest rate**　利率

0511 □ **rate** [réit]　【名】割合、料金

exchange rate「為替レート」や**unemployment rate**「失業率」のようにフレーズの結びつきで理解しよう。

派生語 **rating**【名】評価

0512 □ **financial** [finǽnʃəl]　【形】金銭の、金融の、財政の

financial problem「財政問題」や**financial report**「会計報告」のように使われる。

派生語 **finance**【名】財務、融資　**financially**【副】金銭的に

【訳】Jeff　：ところで、日本で住宅ローンを組むのは難しいですか？
業者　：事務手続きはたくさんありますが、すべての条件が満たされれば順調に進むでしょう。
Jeff　：当然、できるだけいい利率を期待しています。
業者　：Electro Worldでご自宅をご購入いただけるなら、金銭上の問題も全面的にお力になりますよ。

Skit S129　Words&Phrases W129　Repeating R129

129 広告モデルの起用① 受付と来客の会話

広告代理店のDarrenがミーティングのために来社する。

Darren	: Hi. I'm Darren Emerson from BCL Advertising. I have an appointment with Yasuo Nakata. I'm **rather** early, so he may be **unable** to see me now.
Emily	: What time is your appointment, Mr. Emerson?
Darren	: It's at 2:30. If Mr. Nakata is **engaged** until then, I can leave and come back.
Emily	: **Hold on**, please. I'll check with Yasuo.

0513 □ **rather** [rǽðər]　【副】かなり、少しばかり、むしろ

I'd rather pay by credit card.「クレジットカードで払いたい」のように、**would rather** ～で使われることが多い。

0514 □ **unable** [ʌnéibl]　【形】～することができない

be unable to ～「～できない」で覚えておこう。反対の意味の**be able to**～「～できる」も頻出。

0515 □ **engaged** [ingéidʒd]　【形】従事した

be engaged in ～「～にかかわって」で頻出する。名詞は**engagement**「かかわり」。

派生語 **engagement**【名】約束、かかわり、雇用　**engage**【動】魅了する、雇う

0516 □ **hold on**　ちょっと待つ

電話で相手を待たせる時にもよく使われる表現。

【訳】

Darren	: こんにちは。BCL AdvertisingのDarren Emersonです。Yasuo Nakataさんと約束があります。だいぶ早く来てしまったので、まだ会えないかもしれませんが。
Emily	: お約束の時間は何時でしょうか、Emerson様？
Darren	: 2時半です。Nakataさんがそれまでお忙しいようでしたら、のちほどまた来ます。
Emily	: 少々お待ちください。Yasuoに確認いたします。

Skit S130 Words&Phrases W130 Repeating R130

130 広告モデルの起用② 受付とYasuoの会話

Yasuoは受付からDarrenが到着したという連絡を受ける。

Yasuo	: Sales Department. Yasuo speaking.
Emily	: Hi, Yasuo. It's Emily at reception. You have a visitor, a Darren Emerson from BCL Advertising.
Yasuo	: Oh, I didn't realize it was 2:30 already.
Emily	: No, he's here earlier than originally planned.
Yasuo	: I see. Can you direct him to the conference room and tell him I'll be right there?

0517 □ **realize** [ríːəlàiz] 【動】気づく、わかる、実現する

I didn't realize him. といえば、「彼に気づかなかった」という意味になる。

0518 □ **originally** [ərídʒənəli] 【副】最初は、もともとは

何か変更があった後で変更前のことについて述べる際に用いられることが多い。形容詞**original**「もともとの」、名詞**origin**「起源」も頻出。

派生語 **origin**【名】起源 **original**【形】当初の **originality**【名】独創性

0519 □ **direct** [dirékt] 【動】道を教える、注意を向ける 【形】直接の

名詞の**direction**を使って、**give directions**で「道案内をする」という意味にもなる。

同意語 **direction**【名】方角、説明

0520 □ **conference** [kánfərəns] 【名】会議

attend the conference「会議に出席する」といったフレーズで覚えよう。**meeting**の同意語でもある。

コロケーション **conference center** 会議場

【訳】
Yasuo : 営業部のYasuoです。
Emily : もしもし、Yasuo。受付のEmilyです。お客様がお見えになっています。BCL AdvertisingのDarren Emerson様ですが。
Yasuo : ああ、もう2時半だとは気がつきませんでした。
Emily : いいえ、当初の予定よりも早めにこちらにいらしております。
Yasuo : わかりました。彼を会議室に案内してください。それから、私もすぐにそこへ行くと伝えてくれますか?

Skit S131 Words&Phrases W131 Repeating R131

131 広告モデルの起用③ パンフレットの準備

AyaはDarrenに渡すパンフレットを準備するようにYasuoから頼まれる。

Yasuo : Aya, can I ask you a **favor**?
Aya : Sure. What's up?
Yasuo : I have a visitor coming up and he's early. I'm still preparing the **materials** that I'm going to use to make a **presentation** in my meeting with him. Will you **pick up** the Juicy Fragrance catalogs over there and take them to him? He's in the conference room and his name is Mr. Emerson.
Aya : Okay. No problem.

0521 □ **favor** [féivər] 【名】好意、支持、人気

in favor of～「～を支持する」というフレーズでも使われる。形容詞**favorite**「お気に入りの」や**favorable**「好ましい」も頻出。

派生語 **favorite**【形】お気に入りの **favorable**【形】好意的な
favorably【副】好意的に

0522 □ **material** [mətíəriəl] 【名】資料、材料、用具

The material will be distributed by e-mail.「資料はメールで送られる」のように、よく使う動詞と一緒に覚えておきたい。

0523 □ **presentation** [prèzəntéiʃən] 【名】発表、授与、提出

make a presentation「プレゼンをする」や**prepare for the presenation**「プレゼンの準備をする」など、フレーズで覚えよう。

コロケーション **give a presentation** 発表をする

0524 □ **pick up** 取りに行く、迎えに行く

注文した物を取りに行く場合、**pick up the book**「本を取りに行く」のように用いる。

【訳】Yasuo : Aya、頼みがあるんだ。
Aya : はい。どうしましたか？
Yasuo : お客さんが来ているんだけど、到着が早くてね。彼との打ち合わせの際にプレゼンテーションで使う資料をまだ準備中なんだ。あそこのJuicy Fragranceのパンフレットを取り出して、彼に持っていってくれるかな？ 名前はEmersonさんで会議室にいるから。
Aya : はい。わかりました。

Skit S132 Words&Phrases W132 Repeating R132

132 広告モデルの起用④ ふたりのモデル

Darrenは新商品のイメージキャラクター候補としてふたりのモデルを提示する。

Yasuo : Juicy Fragrance is our fresh new line of fragrances. It's **primarily intended** for people in their teens and twenties. So, to advertise this new fragrance, we need a young person who is popular with that **generation**.

Darren: That's what I was thinking. I looked through a lot of fashion magazines and found two models who might be **ideal** for the ad—Amy Suzuki and Yuka Koshino.

0525 □ **primarily** [praimérəli] 【副】主に

「主に」の同意語として**mainly**や**chiefly**がある。形容詞**primary**「主要な」も頻出し、**primary concern**「主な懸念事項」のように用いる。

派生語 **primary**【形】主要な

0526 □ **intend** [inténd] 【動】対象としている、～するつもりである

be intended for～「～を対象としている」が頻出。PART 4の問題文に**intended audience**「対象となる聴衆」を問うものがある。

0527 □ **generation** [dʒènəréiʃən] 【名】世代

next generationで「次世代」という意味。ハイテク機器などに使われることがある。

0528 □ **ideal** [aidíːəl] 【形】理想的な、理想の

ideal location「理想的な場所」のように用いる。副詞**ideally**「理想的には」も重要。

派生語 **ideally**【副】理想的には

【訳】Yasuo : Juicy Fragranceは弊社の香水の新商品です。主に10代と20代を対象としています。そこでこの新しい香水を宣伝するために、その世代に人気のある若者が必要なんです。

Darren : 同感です。ファッション雑誌をたくさん調べて、広告に理想的だと思われるふたりのモデルを見つけました。Amy SuzukiとYuka Koshinoです。

Skit S133 Words&Phrases W133 Repeating R133

133 広告モデルの起用⑤ モデルの説明
Darrenは候補者のひとりAmy Suzukiについて説明する。

Yasuo : Could you tell me a little about the two candidates?
Darren: Certainly. The **former**, Amy, has appeared in commercials for a cosmetics line, and it **turned out** to be extremely successful. **Therefore**, we believe that using Amy will almost **guarantee** success. On the other hand, we think her face may be too familiar to people.
Yasuo : I see.

0529 □ **former** [fɔ́ːrmər] 【名】前者 【形】前の、元の

指示語として「前者」という意味で用いられるほか、形容詞として**former president**「前社長」のようにも使われる。

0530 □ **turn out** 終わる、判明する

turn down「拒否する」、**turn in**「提出する」、**turn out to be**「〜だとわかる」など、**turn**を使うフレーズは頻出。

コロケーション **turn out to be successful** 成功だとわかる

0531 □ **therefore** [ðέərfɔ̀ːr] 【副】それゆえ、したがって

同意語に**thus**「したがって」や**consequently**「結果として」がある。PART 6の選択肢に頻出する。

0532 □ **guarantee** [gæ̀rəntíː] 【動】保証する、確実にする 【名】保証書

動詞と名詞が同形。商品について用いることが多く、**guarantee satisfaction**「満足を保証する」のように使う。

コロケーション **guarantee satisfaction** 満足を保証する

【訳】Yasuo : ふたりの候補者について少し教えていただけますか?
Darren : もちろんです。前者のAmyは化粧品のコマーシャルに出演して大成功しました。ですから、Amyを起用すれば成功はほぼ間違いないと言ってもいいでしょう。その一方、彼女の顔は世間に知られすぎていると思います。
Yasuo : なるほど。

Skit S134 Words&Phrases W134 Repeating R134

134 広告モデルの起用⑥ ベストの候補は？

Darrenはもうひとりの候補者Yukaちゃんを推薦する。

Darren: The **latter** candidate is known by her nickname, "Yuka-chan." **According to** recent **statistics**, she's one of the most popular models in Japan right now. But she hasn't appeared in any perfume or cosmetics commercials before. I think that's an important **element** to consider. All things considered, she should be "the face of Juicy Fragrance."

Yasuo : Right. Okay, when we've decided which model we should go with, I'll let you know.

0533 □ **latter** [lǽtər] 【名】後者 【形】後者の

指示語として「後者」という意味で用いられる。また、**latter part of the week**といえば、「週の後半」のこと。

0534 □ **according to** ～によれば、～に応じて

PART 5の前置詞問題に頻出。なお、**according to schedule**「スケジュール通りに」という意味も覚えておこう。

コロケーション **according to the weather forecast** 天気予報によれば

0535 □ **statistics** [stətístiks] 【名】統計、統計学

statitstics show that～「統計によれば～である」のように使われる。**data**「データ」や**figures**「数字」も関連語句として覚えておこう。

0536 □ **element** [éləmənt] 【名】要素、元素

important element「重要な要素」のように使う。同意語に**factor**がある。

【訳】Darren ：後者の候補者は「Yukaちゃん」のニックネームので知られています。最近の統計によると、現在、日本で最も人気のあるモデルのひとりです。しかし、今までに香水や化粧品のコマーシャルに出たことはありません。それこそ検討すべき重要なポイントだと思います。やはり、彼女が「Juicy Fragranceの顔」ですよ。

Yasuo ：そうですね。では、どちらのモデルを選ぶべきか決定したらお知らせします。

Skit S135 Words&Phrases W135 Repeating R135

135 広告モデルの起用⑦ Miki の意見

Mikiはやはり Yukaちゃんがイメージにふさわしいと意見を述べる。

Yasuo : As we discussed at the previous meeting, we are going to use a female Japanese model to advertise Juicy Fragrance. The advertising agent I met with yesterday, Mr. Emerson, thinks we should go with Yuka-chan. He stressed the importance of using someone who hasn't done fragrance or cosmetics commercials.

Miki : That implies that we need a fresh face, and I totally agree. That's the image we are trying to create for this fragrance, right? Freshness.

0537 □ **discuss** [diskʌ́s] 【動】議論する、話し合う

discuss the contract「契約について話し合う」のように使う。名詞は**discussion**「ディスカッション」。

派生語 **discussion**【名】議論、討議

0538 □ **stress** [strés] 【動】強調する、重視する

同意語の**emphasize**「強調する」もあわせて覚えておこう。

派生語 **stressful**【形】ストレスの多い

0539 □ **imply** [implái] 【動】示唆する、ほのめかす

TOEICの設問文に**imply**が含まれていたら、「正解ははっきりと書かれてないが、推測できる」というメッセージ。

派生語 **implication**【名】影響、示唆

0540 □ **totally** [tóutəli] 【副】まったく、すっかり

totally different「全く違う」のように使う。同意語に、**entirely**、**completely**、**fully**がある。

コロケーション **totally agree with her** 彼女に完全に同意する

【訳】Yasuo : 前回のミーティングで話し合ったように、Juicy Fragranceを宣伝するために日本人の女性モデルを起用するつもりです。昨日、お会いした広告代理店のEmerson氏はYukaちゃんを起用するべきだとの意見でした。香水や化粧品のコマーシャルに出ていない人を起用することが大切だと強調していました。

Miki : 私たちには新しい顔が必要だというわけね。私もまったく同感だわ。それは、この香水のために作り出すイメージということよね。つまり、「新鮮さ」ね。

Skit S136 Words&Phrases W136 Repeating R136

136 広告モデルの起用⑧ イメージの重要性

Yasuoは今回の香水にはフレッシュなイメージが重要だとMikiに伝える。

Yasuo : Yes. So we should take **advantage** of Yuka-chan's fresh image. A lot of customers, especially teenagers, will buy Juicy Fragrance as their first perfume. No other perfumes are aimed at people in this age group.

Miki : So if our advertisements target them **effectively**, there is a good **prospect** of our **dominating** this market.

0541 □ **advantage** [ədvǽntidʒ] 【名】利点、有利さ

「利点」という意味で使われる名詞。フレーズ**take advantage of**「～を活用する」はPART 5の語彙問題に出題される。

0542 □ **effectively** [iféktivli] 【副】効果的に、事実上

形容詞の**effective**は、**effective approach**「効果的なアプローチ」のように使われる。なお、**effective June 1**といえば、「6月1日に発効となる」という意味。

派生語 **effective**【形】効果的な **effectiveness**【名】有効性

0543 □ **prospect** [práspekt] 【名】可能性、見込み、予想

形容詞**prospective**「見込みのある」も覚えておこう。同意語の**outlook**「展望」も頻出する。

派生語 **prospective**【形】予想される、見込みのある

0544 □ **dominate** [dámənèit] 【動】支配する

dominate the marketで「市場を支配する」となる。形容詞の**dominant**「支配的な」も重要。

派生語 **dominant**【形】優勢な、支配的な

【訳】Yasuo : はい。ですから、Yukaちゃんのフレッシュなイメージを利用すべきです。多くの顧客、特にティーンエイジャーが、初めての香水としてJuicy Fragranceを購入するでしょう。この年齢層向けの香水はありませんから。

Miki : だから、うちの広告が彼らにねらいをしぼれれば、この市場を支配できる見込みがあるわ。

Skit S137 Words&Phrases W137 Repeating R137

137 広告モデルの起用⑨ 営業部の結論

Mikiは Yukaちゃんを起用するという結論を取締役会に提出することに決める。

Yasuo : Exactly. And Yuka-chan will play an important **role**. She'll perfectly **reflect** the image of the fragrance. Also, because she's so popular with young people, the ad will **stimulate** their interest in the product.

Miki : I agree. We need Yuka-chan's profile and other relevant materials for the next board meeting, so please have them ready by Thursday. We'll talk again **following** the meeting—that's when the board will make its decision.

0545 □ **role** [róul] 【名】役割、役目

play an important role「重要な役割を担う」というフレーズで覚えておこう。**managerial role**「マネージャの役割」も頻出。

コロケーション **play an important role** 重要な役割を担う

0546 □ **reflect** [riflékt] 【動】反映する、反射する

水面に映るという「反射する」でも、修正を反映するという「反映する」でも用いられる。名詞は**reflection**「反映、反射」。

派生語 **reflection**【名】反映、反射

0547 □ **stimulate** [stímjulèit] 【動】刺激する、かきたてる

stimulate the economy「経済を刺激する」のように使われる。名詞は**stimulation**「刺激」。

派生語 **stimulation**【名】刺激、興奮

0548 □ **following** [fálouiŋ] 【前】次の

following the speechといえば、「スピーチに続いて」という意味。

【訳】Yasuo : そのとおりです。そしてYukaちゃんは重要な役割を果たします。彼女は香水のイメージを完全に体現すると思います。それに、若者にとても人気があるので、宣伝が商品への興味をかきたてますね。

Miki : 同感だわ。次の取締役会のためにYukaちゃんのプロフィールとそのほかの関連資料が必要だから、木曜日までにそれらを用意して。役員たちが結論を出す会議のあとでまた話しましょう。

Skit S138 Words&Phrases W138 Repeating R138

138 広告モデルの起用⑩ 取締役会の決定

取締役会の決定を受けて、Mikiは広告代理店に連絡を入れるようにYasuoに指示する。

Miki : Good news, Yasuo. The board **concluded** that Yuka-chan is the one. We need to contact the advertising company **promptly**.
Yasuo : I'll get right to it.
Miki : Since she's such a popular model, it may be difficult to get her agency's **approval**. But there is no **substitute** for Yuka-chan, so please ask them to do their best.

0549 □ **conclude** [kənklúːd] 【動】結論を下す

名詞の**conclusion**「結論」では、**in conclusion**「結論として」というフレーズを覚えておこう。

派生語 **conclusion**【名】結論、結末

0550 □ **promptly** [prάmptli] 【副】すぐに

promptly at 8:00「8時ちょうどに」という表現もよく使われる。形容詞**prompt**を使った**prompt reply**といえば、「素早いの返事」のこと。

派生語 **prompt**【形】迅速な、すばやい

0551 □ **approval** [əprúːvəl] 【名】承認、許可、賛同

-alで終わっているが形容詞ではなく名詞である。動詞**approve**「承認する」は頻出。なお、**approve of**～のように前置詞を伴うこともある。

派生語 **approve**【動】賛成する **approvingly**【副】賛成して

0552 □ **substitute** [sʌ́bstətjùːt] 【名】代用品、代わりのもの

substitute vehicle「代車」や**substitute teacher**「代講の先生」という表現もある。

派生語 **substitution**【名】置き換え、代用

【訳】Miki : いい知らせよ、Yasuo。役員たちはYukaちゃんにすると結論を出したわ。すぐに広告会社に連絡しなきゃ。
Yasuo : すぐやります。
Miki : 彼女はとても人気があるモデルだから、エージェントの許可を得るのは難しいかもしれないわ。でも、Yukaちゃんの代わりになる人はいないから、最善をつくすように彼らに頼んでね。

Skit S139 Words&Phrases W139 Repeating R139

139 広告モデルの起用⑪ 広告代理店への信頼

Yasuoは広告代理店には実績があるから大丈夫だとMikiに説明する。

Yasuo: Well, we've worked with this advertising company for years and they have always succeeded in **gaining permission** to use popular TV **personalities**. So I'm sure they can get the agency's **consent** this time, too.

Miki : Let's hope so.

0553 **gain** [géin] 【動】獲得する、支持を得る

名詞と動詞が同形。**get**「得る」の同意語。

0554 **permission** [pəːrmíʃən] 【名】許可、認可

get/gain/obtain permission「許可を得る」や**without permission**「許可なく、無断で」といったフレーズで覚えよう。動詞**permit**「許可する」も重要。

派生語 **permit**【動】認める、許可する

0555 **personality** [pə̀ːrsənǽləti] 【名】パーソナリティー、性格

タレントを**TV personality**という。なお、性格に関する語として、**outgoing**「社交的な」、**sociable**「社交的な」、**determined**「やる気がある」なども覚えておこう。

0556 **consent** [kənsént] 【名】承諾、合意 【動】同意する

動詞では、**consent to**～で「～に同意する」という意味になる。

【訳】Yasuo ：まあ、長年この広告代理店と仕事をしてきましたが、彼らはいつも人気があるテレビタレントを起用する許可を得ることに成功してきました。きっと今回もエージェントの許可を得られますよ。

Miki ：そう祈りましょう。

Skit S140 Words&Phrases W140 Repeating R140

140 広告モデルの起用⑫ Yukaちゃんの起用が決定

Yasuoは広告代理店からYukaちゃんの起用が決定したと連絡を受ける。

Yasuo: Darren Emerson from the advertising company just called to say they've been granted permission to use Yuka-chan for our ad.

Aya: That's great news. Congratulations, Yasuo.

Yasuo: Thanks. Could you prepare a contract and then have the legal department review the content?

Aya: Right away.

0557 □ **grant** [grǽnt] 【動】与える、認める 【名】補助金

名詞「補助金」は、企業活動や政府活動などについて使われる。

コロケーション **grant permission** 許可を与える

0558 □ **contract** [kάntrækt] 【名】契約

一緒に使われる動詞として、**sign**「署名する」や**renew**「更新する」が頻出する。

派生語 **sign a contract** 契約書に署名する

0559 □ **review** [rivjúː] 【動】再検討する 【名】見直し

review the proposal「提案書を再検討する」のように書類について使われることが多い。

コロケーション **review the plan** 計画を見直す

0560 □ **content** [kάntent] 【名】内容、目次

日本語でもコンテンツというように、「内容」のことを表す。

【訳】Yasuo：広告会社のDarren Emersonさんが、たったいまうちの宣伝にYukaちゃんを起用する許可をもらったという電話をくれたよ。
Aya：とてもいい知らせですね。おめでとうございます、Yasuo。
Yasuo：ありがとう。契約書を作成して、法務部に内容をみてもらってくれる？
Aya：すぐやります。

Skit S141 Words&Phrases W141 Repeating R141

141 広告モデルの起用⑬ 契約書の複製

Yasuo は Aya に契約書の複製を作成して Yuka ちゃんの事務所へ送るようにを依頼する。

Yasuo : Aya, can you make a **duplicate** of this contract and send it to Yuka-chan's agency?
Aya : I'd be happy to. What should I do with the original?
Yasuo : Please put it in this locked cabinet. We keep all our **agreements** here, because they **contain confidential** information. I'll show you where we keep the key.
Aya : Okay.

0561 □ **duplicate** [djú:plikət] 【名】複製、コピー 【動】複製する

書類などに使われ、**duplicate copy**「複写した控え」のことを指す。動詞「複製する」としても使える。

派生語 **duplication**【名】複製

0562 □ **agreement** [əgrí:mənt] 【名】契約、合意、契約書

動詞 **agree**「同意する」も重要。**agree with** ～「～に同意する」も覚えておこう。

コロケーション **reach an agreement** 協定を結ぶ

0563 □ **contain** [kəntéin] 【動】含む、含んでいる

contain useful information「役立つ情報が含まれる」のように、資料などに含まれるものを述べるときに使われる。名詞の **container** は PART 1 で頻出。

派生語 **container**【名】容器、コンテナ

0564 □ **confidential** [kɑ̀nfədénʃəl] 【形】機密の、秘密の

confidential document「機密資料」や **confidential information**「機密情報」など、内部のみの公開のものに用いる。

派生語 **confidentiality**【名】守秘

コロケーション **confidential document** 機密資料

【訳】Yasuo : Aya、この契約書を複製して、Yuka ちゃんの事務所にそれを送ってくれるかな？
Aya : 喜んで。原本はどうしたらいいですか？
Yasuo : この鍵がかかったキャビネットの中に入れといて。すべての契約書はここに保存するんだ。機密情報を含んでいるから、鍵を置いているところを教えるよ。
Aya : わかりました。

Skit S142 Words&Phrases W142 Repeating R142

142 パンフレットの発送① 英訳の作成

YasuoはAyaにパンフレットの英訳を依頼する。

Yasuo: Have you finished the English translation of the brochure?

Aya : I'm nearly done with it, but I have to check some word usages.

Yasuo: Okay. Please let me know when you're finished.

Aya : I will.

0565 □ **translation** [trænsléiʃən] 【名】翻訳

動詞の**translate**「翻訳する」は、**translate English into Japanese**「英語を日本語に翻訳する」のように使われる。

派生語 **translate**【動】訳す、翻訳する

0566 □ **brochure** [brouʃúər] 【名】パンフレット、小冊子

パンフレットのことを**brochure**という。なお、**pamphlet**という単語もある。

0567 □ **nearly** [níərli] 【副】ほぼ、もう少しで

うしろに数字が置かれ、**nearly twenty people**「20人近い人々」のように用いられることが多い。**almost**の同意語である。

0568 □ **usage** [jú:sidʒ] 【名】使用法、用法

主にことばの使い方について用いられる。**correct usage**で「正しい使い方」という意味になる。

【訳】Yasuo : パンフレットの英訳は終わった？
Aya : もう少しで終わりますが、いくつかの単語の用法を確認しなければなりません。
Yasuo : わかった。終わったら教えてよ。
Aya : そうします。

Skit S143 Words&Phrases W143 Repeating R143

143 パンフレットの発送② マイアミへ発送

Yasuoは英訳したパンフレットをマイアミに送るようにAyaに指示する。

Yasuo: Aya, can you send this parcel to Miami by express delivery?

Aya : I can handle it. What's in the parcel, some samples of our new perfume?

Yasuo: No, it's just a few English language versions of our brochures, including the one you translated. They will be distributed at the World Perfume Show.

0569 □ **parcel** [pá:rsəl] 【名】小包

郵便局での会話や、発送に関する話題で頻出する。

0570 □ **express** [iksprés] 【形】速達便の、急行の

express mail「速達」や**express train**「急行電車」で頻出。

コロケーション **express mail** 速達

0571 □ **handle** [hændl] 【動】処理する、担当する 【名】取っ手

handle the problem「問題を処理する」のようにも使う。なお、名詞で「取っ手」の意味もある。

コロケーション **handle the problem** 問題を処理する

0572 □ **distribute** [distríbju:t] 【動】配布する、分配する

distribute materials「資料を配布する」のように使われる。同じ意味の語句に**hand out**「配布する」がある。

派生語 **distribution**【名】配給、流通

【訳】Yasuo：Aya、この小包をマイアミに速達で送れるかな?
Aya：なんとかします。小包の中には何が入っていますか? 新しい香水のサンプルですか?
Yasuo：いや、うちの英語版のパンフレットだよ。翻訳してもらったものも含まれている。World Perfume Showで配布されるんだ。

Skit S144　Words&Phrases W144　Repeating R144

144 マイアミのイベント①　会場に到着

Ayaは YasuoはWorld Perfume Showの会場に到着する。

Aya　: What will we do when we get to the venue?

Yasuo: First we'll have passes issued to us at the reception.

Aya　: The things that you put around your neck?

Yasuo: Yes. They function as permits to work in a booth.

0573 □ **venue** [vénju:]　【名】会場、開催地

venue for the conference「会議の開催場所」のように用いられる。**place**や**location**の同意語。

0574 □ **issue** [íʃu:]　【動】発行する、発令する　【名】問題、発行

動詞で**issue a ticket**「チケットを発行する」のように使うわれる。名詞では「問題」という意味のほか、**March issue**「3月号、3月発行」のような使い方がある。

コロケーション **issue a ticket**　チケットを発行する　**issue a warning**　警告を発する

0575 □ **function** [fʌ́ŋkʃən]　【動】作動する、活動する　【名】機能

名詞と動詞が同形。接頭辞**mal-**がつくと「悪い」という意味が加わるので、**malfunction**は「誤作動する」という意味になる。

派生語 **functional**【形】機能的な、実用的な

0576 □ **permit** [pə́:rmit]　【名】許可証　【動】認める、許可する

get a permit「許可証をもらう」のように覚えておこう。動詞で使う場合は、**be not permitted to enter**「〜への入場は禁止されている」のように用いる。

コロケーション **obtain a permit**　許可証を取得する

【訳】Aya　: 会場に着いたらどうするんですか？
Yasuo : まず受付で許可証を発行してもらうんだ。
Aya　: 首に下げるやつですか？
Yasuo : そう。ブースで働く許可証の役割を果たすんだ。

Skit S145 Words&Phrases W145 Repeating R145

145 マイアミのイベント② 登録受付

YasuoとAyaは受付で事前登録の確認状を提示する。

Receptionist: Welcome to the World Perfume Show. Have you **registered** for the event, or would you like to register here today?

Aya : We registered in **advance**. Here is the **confirmation** sheet.

Receptionist: All right. Then please write your name and **occupation** here. Thank you. And here are your passes. Please wear them at all times. The event floor is upstairs.

Aya : Thanks.

0577 □ **register** [rédʒistər] 【動】登録する

register in advanceといえば、「事前登録をする」という意味。名詞**registration**「登録」も重要。

派生語 **registration**【名】登録

0578 □ **advance** [ædvǽns] 【名】進歩、前進

単体で使われる場合、「進歩」という意味が多い。**in advance**「前もって」や**advance ticket**「前売り券」も頻出。

派生語 **advancement**【名】昇進、進歩、向上

0579 □ **confirmation** [kɑ̀nfərméiʃən] 【名】確証、確認通知

confirmation numberといえば、注文などの「確認番号」のこと。

派生語 **confirm**【動】確認する、実証する

0580 □ **occupation** [ɑ̀kjupéiʃən] 【名】職業

PART 3とPART 4で**What is the man's occupation?**「男性の職業は何ですか？」という設問が出題される。

【訳】受付 : World Perfume Showにようこそ。イベントにはご登録されましたか、それとも本日こちらでご登録なさいますか？

Aya : 事前登録しました。これが確認状です。

受付 : かしこまりました。それではお名前とご職業をここにご記入お願いいたします。ありがとうございました。では、こちらがあなた様の許可証でございます。常に身につけておいてください。イベントフロアは2階です。

Aya : ありがとう。

Skit S146 Words&Phrases W146 Repeating R146

146 マイアミのイベント③　ライバル会社のデモ

Yasuo と Aya はライバル会社の香水のデモンストレーションを見る。

Aya : What is that perfume being demonstrated over there?
Yasuo: That's the perfume in those blue bottles on display. It's the latest product by Contemode, one of the biggest perfume makers in France. This event is partly sponsored by Contemode.
Aya : Really? I didn't know that. I'm familiar with some of their fragrances. They're really elegant.

0581 □ **demonstrate** [démənstrèit] 【動】実演する、明確に示す

demonstrate one's ability「能力を示す」のようにも使う。名詞は **demonstration**「実演」。

派生語 **demonstration**【名】デモ、実演

0582 □ **display** [displéi] 【名】陳列、展示

PART 1 で、物が陳列されている写真の描写に **on display**「陳列されて」が頻出する。

コロケーション **display items** 商品を陳列する

0583 □ **partly** [pá:rtli] 【副】部分的に、ある程度は

partially「部分的に、一部」も同じ意味。反意語の **entirely**「全体的に」も重要である。

派生語 **part**【名】部分、部品

0584 □ **sponsor** [spánsər] 【動】後援する、支援する

動詞で使う場合、**sponsored by ABC company**「ABC会社の後援を受けている」のように用いられる。

【訳】Aya : あそこでデモンストレーションしているあの香水は何でしょうか？
Yasuo : あの青い瓶に入って展示されている香水だよ。フランスの大手香水メーカーのひとつ、Contemode の最新作だね。このイベントは Contemode が一部スポンサーになっているんだ。
Aya : 本当ですか？　それは知りませんでした。あの会社の香水はいくつかよく知っているんです。とてもエレガントなんですよ。

Skit S147 Words&Phrases W147 Repeating R147

147 マイアミのイベント④ 新商品のチェック

Yasuoはライバル会社の新商品をチェックするために自社のブースを離れる。

Yasuo : I'm going to go check out Contemode's and some of our other **competitors'** new products. Can you **take charge of** this booth while I'm away?
Aya : Sure. Could you get me a copy of Contemode's brochure?
Yasuo : No problem. Actually, one of our jobs here is to **obtain** brochures from all of the companies participating in the event.
Aya : I see. We need to be aware of what our rivals are **exhibiting**.

0585 □ **competitor** [kəmpétətər] 【名】競合他社、競争相手

名詞**competition**「競争」のほか、動詞**compete**「競争する」、形容詞**competitive**「競争力のある」も重要である。

派生語 **compete**【動】競争する **competition**【名】競争
competitive【形】競争力のある、競争の激しい

0586 □ **take charge of** 取り仕切る、責任を引き受ける

同じ意味の**be in charge of**～「～を担当している」も重要。

コロケーション **take charge of the job** その仕事を引き受ける

0587 □ **obtain** [əbtéin] 【動】手に入れる

obtain a brochure「パンフレットを手に入れる」として頻出。

派生語 **obtainable**【形】入手できる

0588 □ **exhibit** [igzíbit] 【動】展示する 【名】展覧会、展示品

動詞「展示する」としても、名詞「展覧会」としても頻出。PART 1とPART 4で多く使われる。

派生語 **exhibition**【名】展覧会、展示会

【訳】Yasuo : Contemodeとほかのライバル会社の新製品をチェックしてくるよ。ぼくがいない間、このブースの留守番をしてくれる？
Aya : はい。Contemodeのパンフレットを1部もらってきていただけますか？
Yasuo : いいよ。実際、ここでの任務のひとつは、イベントに参加しているすべての会社からパンフレットを入手することなんだ。
Aya : なるほど。ライバル会社が展示しているものを知っておかなければいけませんものね。

Skit S148　Words&Phrases W148　Repeating R148

148 マイアミのイベント⑤　自社の新製品の評判は？

Yasuo は Aya から新製品 Juicy Fragrance の評判について報告を受ける。

Yasuo : Hey, Aya. How are we doing?

Aya : Extremely well! Juicy Fragrance has been **hugely** popular. One customer told me that this product is one of the **major** attractions of the event.

Yasuo : Yeah, I talked to a **participant** from Italy and he said the same thing. Well, I can take charge of the booth now, so why don't you go and look around? There are free **refreshments** in the break room, if you're thirsty.

Aya : Oh, that's great. Thank you.

0589 □ **hugely** [hjúːdʒli]　【副】非常に、大いに

hugely popular「非常に人気がある」のように用いられる。

派生語 **huge**【形】非常に大きい、莫大な

0590 □ **major** [méidʒər]　【形】主要な、大きな

動詞としては、**major in** ～「～を専攻する」が頻出。同意語の **specialize in** ～「～を専門とする」は仕事の専門に使われる。

派生語 **majority**【名】大半

0591 □ **participant** [pɑːrtísəpənt]　【名】参加者、出席者

動詞の **participate in**～「～に参加する」も重要。

派生語 **participate**【動】参加する　**participation**【名】参加

0592 □ **refreshment** [rifréʃmənt]　【名】軽い飲み物、軽食

コーヒーとサンドイッチなどの軽食のこと。**snack** と言い換えられる場合も多い。

コロケーション **serve refreshments**　軽食を提供する

【訳】Yasuo : やあ、Aya。うちの様子はどうかな？

Aya : 大好評です！　Juicy Fragrance はとても人気があります。あるお客様はこの商品がイベントの主な呼びもののひとつだと言ってくれました。

Yasuo : ああ、イタリアからの参加者と話したんだけど、彼も同じことを言ってたよ。さて、ブースは引き受けるから見て回ってきたらいいよ。のどがかわいているなら、無料の飲みものや軽食が休憩室にあるよ。

Aya : まあ、うれしいです。ありがとうございます。

Skit S149 Words&Phrases W149 Repeating R149

149 マイアミのイベント⑥ イベントの閉幕

Yasuo は Aya にイベントの印象について質問する。

Yasuo : What did you think of the event?
Aya : It was a fruitful experience for me because I could get the latest information about all the major perfume brands in the world. However... to be honest, I'm really exhausted.
Yasuo : Yeah, me, too. But I have good news, actually. Miki just called me. She suggested that we take a couple days off from tomorrow and spend some time relaxing in Miami.
Aya : Really? How considerate of her!

0593 □ **fruitful** [frú:tfəl] 【形】実りの多い、有益な

fruitful discussion「実りあるディスカッション」のように、「実りある、成果のある」という意味で使われる。

コロケーション **fruitful meeting** 実りのある会議

0594 □ **however** [hauévər] 【副】しかしながら、けれども

PART 6の接続詞・接続副詞を選ぶ問題に頻出。なお、関係詞として**however difficult it seems,**「どんなに難しく感じても、」のような使い方もある。

0595 □ **exhausted** [igzɔ́:stid] 【形】疲れきった、へとへとになった

be exhausted「疲れ果てる」で使われることが多い。**be tired**の同意語である。

0596 □ **considerate** [kənsídərət] 【形】思いやりのある、優しい

同意に**kind**や**thoughtful**がある。名詞の**consideration**を使った**Thank you for your consideration.**「お気遣いありがとうございます」も覚えておこう。

派生語 **considerable**【形】相当な **considerably**【副】相当に

【訳】
Yasuo : イベントはどうだった？
Aya : 世界中の主な香水ブランドすべての最新情報が得られたので、私にとって実り多い経験でした。でも……正直なところ、かなり疲れました。
Yasuo : うん、ぼくもだよ。でも、実はいい知らせがあるんだ。Mikiがいま電話をくれてね。明日から2、3日休みを取って、マイアミでゆっくりしたらっていうんだ。
Aya : 本当ですか？ 何て気遣いのある人なんでしょう！

Skit S150　Words&Phrases W150　Repeating R150

150 マイアミでバカンス①　ドライブに出発

Mikiから休暇をもらったYasuoとAyaはマイアミをドライブすることに決める。

Aya : Shall we rent a car and go for a drive?
Yasuo : Good idea. Is there any particular place you would like to go?
Aya : Yes, I would love to see Seven Mile Bridge. That's the actual length of the bridge—about 10 kilometers. In the pictures it looks like it's floating on the ocean, see?
Yasuo : Oh, yeah. That sounds great. We can also visit some historical places like Coral Gables.

0597 □ **rent** [rént] 【動】借りる

お金の支払いを通じて、貸し借りを行うものに対して用いられる。ただの貸し借りは**lend**「貸す」と**borrow**「借りる」である。

派生語 **rental**【名】賃貸料

0598 □ **particular** [pərtíkjulər] 【形】特定の、特別な

副詞**particularly**「特に」は、同意語の**especially**「特に」とあわせて覚えておこう。

派生語 **particularly**【副】特に、とりわけ

0599 □ **length** [léŋkθ] 【名】長さ、全長

longの名詞。動詞は**lengthen**「長くする」である。**strong**「強い」と**strength**「強み」、**strengthen**「強める」も同じパターンである。

派生語 **long**【形】長い　**lengthen**【動】伸ばす

0600 □ **historical** [histɔ́ːrikəl] 【形】歴史的な

historical district「歴史的な地域」や**historical fact**「歴史的事実」などで使われる。

派生語 **historian**【名】歴史家　**historic**【形】歴史のある

【訳】Aya : レンタカーを借りてドライブに出かけましょうよ。
Yasuo : 名案だね。行きたい特定の場所はある？
Aya : ええ、Seven Mile Bridgeが見てみたいです。名称は橋の実際の長さで、約10キロメートルなのよ。写真だと海に浮かんでいるように見えますよね？
Yasuo : 本当だ。いいねえ。Coral Gablesのような歴史的な場所も訪ねられるね。

Skit S151　Words&Phrases W151　Repeating R151

151 マイアミでバカンス② レンタカーショップにて①

Yasuoはレンタカーショップでオープンカーを借りる。

Receptionist: What kind of **vehicle** would you like to rent? We have **motorcycles** as well as cars. Actually, on a sunny day like this, I would recommend this convertible.

Yasuo : That will be great. We'll rent that.

Receptionist: Do you have **identification** with you? I need to see your passport and international driver's **license**.

0601 □ **vehicle** [ví:ikl] 【名】乗り物

PART 1で頻出する。**car**や**bus**は、**vehicle**で言い換えることが可能。

コロケーション **board the vehicle** 乗り物に乗る

0602 □ **motorcycle** [móutərsàikl] 【名】オートバイ

ride a motorcycle「バイクに乗る」で、PART 1に登場する。

0603 □ **identification** [aidèntifəkéiʃən] 【名】身分証

form of identification「身分証明書」として頻出。運転免許証やパスポートなどが相当する。

派生語 **identify**【動】確認する、特定する

0604 □ **license** [láisəns] 【名】免許証、認可 【動】許可する

動詞で使うと、「ライセンスを与える、許可する」という意味になる。

コロケーション **driver's license** 運転免許証

【訳】フロント：どんな車をお借りになりますか？　車のほかにオートバイもございます。今日みたいに晴れた日にはこちらのオープンカーがお勧めです。

Yasuo ：すばらしいでしょうね。それをお借りします。

フロント：身分証明書はお持ちですか？　パスポートと国際運転免許証を確認する必要があります。

Skit S152 Words&Phrases W152 Repeating R152

152 マイアミでバカンス③ レンタカーショップにて②

Yasuoはレンタカーショップの店員から安全運転をするように注意を受ける。

Receptionist : Where are you planning on going?
Yasuo : We're going to Seven Mile Bridge.
Receptionist : Good choice! It's really **worth** visiting, and the **scenery** is outstanding. But please drive safely and be careful about the speed limit. The **fines** for speeding are really expensive here.
Yasuo : I will. Thank you for the **warning**.

0605 □ **worth** [wə́ːrθ] 【形】価値がある、値する

be worth a trip「行く価値がある」や、**be worth trying**「試す価値がある」のように用いられる。

派生語 **worthy**【形】尊敬に値する

0606 □ **scenery** [síːnəri] 【名】景色、風景

同意語の**landscape**「景色」も覚えておこう。

0607 □ **fine** [fáin] 【名】罰金 【動】罰金を科す

A fine will be imposed.「罰金が科されます」のように使われる。同意語に**penalty**「罰金、罰則」がある。

0608 □ **warning** [wɔ́ːrniŋ] 【名】警告

issue a warning「警告を発令する」のように用いられる。

派生語 **warn**【動】警告する、注意する

【訳】フロント：どちらへ行くご予定ですか？
Yasuo：Seven Mile Bridgeに行くつもりです。
フロント：いい選択ですね！　本当に訪れる価値がありますよ。すばらしい景気です。ただし、安全運転をして、制限速度には気をつけてくださいね。スピード違反の罰金はここではかなり高いんです。
Yasuo：そうします。ご注意ありがとう。

Skit S153 Words&Phrases W153 Repeating R153

153 マイアミでバカンス④ 高速道路へ

Yasuoは高速道路を使って目的地まで行くことを提案する。

Yasuo : Since we shouldn't **waste** time, can we take the **expressway**? Going south on Dolphin Expressway should be the fastest way to get there.

Aya : Okay. Let me check the map. To get to the expressway, we have to turn right at the next **intersection**. Hey, watch out for the **pedestrian**!

Yasuo : Thanks. It's true that people in this country cross the street any time they like.

0609 □ **waste** [wéist] 【動】無駄に使う、浪費する 【名】無駄遣い、浪費

名詞では**waste of money**「お金の無駄」や**waste of time**「時間の無駄」のように使われる。

0610 □ **expressway** [ikspréswèi] 【名】高速道路

高速道路には、**highway**という言い方もある。

同意語 **highway**【名】ハイウェイ

0611 □ **intersection** [ìntərsékʃən] 【名】交差点

PART 1で出題されることもある。**cross the intersection**「交差点を渡る」で覚えておこう。

0612 □ **pedestrian** [pədéstriən] 【名】歩行者

PART 1で、**Pedestrians are crossing the street.**「歩行者が道を渡っている」が頻出する。

【訳】Yasuo : 時間を無駄にしたくないから高速道路で行こうか? Dolphin Expresswayを南下するのが一番近道のはずなんだ。

Aya : わかりました。地図を調べてみます。高速道路に乗るには次の交差点を右折です。あ、歩行者に気をつけて!

Yasuo : ありがとう。確かにこの国の人は好きな時にいつでも道路を渡るね。

Skit S154 Words&Phrases W154 Repeating R154

154 マイアミでバカンス⑤ 天気が心配!?

Ayaが天気を心配し始めたので、Yasuoはラジオで天気予報をチェックする。

Aya : By the way, judging from the look of the sky, I think it might rain. I hope it clears up. If it rains, our sightseeing will be ruined.

Yasuo: Let's check the weather forecast on the radio.

0613 □ **judge** [dʒʌ́dʒ] 【動】判断する、評価する

名詞**judgement**「判断」も重要語。

派生語 **judgement**【名】判断

0614 □ **sightseeing** [sáitsìːiŋ] 【名】観光

PART 4のツアーガイドのトークで頻出する。**go sightseeing**「観光に行く」のように用いる。

0615 □ **ruin** [rúːin] 【動】台無しにする、破産させる

ruin one's reputation「評判を落とす」のように使われる。

0616 □ **forecast** [fɔ́ːrkæ̀st] 【名】予想、予測 【動】予想する

weather forecast「天気予報」として頻出。動詞で**be forecast to be clear**「晴れと予想される」のようにも使われる。

【訳】Aya : ところで、空模様を見ると雨が降るかもしれませんね。晴れるといいんですけど。もし雨が降ったら、観光が台無しですね。

Yasuo : ラジオで天気予報をチェックしようか。

Skit S155 Words&Phrases W155 Repeating R155

155 マイアミでバカンス⑥ 天気予報

天気予報によれば、フロリダ東海岸は午後から晴れるらしい。

Broadcaster : This afternoon it will be sunny on the east coast of Florida and in the Florida Keys. But on the west coast of the state the weather is expected to **deteriorate**, with a storm warning issued in St. Petersburg and Tampa. The **alert** level has been raised from 3 to 4, and residents in the area are advised not to go outside. Please stay **tuned** for further **updates**.

0617 ☐ **deteriorate** [ditíəriərèit] 【動】悪化する

deteriorate significantly「著しく悪化する」のように程度を表す副詞と一緒に使われることが多い。

0618 ☐ **alert** [əlә́ːrt] 【名】警報 【動】警告する

動詞の**alert**は「注意を喚起する」という意味。PART 7の告知に関する文書で多く使われる。

0619 ☐ **tune** [tjúːn] 【動】ダイヤルを合わせる

PART 4のラジオ放送で、**stay tuned**「チャンネルはそのまま、聞き続けてください」が使われる。

0620 ☐ **update** [ʌ̀pdéit] 【動】更新する、更新される 【名】最新情報

the updated information「更新された情報」のようにも使われる。

コロケーション **traffic updates** 交通最新情報

【訳】アナウンサー：今日の午後、フロリダ東海岸とフロリダキーズは晴れでしょう。しかし、西海岸では天気が崩れる見込みで、セントピーターズバーグとタンパには暴風雨警報が出ています。警戒レベルは3から4に引き上げられ、地域の住民は外出しないよう通知されています。新しい情報が入りしだい、随時お伝えいたしますので、このままお聞きください。

Skit S156 Words&Phrases W156 Repeating R156

156 マイアミでバカンス⑦ 日焼け止めが必要!?

Ayaは日焼け止めを持ってくるのを忘れてしまったことに気づく。

Aya : **Fortunately**, it will be sunny in Miami and the Keys, where we're going. But I'm worried that I might be **exposed** to too much sunshine. I forgot to bring my sunscreen.

Yasuo : Don't you have a shirt with long sleeves?

Aya : I left it in my room. Do you mind if I **borrow** your jacket?

Yasuo : Go ahead. But it's too big for you. If you like, we can **drop by** someplace to buy sunscreen.

0621 □ **fortunately** [fɔ́ːrtʃənətli] 【副】幸いにも、運良く

文を修飾する副詞として使われることが多い。反意語の**unfortunately**「残念ながら」も重要。

派生語 **fortunate**【形】運の良い、恵まれている

0622 □ **expose** [ikspóuz] 【動】さらす

be exposed to ～「～にさらす」で使われ、**sunlight**「日光」や**heat**「熱」などとともに用いられる。

コロケーション **be exposed to heat** 熱にさらす

0623 □ **borrow** [bárou] 【動】借りる、借金する

金銭のやり取りなしで何かを借りるときに用いるが、お金を借りる場合にも**borrow**が使われる。なお、お金を払って借りる場合は**rent**を使う。

派生語 **borrowing**【名】借り入れ、借用

0624 □ **drop by** 立ち寄る

drop by your office「あなたのオフィスに立ち寄る」のように用いる。同じ意味に**stop by**という表現もある。

【訳】Aya : 運よく、私たちが向かっているマイアミとキーズは晴れですね。でも、たくさん日差しを浴びるかもしれないのが心配。日焼け止めを持って来るのを忘れてしまいました。

Yasuo : 長袖のシャツは持っていないの？

Aya : 部屋に置いてきてしまったんです。ジャケットを借りてもいいですか？

Yasuo : どうぞ。でも、それは大き過ぎるよ。よかったら、日焼け止めを買うためにどこかへ立ち寄れるよ。

Skit S157 Words&Phrases W157 Repeating R157

157 マイアミでバカンス⑧ アールデコ地区

Ayaはアールデコ様式の建物に歓声を上げる。

Aya : Oh, look at these amazing buildings. They're Art Deco style, aren't they?

Yasuo: Yeah. This **district** is called the "Art Deco District" and it's **renowned** for its unique **architecture**.

Aya : The colors of the buildings **match** the white sand on the beach. It's beautiful.

0625 □ **district** [dístrikt] 【名】地区

historical district「歴史的な地域」や**industrial district**「工業地帯」のように使われる。

コロケーション **historical district** 歴史的な地域

0626 □ **renowned** [rináund] 【形】有名な、顕著な

renowned lecturer「有名な講演者」といったフレーズで覚えておこう。

コロケーション **renowned author** 有名な著者

0627 □ **architecture** [áːrkətèktʃər] 【名】建築様式、建築学

建築家のことは**architect**という。建築関係の話題で頻出する**blueprint**「設計図」も覚えておきたい。

派生語 **architect**【名】建築家 **architectural**【形】建築の

0628 □ **match** [mætʃ] 【動】調和させる、一致させる、適合させる

match the standard「標準に見合う」のように用いる。

コロケーション **match the need** 必要に見合う

【訳】Aya : まあ、あのすばらしい建物を見てください。アールデコ様式ですよね？
Yasuo : ああ。この地区は「Art Deco District」と呼ばれていて、特有の建築様式で有名なんだ。
Aya : 建物の色が海辺の白砂に合っていますね。美しいわ。

Skit S158 Words&Phrases W158 Repeating R158

158 マイアミでバカンス⑨ 交通渋滞

YasuoとAyaは交通渋滞のため、ちょっと休憩することにする。

Aya : The traffic is getting worse.

Yasuo: Yeah. Maybe we should take another **route**. We've been driving nearly three hours and the car is running out of **fuel**, so let's look for a **gas station** and take a little **break**.

Aya : Good idea.

0629 □ **route** [rú:t] 【名】道路、路線

道路に関する内容で登場する。**take an alternative route**で「別のルートを取る」という意味になる。

0630 □ **fuel** [fjú:əl] 【名】燃料

ガソリンなどの燃料のこと。**put fuel into the car**「車にガソリンを入れる」のように使う。

0631 □ **gas station** 【名】ガソリンスタンド

ガソリンスタンドを英語では**gasoline stand**と言わないので注意しよう。

0632 □ **break** [bréik] 【名】休憩

take a breakで「休憩する」という意味になる。**have a break**でも同じ意味。

【訳】Aya : 渋滞してきましたね。
Yasuo : ああ。たぶん道を変えたほうがいいな。3時間近く運転してガソリンが残り少なくなってきているから、ガソリンスタンドを探して少し休憩しよう。
Aya : いい考えですね。

Skit S159 Words&Phrases W159 Repeating R159

159 マイアミでバカンス⑩ セブンマイルブリッジ

Yasuo と Aya は、いよいよセブンマイルブリッジを視界にとらえる。

Aya : Look! I can see the Seven Mile Bridge. **Finally**, we're here.
Yasuo : Wow, the bridge goes all the way to the little island way up ahead.
Aya : It's **narrow**er than I **imagine**d. There's only one lane on either side. What's that bridge running next to it?
Yasuo : It's an old railroad bridge. It's been **out of service** since 1935. We can take a walk on it after we park the car on the island.

0633 □ **finally** [fáinəli] 【副】ようやく、最後に

順序を述べる際、最後を表す時に使われる。また、「ついに、やっと」という意味もあり、この場合、**eventually** や **in the end** が同意語となる。

コロケーション **be finally completed** ついに完成した

0634 □ **narrow** [nǽrou] 【形】幅が狭い 【動】縮める、絞る

動詞 **narrow** に「絞る」という意味があり、**narrow down the options**「選択肢を絞る」のように使われる。

0635 □ **imagine** [imǽdʒin] 【動】想像する

名詞の **imagination** では、**beyond imagination**「想像を超える」などのフレーズも覚えておこう。

派生語 **imaginable**【形】想像しうる **imagination**【名】想像力、空想

0636 □ **out of service** 使用中止の

利用できない状態のことを言う。**out of order**「故障中」も覚えておこう。

【訳】Aya : 見てください！ Seven Mile Bridgeが見えます。ついに来ましたね。
Yasuo : わあ、橋がずっと向こうの小さな島まで続いているね。
Aya : 想像してたより狭いですね。両側とも一車線です。隣のあの橋は何ですか？
Yasuo : 古い鉄道の橋だよ。1935年以来、使われなくなっているんだ。島に車を停めたら、その上を散歩できるよ。

Skit S160 Words&Phrases W160 Repeating R160

160 マイアミでバカンス⑪ 印象的な光景

セブンマイルブリッジについて、YasuoとAyaはそれぞれ感想を述べる。

Yasuo : We're lucky that we came on a weekday. Traffic on the bridge is **relatively** light.
Aya : This is so amazing. All you can see is the endless blue sky above the vast ocean below. I can **hardly** believe my eyes.
Yasuo : Same here. I'm sure this moment will **remain** in my memory forever.
Aya : Yeah. My friend **insisted** that I drive across this bridge if I ever came to Miami, and I'm so glad I listened to her.

0637 □ **relatively** [rélətivli] 【副】比較的、割合に

relatively easy「比較的易しい」のように、程度を表す時に使われる副詞。

派生語 **relative**【形】相対的な

0638 □ **hardly** [há:rdli] 【副】ほとんど〜ない

hardly ever 〜「めったに〜ない」としても使われる。

0639 □ **remain** [riméin] 【動】とどまる、〜のままである

remain stable「安定している」や**remain competitive**「競争力を維持する」などが頻出。「残り」という意味の名詞**remainder**も重要。

派生語 **remainder**【名】残り（物）

コロケーション **remain stable** 安定している

0640 □ **insist** [insíst] 【動】主張する

I insist that 〜「私は〜を主張する、〜であると信じる」のように使われる。

【訳】Yasuo : 平日に来たのは運がいいね。橋の通行量は比較的すいているよ。
Aya : 本当に見事ですね。見えるのは頭上に果てしなく広がる青い空と眼下に広がる広大な海だけなんですもの。自分の目が信じられません。
Yasuo : 同感だよ。この瞬間は絶対いつまでも記憶に残るね。
Aya : ええ。マイアミに来たら、この橋を車で渡るように友だちが強く言ってたんですが、彼女の言うことを聞いて本当によかったと思います。

Skit S161　Words&Phrases W161　Repeating R161

161 マイアミでバカンス⑫　レストランへ

セブンマイルブリッジを後にしたYasuoとAyaはレストランへ向かう。

Yasuo : Can you see a parking lot anywhere?
Aya : Yes. I can see some cars parked in a **row** up there. Go two more **blocks** and turn left.
Yasuo : Okay. I only had a cup of coffee at breakfast and I've been driving on an **empty** stomach all morning, so I'm starving.
Aya : Me, too. Maybe we can have lunch at one of those restaurants on the seafront. It should be within walking **distance** of the parking lot.

0641 □ **row** [róu]　【名】列

rowとは列のこと。**in a row**で「一列に」を意味し、PART 1で頻出する。また、**three years in a row**といえば「3年連続で」という意味になる。

コロケーション **parked in a row**　一列に駐車している

0642 □ **block** [blák]　【名】ブロック、街区、区画

道案内などで、**walk two blocks**「2ブロック歩く」のように用いる。

0643 □ **empty** [émpti]　【形】空の、誰もいない　【動】空にする

The shelves are empty.「棚は空です」のように使われる。動詞で「(ごみ箱などを)空にする」という意味もある。

0644 □ **distance** [dístəns]　【名】距離

within driving distanceで「車で行ける距離に」という意味になる。**in the distance**「遠くに」というフレーズも覚えておこう。

コロケーション **within walking distance**　歩いて行ける距離に

【訳】Yasuo ： どこかに駐車場は見える?
Aya ： はい。あそこに一列に停まっている車が何台か見えます。あと2ブロック進んで左折してください。
Yasuo ： 了解。朝食にコーヒー1杯飲んだきりで、空腹のまま午前中ずっと運転してきたからおなかがすいたよ。
Aya ： 私もです。たぶん海岸通りのレストランで昼食をとれますよ。駐車場から歩いて行ける距離だと思います。

Skit S162 Words&Phrases W162 Repeating R162

162 マイアミでバカンス⑬ 明日の予定

Yasuo とAyaは、明日の予定について相談を始める。

Aya : So, what are we doing tomorrow?
Yasuo : How about taking a **cruise** on the Caribbean Sea?
Aya : Oh, that sounds great. But you're required to wear **formal attire** to dinner on a cruise ship, right? I don't have a dress with me.
Yasuo : Then you can buy one at a **clothing** store around here.
Aya : That's a good idea. I saw a really nice shop across the street. But you have to come and help me pick the right dress, okay?

0645 □ **cruise** [krúːz] 【名】周遊旅行、船旅 【動】クルーズする

動詞**cruise**で、「クルーズする」という意味もある。ツアーなど、船に関する内容は頻出。

0646 □ **formal** [fɔ́ːrməl] 【形】正式の、改まった

日本語のフォーマルと同じ意味。反意語は**casual**。副詞**formally**「正式に、公式に」も重要。

派生語 **formally**【副】正式に、礼儀正しく

0647 □ **attire** [ətáiər] 【名】服装

formal attire「フォーマルな服装」や**professional attire**「仕事服」のように使う。**clothing**「服」の同意語。

コロケーション **formal attire** フォーマルな服装

0648 □ **clothing** [klóuðiŋ] 【名】衣類、衣料品

clothing shop「衣料品店」も覚えておこう。同意語の**attire**も重要。

【訳】
Aya : さて、明日は何をしましょうか?
Yasuo : カリブ海を周遊するのはどう?
Aya : ああ、いいですね。でも、クルーズ船では夕食のとき正装しなければいけませんよね? ドレスがないわ。
Yasuo : だったら、この辺の衣料品店で買えるよ。
Aya : それはいい考えですね。通りの向こう側にとても素敵な店を見かけたんです。でも、一緒に来て似合うドレスを選ぶのを手伝ってくださいね。

Skit S163　Words&Phrases W163　Repeating R163

163 雑誌のタイアップ記事①　特集記事の提案

Ayaは、オフィスでYasuoが読んでいる雑誌「Perfect Style」に注目する。

Aya　: Isn't that *Perfect Style* that you're reading?
Yasuo : Yeah. Do you know anything about this magazine?
Aya　: Of course. I subscribe to it. It has a lot of useful information about fashion. But why are you reading it? Does it have something to do with Juicy Fragrance?
Yasuo : Yes. An editor at the magazine just called and said she wants to publish an article about Juicy Fragrance, including a feature interview with Yuka-chan.

0649 □ **subscribe** [səbskráib] 【動】定期購読する、加入している

subscribe to a newspaper「新聞を購読する」は頻出。名詞は**subscription**「購読」。関連語の**expire**「期限が切れる」や**renew**「更新する」なども覚えておきたい。

派生語 **subscription**【名】定期購読　**subscriber**【名】定期購読者

0650 □ **editor** [édətər] 【名】編集者

動詞**edit**「編集する」も重要。出版にまつわる話題も頻出なので、**publication**「出版（物）」など関連語句もおさえよう。

派生語 **edit**【動】編集する　**editorial**【形】編集（上）の
edition【名】（刊行物の）版

0651 □ **publish** [pʌ́bliʃ] 【動】出版する

出版の関連語句では**printer**「印刷所」も重要。雑誌の**March issue**「3月号」などの言い方も覚えておこう。

派生語 **publisher**【名】出版社　**publishing**【名】出版（業）

0652 □ **article** [ɑ́:rtikl] 【名】記事

新聞や雑誌の記事のこと。**article on**～「～に関する記事」のように使われる。

【訳】Aya　: いま読んでいるのは「Perfect Style」じゃないですか？
Yasuo : そうだよ。この雑誌のこと知ってるの？
Aya　: もちろんです。定期購読していますので。ファッションに関する役立つ情報がいっぱい載っているんですよ。でも、どうしてそれを読んでいるんですか？　Juicy Fragranceと何か関係がありますか？
Yasuo : ああ。雑誌の編集者が電話してきて、Juicy Fragranceに関する記事をYukaちゃんの特別インタビューを含めて掲載したいと言うんだ。

Skit S164 Words&Phrases W164 Repeating R164

164 雑誌のタイアップ記事② 別の雑誌からの依頼

Ayaは別の雑誌からの依頼を断って「Perfect Style」を選ぶべきだと主張する。

Aya : That's great. *Perfect Style* is a very popular magazine. They sell 300,000 copies every month. I'm sure this would have a **significant effect** on sales of our new product.

Yasuo : Yeah. I think so, too. But I got an offer from another magazine, *Elegance*, which seems **equally** popular.

Aya : But *Elegance* is aimed at 30-something women, so people in their twenties **rarely** buy it. We should definitely go with *Perfect Style*. Its readers are in the same age group that Juicy Fragrance targets.

0653 □ **significant** [signífikənt] 【形】重要な

副詞の**significantly**は、**rise/increase significantly**「急激に増える」や**fall/decrease significantly**「急激に減る」のように使われる。

派生語 **significantly**【副】著しく、かなり **significance**【名】重要性

0654 □ **effect** [ifékt] 【名】影響、効果

規則などに関して用いられる**come into effect**「発効される」も大切。形容詞は**effective**「効果的な」。

派生語 **effectively**【副】効果的に **effectiveness**【名】有効性

0655 □ **equally** [íːkwəli] 【副】等しく、均等に

形容詞**equal**「同等の」や、名詞**equality**「同等」も重要。

派生語 **equal**【形】等しい **equality**【名】同等

0656 □ **rarely** [rɛ́ərli] 【副】めったに～ない

形容詞**rare**「まれな」も重要。日本語のレアと同じ意味。

派生語 **rare**【形】まれな

【訳】Aya : いいですね。「Perfect Style」はとても人気のある雑誌ですから。毎月30万部も売れているんですよ。これはうちの新商品の売り上げに大きな効果があると思います。

Yasuo : ぼくもそう思う。でも、別の雑誌からも依頼があったんだ。同じく人気がありそうな「Elegance」だよ。

Aya : でも「Elegance」は30代の女性向けなので、20代の人はめったに買いません。絶対に「Perfect Style」を選ぶべきですよ。読者が、Juicy Fragranceが対象とする年齢層と同じですから。

Skit S165 Words&Phrases W165 Repeating R165

165 雑誌のタイアップ記事③ 記事の校正

Ayaは、「Perfect Style」の記事に誤った情報があるのを発見する。

Yasuo : The editor at *Perfect Style* has sent me a **draft** article and asked us to **revise** it where necessary. I'm **handing out** a copy of the article to each of you. If you find that it contains **inaccurate** information, please let me know.

Aya : I've already found a mistake—here in this sentence. Juicy Fragrance targets teenagers, too. Not just people in their twenties.

Yasuo : That's right. You can mark that in your copy. Please keep in mind that I have to send the editor our feedback by next Monday. Thanks.

0657 □ **draft** [dræft] 【名】下書き、草稿

下書きや草稿のこと。ニュースレターなどの原稿などに用いる。

コロケーション **submit a draft** 草稿を提出する

0658 □ **revise** [riváiz] 【動】変更する、修正する

revise the document「資料を修正する」や**a revised document**「修正された資料」のように用いる。名詞は**revision**「修正」。

派生語 **revision**【名】修正、改正

コロケーション **revise the document** 資料を修正する

0659 □ **hand out** 配る

distribute「配布する」と同じように使われる。

コロケーション **hand out some documents** 資料を配布する

0660 □ **inaccurate** [inǽkjərit] 【形】不正確な、誤った

inaccurate information「不正確な情報」のように使われる。「正確な」は**accurate**である。

派生語 **inaccuracy**【名】誤り、不正確さ

【訳】Yasuo :「Perfect Style」の編集者が記事の草稿を送ってきて、必要ならそれを修正するようにっていうんだ。記事のコピーをみんなに配っているところだよ。もし、間違った情報に気づいたら教えてくれない?

Aya : もう、間違いを見つけました。この文のここです。Juicy Fragranceはティーンエイジャーも対象としています。20代だけではありません。

Yasuo : 本当だ。コピーに印をつけて構わないよ。今度の月曜日までにフィードバックを編集者に送らなければならないので頭に入れておいて。ありがとう。

Skit S166 Words&Phrases W166 Repeating R166

166 雑誌社からの提案① 香水のサンプルを付録に

「Perfect Style」の編集者から新製品のサンプルを雑誌に同梱する企画が持ち込まれる。

Yasuo : The editor at *Perfect Style* just called to make a proposal about advertising. She suggested attaching a sample of Juicy Fragrance to the July issue of the magazine.

Miki : It's an interesting idea. Do you think it would be effective?

Yasuo : Well, she argued that implementing this plan would give 300,000 readers an opportunity to try our perfume.

0661 □ **proposal** [prəpóuzəl] 【名】提案、申し出

review the proposal「提案を見直す」のように使われる。動詞**propose**「提案する」も覚えておこう。

派生語 **propose**【動】提案する

0662 □ **attach** [ətǽtʃ] 【動】添付する、くっつける

資料などに関する話題で多く用いられ、**attach the document**「資料を添付する」や**attached file**「添付されたファイル」のように使われる。

派生語 **attachment**【名】付属品

0663 □ **argue** [á:rgju:] 【動】議論する、言い争う

名詞**argument**「議論」も重要。「話し合い」に関連する単語は、ほかに**negotiation**「交渉」や**discussion**「ディスカッション」などがある。

派生語 **argument**【名】議論、口論

0664 □ **implement** [ímpləmənt] 【動】実行する、実施する

doと同じ意味。**implement the new method**「新しい方法を実施する」などのように用いる。名詞は**implementation**「実施」。

派生語 **implementation**【名】実行、実施

【訳】Yasuo : 「Perfect Style」の編集者から広告の提案の電話がちょうどきたところです。雑誌の7月号にJuicy Fragranceのサンプルをつけないかと提案されました。
Miki : おもしろい考えね。それは効果あると思う?
Yasuo : このプランを実行すれば30万人の読者にうちの香水を試す機会を与えることになるというのが、向こうの言い分です。

Skit S167 Words&Phrases W167 Repeating R167

167 雑誌社からの提案② 企画の検討

YasuoとMikiは、「Perfect Style」の編集者からの提案について検討する。

Miki : That makes sense. Also, people are more inclined to buy magazines with free items attached. So the plan could improve sales of the magazine, and at the same time make Juicy Fragrance accessible to more people.

Yasuo: To sum up, the better the magazine sells, the more people will try our perfume.

0665 □ **inclined** [inkláind] 【形】～したい気がする、～する傾向がある

be inclined to ～で、「～したい気がする」という意味になる。

0666 □ **improve** [imprú:v] 【動】よくなる、向上させる

improve quality「品質を改善する」など、質やスキルなどを高めるという意味で用いられることが多い。名詞は**improvement**「改善」。

派生語 **improvement**【名】改善、改良点

0667 □ **accessible** [æksésəbl] 【形】利用できる、入手しやすい

easily accessible to the museum「簡単に美術館にアクセスできる」という使い方も覚えておこう。

派生語 **access**【動】近づく、アクセスする **accessibility**【名】利用しやすさ

0668 □ **sum** [sʌ́m] 【動】要点を述べる 【名】金額、合計

注文書などのフォームに頻出。**the sum of $20,000**「合計2万ドル」のようにも使われる。

【訳】Miki : 一理あるわね。それに、無料のおまけがついている雑誌はより一層買う気になるものよね。つまり、そのプランで雑誌の売り上げをのばすことができて、しかもJuicy Fragranceはより多くの人に使ってもらえるようになるわ。

Yasuo : 要するに、雑誌が売れるほど、大勢の人がうちの香水を試すということですね。

Skit S168 Words&Phrases W168 Repeating R168

168 雑誌社からの提案③ ミーティングの必要性

YasuoとMikiは、詳細を詰めるために編集者とのミーティングを予定に入れる。

Miki : That's right. The cost may **exceed** our **initial** budget **slightly**, but it's worth it for the potential benefit.

Yasuo : So, do you want me to contact the editor and arrange a meeting to discuss it?

Miki : Yes. And please ask her how many samples are needed. We'll have to order a **sufficient** number of samples from our Manchester factory, once we get permission from the board.

0669 □ **exceed** [iksíːd] 【動】上回る、超える

exceed the budget「予算を超える」や**exceed the limit**「限度を超える」のように使われる。名詞は**excess**「過剰、超過」

コロケーション **exceed the budget** 予算を超える

0670 □ **initial** [iníʃəl] 【形】初めの、最初の

名前のイニシャルが頭文字であるように、「最初」を意味する。

派生語 **initially**【副】初めに、当初は

0671 □ **slightly** [sláitli] 【副】わずかに、微妙に

主に変更や増減などに用いられる。形容詞**slight**は、**slight change**「わずかな変化」や**slight delay**「わずかな遅れ」のように使われる。

派生語 **slight**【形】わずかな、取るに足らない

0672 □ **sufficient** [səfíʃənt] 【形】十分な

sufficient budget「十分な予算」や**sufficient time**「十分な時間」で頻出。**enough**の同意語である。

コロケーション **sufficient budget** 十分な予算

【訳】Miki : そのとおりよ。費用は当初の予算を少し超えるかもしれないけど、潜在的利益があるわ。

Yasuo : では、編集者に連絡して、話し合いのミーティングを設定しましょうか？

Miki : ええ。そして、どれくらいの数のサンプルが必要か聞いてみて。取締役会から許可がおりたら、マンチェスター工場に十分な数のサンプルを注文しなければならないわ。

Skit S169 Words&Phrases W169 Repeating R169

169 雑誌社からの提案④ サンプルの準備

取締役会が計画を承認したことで、Yasuoはサンプルの準備に着手する。

Miki : The board voted unanimously to **authorize** our plan to attach Juicy Fragrance samples to *Perfect Style*.

Yasuo : That's **terrific**. I'm ready to **place an order** for 300,000 samples. Of course, the figure is still **tentative**—we may have to order more, depending on how many copies they publish.

Miki : Right. Let's start with 300,000 and make sure we can order more if necessary.

0673 □ **authorize** [ɔ́:θəràiz] 【動】許可する、認可する

「権利を与える」というのが本来の意味で、たとえばクレジットカードの引き落としに同意するのは、カード会社に**authorize**しているためである。名詞は**authorization**「認可」。

派生語 **authorization**【名】公認、認可

0674 □ **terrific** [tərífik] 【形】すばらしい

terrific idea「素晴らしいアイデア」、**terrific food**「おいしい食べ物」のように、肯定的な内容を示すのに使われる。

コロケーション **terrific food** おいしい食べ物

0675 □ **place an order** 注文する、発注する

動詞**place**を使った重要なフレーズ。PART 5の語彙問題で**place**を問う問題が出題されることがある。

0676 □ **tentative** [téntətiv] 【形】仮の、暫定的な

tentative schedule「仮のスケジュール」のように覚えておこう。副詞は**tentatively**「暫定的に、仮に」。

派生語 **tentatively**【副】暫定的に、仮に

【訳】Miki : 取締役会がJuicy Fragranceのサンプルを「Perfect Style」につけるという計画を満場一致で認可したわ。

Yasuo : それはすごいですね。30万個のサンプルを発注する準備はできています。もちろん、数はまだ暫定的です。何部発行するかによって、もっと発注しなければいけないかもしれません。

Miki : そうね。30万個で始めて、必要なときはさらに発注できるようにしておきましょう。

Skit S170 Words&Phrases W170 Repeating R170

170 販促活動の影響① 営業目標に到達！

YasuoとMikiは、Juicy Fragranceの販促キャンペーンについて振り返る。

Miki : I'm pleased to say that all of our sales **objectives** for Juicy Fragrance have been achieved. Our new line was a big hit as soon as it was launched in June, and since then it's been selling **steadily**.

Yasuo : Yes. In **terms** of advertising, it's better known than any product we've ever released in Japan. The TV commercial with Yuka-chan played a major role in its popularity, didn't it?

0677 □ **pleased** [plí:zd] 【形】うれしい、喜んでいる

be pleased to～「～できて嬉しい」のように使うことが多い。

0678 □ **objective** [əbdʒéktiv] 【名】目標、目的

main objective「主な目的」のように使われる。同意語に、**purpose**「目的」、**aim**「ねらい」、**goal**「目的」などがある。

コロケーション **achieve an objective** 目標を達成する

0679 □ **steadily** [stédili] 【副】着実に、どんどん

grow steadily「安定して成長する」で覚えておこう。形容詞を用いた**steady growth**「安定した成長」も重要だ。

派生語 **steady**【形】安定した、落ち着いた

0680 □ **term** [tə́:rm] 【名】点、用語、条件

契約書などで、**terms and conditions**「契約条件」というフレーズが頻出する。

コロケーション **terms and conditions** 契約条件

【訳】Miki : おかげさまでJuicy Fragranceはここまで営業目標のすべてが達成さてきてるわ。7月に発売されてすぐに新商品が大ヒットして、その後も順調に売れているわね。

Yasuo : はい。広告に関していえば、当社がこれまで日本で発売したどの商品よりもよく知られています。Yukaちゃんのテレビコマーシャルが、人気を得るのに大きな役割を果たしましたよね？

171 販促活動の影響② 雑誌企画も好調の要因

「Perfect Style」の特集記事と付録のサンプルも影響が大きかったとMikiは述べる。

Miki : Definitely. The feature article in *Perfect Style* and the attached samples also had a huge impact on sales. This **indicates** that it's really effective to use an influential **publication** to advertise our products.

Yasuo : It was **beneficial** to the publisher as well. They sold 450,000 copies of the July issue. That's a 50 percent increase over their previous issue. They say the attached samples are the **chief** reason.

0681 □ **indicate** [índikèit] 【動】示す

The statistics indicate that～「その統計は～を示しています」のように後ろに**that**節が続く場合が多く、**show**と似たような感じで使われる。また、PART 7の設問文にも頻出。

派生語 **indication**【名】表明、兆候

0682 □ **publication** [pʌ̀bləkéiʃən] 【名】出版、出版物

bookや**magazine**を**publication**と総称して言い換えることができる。動詞は**publish**「出版する」。

派生語 **publish**【動】出版する **publishing**【名】出版（業）

0683 □ **beneficial** [bènəfíʃəl] 【形】有益な、有利な

肯定的な意味で用いられる単語。**beneficial information**「有益な情報」のように用いる。

0684 □ **chief** [tʃíːf] 【形】最も重要な、主要な

副詞**chiefly**の同意語には、**mainly**や**primarily**がある。

派生語 **chiefly**【副】主として、主に

【訳】Miki : そのとおりね。「Perfect Style」の特集記事と付録のサンプルも売り上げに大きな影響を及ぼしたわ。影響力の大きい出版物を利用することが、うちの商品を宣伝するために実に効果的だと示しているわね。

Yasuo : 出版社にとっても有益でしたよ。7月号は45万部が売れたんですが、先月号と比べて50パーセントの増加です。付録のサンプルが主な理由だと言っています。

Skit S172 Words&Phrases W172 Repeating R172

172 販促活動の影響③ 出版社との協力関係

Mikiは「Perfect Style」との協力的な関係を継続していくようにYasuoに伝える。

Miki : I'm glad to hear it. I think we should try to continue this **cooperative relationship** with the publisher.

Yasuo : Actually, they say they'd like to advertise more of our products in their magazine. They even offered to attach a catalog of our products as a **supplement** to the next issue of *Perfect Style*.

Miki : That would be great. Can you **get in touch** with them today and schedule a meeting to discuss the plan?

Yasuo : Sure.

0685 □ **cooperative** [kouápərətiv] 【形】協力的な

名詞の**cooperation**「協力」は、**We appreciate your cooperation.**「ご協力に感謝いたします」でよく用いられる。動詞**cooperate**「協力する」も重要。

派生語 **cooperate**【動】協力する **cooperation**【名】協力、援助

0686 □ **relationship** [riléiʃənʃip] 【名】関係、関連

relationship between A and B「AとBの関係」のように使われることが多い。

0687 □ **supplement** [sʌ́pləmənt] 【名】補充、補足

形容詞**supplementary**「補足の」も重要。「補足資料」のことを、**supplementary material**という。

派生語 **supplementary**【形】補足の、追加の

0688 □ **get in touch** 連絡する、連絡を取る

get in touch with you「あなたに連絡を取る」で覚えておこう。似たような表現に**keep in touch**「連絡を取り合う」というフレーズもある。

【訳】
Miki : それはうれしいわ。出版社との協力的な関係を継続すべきだわ。
Yasuo : 実は、雑誌でもっとうちの商品を宣伝したいと言うんです。当社の商品カタログを「Perfect Style」の来月号の付録としてつけたいということまで提案しています。
Miki : それはすばらしいわ。今日、彼らに連絡して、そのプランについて話し合うミーティングの予定を決めてくれる?
Yasuo : わかりました。

Skit S173 Words&Phrases W173 Repeating R173

173 小売業者の倒産① Yasuo の報告

Mikiは Yasuoから取引のある小売業者が倒産したという報告を受ける。

Yasuo: I've got some bad news. Aquaberry's, one of our retailers, has gone bankrupt.

Miki : Oh, no! We delivered their July order last week, and now they can't pay us.

Yasuo: Not at the moment, no. I've asked our legal department to advise us on how to get our money.

0689 □ **retailer** [rí:teilər] 【名】小売業者、小売店

retail store「小売店」ともいう。なお、卸売店は**wholesaler / wholesale store**である。細かい違いは問われないので、どちらも「店」と覚えておこう。

派生語 **retail**【名】小売り、小売業

0690 □ **bankrupt** [bǽŋkrʌpt] 【形】破産した

go bankruptで「破産する」という意味になる。名詞**bankruptcy**を用いた**declare bankruptcy**で「破産を宣言する」という言い方もある。

派生語 **bankruptcy**【名】破産、倒産

0691 □ **legal** [lí:gəl] 【形】法律の、合法的な

legal department「法務部」として覚えておこう。反意語の、**illegal**「非合法の」も重要。

反意語 **illegal**【形】非合法の、不法な

0692 □ **advise** [ædváiz] 【動】助言する、アドバイスする

名詞の**advice**「助言」は、**give some advice**「助言を与える」のように使われる。形容詞**advisable**「望ましい」も覚えておこう。**It is advisable that**～「～することが望ましい」のように使う。

派生語 **advice**【名】助言、アドバイス　**advisor**【名】助言者

【訳】Yasuo ：悪い知らせです。うちの小売業者のひとつAquaberry'sが倒産しました。

Miki ：うそでしょ！　先週、そこの7月の注文を納品したばかりよ。今になって支払いできないなんて。

Yasuo ：今は無理ですね。支払ってもらう方法を教えてほしいと法務部に頼みました。

Skit S174 Words&Phrases W174 Repeating R174

174 小売業者の倒産② 債権の回収は？

Yasuo とMiki は、未払いとなっている金額の請求について検討する。

Miki : How much money do they **owe** us?

Yasuo: We're trying to get a **reimbursement** of 500,000 yen.

Miki : What if they **refuse** to pay?

Yasuo: We might have to take legal action. But that would be a last **measure**.

0693 □ **owe** [óu] 【動】借りがある、～のおかげである

owe his success to his hard work「彼の成功は、勤勉のおかげだ」のような使い方もある。

0694 □ **reimbursement** [rì:imbə́:rsmənt] 【名】払い戻し、払戻金

動詞**reimburse**は、**get reimbursed**「払い戻しを受ける」のように使う。同意語に**refund**「返金する」がある。

派生語 **reimburse**【動】払い戻す

0695 □ **refuse** [rifjú:z] 【動】拒む、断る

refuse a proposal「提案を拒否する」のように使われる。名詞**refusal**も重要だ。

派生語 **refusal**【名】拒否

0696 □ **measures** [méʒərz] 【名】対策、措置

take measures「対策を講じる」という使い方もある。

派生語 **measurement**【名】寸法、測定、評価

【訳】Miki : 売掛金はいくらあるの？
Yasuo : 50万円を支払ってもらおうとしています。
Miki : 支払いを拒否されたらどうするの？
Yasuo : 訴訟を起こさなければならないかもしれません。ですが、それは最後の手段だと思います。

Skit S175 Words&Phrases W175 Repeating R175

175 小売業者の倒産③ 最善の解決策は？

Mikiは法的な問題に発展させるのは得策ではないとYasuoに説明する。

Miki : I don't think it's a good idea. Getting **involved** in a legal matter could hurt our public image as a friendly **corporation**, and getting 500,000 yen back isn't worth it.

Yasuo : I see what you mean. I guess we need to **gather** more information about what can be done without getting into a legal **dispute**.

Miki : Right. We should also talk to the retailer and try to find a peaceful solution for both sides.

0697 □ **involved** [inválvd] 【形】関係している、かかわっている

get involved in ～で、「～とかかわり合いになる」という意味になる。

派生語 **involve**【動】伴う、巻き込む

0698 □ **corporation** [kɔ̀:rpəréiʃən] 【名】企業、法人

会社のこと。**cooperation**「協力」との混同に注意。

派生語 **corporate**【形】企業の、法人の

0699 □ **gather** [gǽðər] 【動】集める、集まる、まとめる

meeting「会議」を**gathering**「集まり」と呼ぶこともある。

0700 □ **dispute** [dispjú:t] 【名】論争、紛争

名詞と動詞が同形。同意語に**argument**がある。

【訳】Miki : それはいい考えだとは思わないわ。法的な問題に巻き込まれると、親しみやすい会社という当社の対外的なイメージが損なわれるかもしれないし、50万円を取り戻すことにそんな価値はないわ。

Yasuo : おっしゃることはわかります。法的な争いをせずに何ができるか、もっと情報を集める必要がありますね。

Miki : そうね。小売業者とも話をして、双方にとって平和的な解決策を探るべきだわ。

Skit S176 Words&Phrases W176 Repeating R176

176 ファンクラブに入会① ファンクラブの特典

Ayaは Yukaちゃんのファンクラブへの入会を検討していると Yasuoに伝える。

Aya : I'm thinking about joining Yuka-chan's fan club. Do you have any interest?
Yasuo: Of course. I'm a big fan of hers. What are the **privileges** of **membership**?
Aya : **Apart from** receiving a membership card and an e-mail newsletter, members are **invited** to special events.
Yasuo: Like what?

0701 □ **privilege** [prívəlidʒ] 【名】特権

It is our privilege to～「～できて光栄です」のようにも用いる。

0702 □ **membership** [mémbərʃip] 【名】会員であること、会員の資格

apply for membership「会員に申し込む、入会する」として使われることが多い。

コロケーション **membership fee** 会費

0703 □ **apart from** ～以外は、～を除いて

離れていることに対して用いることから、「～以外に」という意味にもなる。その場合、**except for**～「～以外に」と同じ意味になる。

0704 □ **invite** [inváit] 【動】招待する

invite customers to the event「顧客をイベントに招待する」のように使われる。名詞は **invitation**「招待」。

派生語 **invitation**【名】招待、依頼

【訳】Aya : 私Yukaちゃんのファンクラブに入ろうかと思っているんです。興味ありますか?
Yasuo : もちろん。ぼくは彼女の大ファンだよ。会員の特典は何?
Aya : 会員証とメールマガジンが届くほかに、会員だと特別なイベントに招待されるんですよ。
Yasuo : どんな?

Skit S177 Words&Phrases W177 Repeating R177

177 ファンクラブに入会② オークションを開催

Yukaちゃんは来月オークションを開催する予定だとAyaはYasuoに説明する。

Aya : For example, Yuka-chan is going to host an auction next month and members can bid for items that she owns, such as bags and accessories. All income from sales will be donated to charities.

Yasuo: What kinds of charities?

0705 □ **host** [hóust] 【動】主催する 【名】司会、主催者

動詞では、**host a talk show**「トークショーを主催する」のように使われる。

コロケーション **host a convention** 集会を主催する

0706 □ **bid** [bíd] 【動】入札する、値を付ける 【名】入札

オークションなどで入札することを**bid**という。**put in a bid**「値をつける」のようにも使う。

コロケーション **place a bid** 入札を行う

0707 □ **income** [ínkʌm] 【名】収入、所得

会社の「収入(歳入)を」**revenue**ということも覚えておこう。なお、「支出」は**expenditure**。

0708 □ **donate** [dóuneit] 【動】寄付する、寄贈する

名詞の**donation**は、**make a donation**「寄付をする」のように使われる。なお、**contribution**にも「寄付」の意味がある。

派生語 **donation**【名】寄付金、寄付

【訳】Aya : たとえば、Yukaちゃんは、来月オークションを開催するんですが、会員はバッグやアクセサリーなどの彼女の私物に入札できます。売り上げの収入はすべてチャリティーに寄付されるんです。

Yasuo : チャリティーって、どんな?

Skit S178 Words&Phrases W178 Repeating R178

178 ファンクラブに入会③ Yukaちゃんの慈善活動

Yukaちゃんのオークションの収益金は慈善活動に使われている。

Aya : Some of the money will go to an international **institution** that helps children in poor countries. Their main activity is building schools for children who don't have access to **education**. Yuka-chan herself participates in some of their projects.

Yasuo : Oh, I saw that on TV. She seemed really **committed** to helping the children. I think her popularity rose significantly after that program was **broadcast**.

0709 □ **institution** [ìnstətjú:ʃən] 【名】機関、団体、施設

会社や学校など、団体を総称して**institution**と言い換えることができる。

派生語 **institute**【名】学会、協会

0710 □ **education** [èdʒukéiʃən] 【名】教育

形容詞の**educational**を使った**educational background**といえば、「学歴」のこと。動詞**educate**「教育する」も覚えておこう。

派生語 **educational**【形】教育の **educate**【動】教育する

0711 □ **committed** [kəmítid] 【形】傾倒している、献身的な

be committed to「～に専念する」で頻出。前置詞の**to**もセットで覚えておこう。

派生語 **commitment**【名】約束、関わり、熱意、雇用

0712 □ **broadcast** [brɔ́:dkæst] 【動】放送する 【名】放送

broadcast news「ニュースを放送する」のように使われる。

派生語 **broadcaster**【名】(テレビ・ラジオ番組の) 解説者、キャスター

【訳】Aya : そのお金のうちのいくらかは、貧しい国の子どもたちを支援する国際団体に使われます。その団体の活動の中心は、教育を受ける機会がない子どもたちのために学校を建てることです。Yukaちゃん自身がそれらのプロジェクトのいくつかに参加していますよ。

Yasuo : ああ、テレビで見たよ。子どもたちを助けることに本当に献身的に取り組んでいるように見えた。その番組が放送されたあと、彼女の人気はかなり上がったんじゃないかな。

Skit S179 Words&Phrases W179 Repeating R179

179 ファンクラブに入会④ Yasuoが入会!?

Yasuo はYukaちゃんのファンクラブへの入会を考え始める。

Aya : Yes. That's when a lot of people became her fans. They think her ideas and **behavior** are very **respectable**. It isn't just about her **appearance**.
Yasuo: I think I'll **apply** for membership. How much is the fee?
Aya : It's 5,000 yen. The membership fees are also donated to charities.

0713
behavior [bihéivjər] 【名】ふるまい、行動

意味が近い**attitude**「態度」も覚えておきたい。

派生語 **behave**【動】ふるまう

0714
respectable [rispéktəbl] 【形】きちんとした

動詞**respect**「尊敬する」から派生した形容詞として、**respectful**「礼儀正しい」も覚えておこう。

派生語 **respect**【名】尊敬 【動】尊敬する **respectably**【副】きちんと、まともに

0715
appearance [əpíərəns] 【名】見かけ、外見、出現

動詞**appear**は、**appear to be** ～「～のように見える、思える」で使われる。

派生語 **appear**【動】～のように見える

0716
apply [əplái] 【動】申し込む、申請する

apply for～「～に応募する」が求人広告に頻出するほか、規則などに関する話題で使われる**apply to**～「～に適用する」も覚えておこう。

派生語 **applicant**【名】志望者、応募者 **applicable**【形】適用できる、応用できる

コロケーション **apply for the sales position** 営業職に応募する

【訳】Aya : ええ。多くの人たちが彼女のファンになったのはそのときです。みんなが彼女の考えや行動はとても立派だと思ったんです。彼女の人気は外見からくるだけじゃないんですね。
Yasuo : 入会の申し込みをしようかな。会費はいくらなの？
Aya : 5,000円です。会費もチャリティーに寄付されるんです。

Skit S180 Words&Phrases W180 Repeating R180

180 料理教室① 開催場所は？

Ayaは料理教室に通うことになったとYasuoに伝える。

Yasuo : Aya, do you have time to check this **handout** I made for the meeting on Wednesday?

Aya : I'm sorry, Yasuo, I have to go now. I've **signed up** for an Italian cooking **workshop**. There are six **sessions**, and the first one is tonight. It starts at 7:00.

Yasuo : Italian cooking—sounds interesting. Where is the workshop?

Aya : At Villa Macaroni—you know, the restaurant where my welcome party was held.

0717 □ **handout** [hǽndàut] 【名】配付資料、ハンドアウト

配布物のこと。**material**「資料」と言い換えることもできる。

0718 □ **sign up** 申し込む、参加する

前置詞**for**をともなって、**sign up for the workshop**「講習に申し込む」などのフレーズが頻出する。

コロケーション **sign up for the workshop** 講習に申し込む

0719 □ **workshop** [wə́ːrkʃɑ̀p] 【名】講習会、ワークショップ

hold a workshop「講習を開催する」や**participate in a workshop**「研修に参加する」で覚えよう。

コロケーション **participate in a workshop** 研修に参加する

0720 □ **session** [séʃən] 【名】セッション、会議

セミナーや研修における個々の活動を「セッション」と呼ぶことがある。

【訳】
Yasuo : Aya、水曜日のミーティングのために作ったこの資料をチェックする時間はある？
Aya : すみません、Yasuo、もう行かないと。イタリア料理の教室に申し込んであるんです。6回の講習会があって、今夜が初回なんです。7時から始まるんですよ。
Yasuo : イタリア料理か、おもしろそうだね。どこでやるの？
Aya : あのVilla Macaroniです。私の歓迎会をしてくれたレストランですよ。

Skit S181 Words&Phrases W181 Repeating R181

181 料理教室② Yasuoも同行!?

Ayaは興味を持ったYasuoを料理教室に誘う。

Yasuo : Oh, yeah. Is their chef teaching it?
Aya : Yes. If you'd like to attend one session, you can **accompany** me as a guest. That way you don't need to pay for the whole course.
Yasuo : I'd like to, but I can't make it tonight. I have a **pile** of work to finish. When will the next session **take place**?
Aya : In two weeks. Here's a **flyer** with all the information.

0721 □ **accompany** [əkʌ́mpəni] 【動】同行する、伴う

「同伴」することを意味し、人物のほか、料理についてくるものに対しても用いる。

コロケーション **be accompanied by an adult** 大人に同伴される

0722 □ **pile** [páil] 【名】（積み重ねの）山 【動】積み上げる

積み重なっているものを**pile**と呼ぶ。PART 1では、動詞を使った**Some boxes are piled up.**「箱が積み重ねられている」が頻出する。

0723 □ **take place** 行われる、開かれる、起こる

take placeで「開催される、行われる」という意味。PART 3とPART 4の設問文にも頻出する。

0724 □ **flyer** [fláiər] 【名】チラシ、ビラ広告

広告で使うビラのこと。なお、**frequent flyer program**と言えば、航空会社のマイレージプログラムのこと。

【訳】Yasuo : ああ、そうなんだ。そこのシェフが教えるの？
Aya : ええ。参加したければ、1回は招待客として私と一緒に行けますよ。そうすればコース全部の代金を払う必要はないんです。
Yasuo : 行きたいけど、今夜は無理だな。終わらせなきゃいけない仕事が山ほどあるんだ。次の講習会はいつ？
Aya : 2週間後です。このチラシにすべて載っていますよ。

Skit S182 Words&Phrases W182 Repeating R182

182 料理教室③ 受付の手続き

Ayaは料理教室の受付で手続きを済ませる。

Aya : Hi. My name is Aya Otomo. I'm **enrolled** in the cooking workshop. I paid the **fee** by bank transfer two days ago.
Receptionist: Aya Otomo—yes, here's your name. And the **receipt** of your **payment** is confirmed.
Aya : Great.
Receptionist: Here's your name card, Ms. Otomo. Please bring it to each session. Enjoy the class.

0725 □ **enroll** [inróul] 【動】登録する、入学する

enroll (in) ～「～に登録する」で使われる。名詞は**enrollment**「登録」。同じ意味の語句に**register**や**sign up for**「登録する」がある。

派生語 **enrollment**【名】登録、入会

0726 □ **fee** [fí:] 【名】会費、料金、入場料

shipping fee「送料」や**admission fee**「入場料」など、幅広く「料金」を指す。

コロケーション **registration fee** 登録手数料 **additional fee** 追加料金

0727 □ **receipt** [risí:t] 【名】領収書、レシート

レシートのことを**proof of purchase**「購入証明」と言い換えることがある。

派生語 **receive**【動】受け取る **receivable**【名】受け取るべき、支払われるべき

0728 □ **payment** [péimənt] 【名】支払い

payment plan「支払いプラン」や**method of payment**「支払い方法」なども覚えておこう。

派生語 **pay**【動】支払う **payroll**【名】給与支払い業務

コロケーション **make a payment** 支払いをする

【訳】Aya : こんにちは。Aya Otomoです。料理のセミナーに登録しています。料金は銀行振込で2日前に支払いました。
フロント : Aya Otomoさん……はい、こちらにお名前がございます。お支払いいただいたことも確認いたしました。
Aya : よかったわ。
フロント : これ名札です、Otomo様。毎回それをお持ちください。楽しんでくださいね。

Skit S183 Words&Phrases W183 Repeating R183

183 料理教室④ シェフの自己紹介

インストラクターのSayaが簡単に自己紹介をする。

Saya : Ciao, everyone! I'm Saya Nishiwaki, your instructor. Before we start today's session, let me tell you about myself briefly. I was born in New York City. After graduating from the New York Cooking Institute, I traveled abroad and trained at several restaurants in Italy. Then I returned to New York and worked as a chef at Genova restaurant. In 2004 I moved to Tokyo and became head chef at this restaurant. I'm also the author of the cookbook *Yummy Recipe*.

0729 □ **briefly** [bríːfli] 【副】手短に、少しの間

explain briefly「簡単に説明する」のように使われる。形容詞**brief**を使った**brief information**「簡潔な情報」などのフレーズも覚えておこう。

派生語 **brief**【形】短い、簡潔な

0730 □ **graduate** [grǽdʒuət] 【動】卒業する 【名】卒業生

graduated from ABC university「ABC大学を卒業した」のように用いる。また、名詞で「卒業生」という意味がある。

派生語 **graduation**【名】卒業

0731 □ **abroad** [əbrɔ́ːd] 【副】外国で

海外のこと。**overseas**も同じ意味。「海外旅行をする」は、**travel abroad**や**travel overseas**。

コロケーション **travel abroad** 海外旅行をする

0732 □ **author** [ɔ́ːθər] 【名】著者、作家

本に関する話題で登場する。**writer**の同意語である。

【訳】Saya : こんにちは、みなさん！ インストラクターのSaya Nishiwakiです。今日のセッションを始める前に、手短に自己紹介しますね。生まれはニューヨーク市です。New York Cooking Instituteを卒業したあと、海外に行ってイタリアのレストラン何軒かで修業しました。それからニューヨークに戻ってジェノバレストランでシェフとして働き、2004年に東京に来て、このレストランで料理長になったんです。料理の本『おいしいレシピ』の著者でもあります。

184 料理教室⑤ 料理教室の概要

Sayaは、料理教室の概要について簡単に説明する。

Saya : This workshop **consists** of six sessions. Each session is 90 minutes long—**except** for the two-hour final session, in which we'll be serving a buffet dinner with a wide **range** of Italian dishes and wines. It will be a wonderful evening, so please don't miss it! After completing the course, you will receive a special **certificate** and a signed copy of my book.

0733 □ **consist** [kənsíst] 【動】～から成る、構成される

consist of～で「～から構成される」という意味になる。

派生語 **consistency**【名】一貫性 **consistent**【形】首尾一貫した

0734 □ **except** [iksépt] 【前】～以外は

exceptや**except for**～で「～を除いて、～以外」という意味。名詞**exception**を使った、**with the exception of**～「～を除いて」も使われる。

派生語 **exception**【名】例外 **exceptional**【形】並外れた、例外的な

0735 □ **range** [réindʒ] 【名】範囲

a wide range of productsで「幅広い製品」という意味になる。動詞では、**range from A to B**「AからBまで幅広く広がる」のように使われる。

コロケーション **a wide range of** 幅広い～

0736 □ **certificate** [sərtífikət] 【名】証明書、修了証書

certificate「証明書、修了証」は、求人広告やセミナーの案内などで多く使われる。

派生語 **certify**【動】証明する、保証する **certification**【名】証明、保証

【訳】Saya : この料理教室は6回のセッションからなります。2時間の最終回以外は各回90分です。最終回ではさまざまなイタリア料理とワインをそろえたビュッフェ式のディナーが出ますよ。素晴らしい夜になりますのでお楽しみに！ コースを終了したあとには、特別な修了証書とサイン入りの私の本を1冊差し上げます。

Skit S185 Words&Phrases W185 Repeating R185

185 料理教室⑥ イタリア料理の基本

Sayaは、イタリア料理の基本から説明を始める。

Saya : In this course I'll teach you about the cooking of different areas of Italy, and give you useful **tips** for preparing delicious dishes with ease. My own cooking is a mixture of **traditional** and modern styles. I believe the basics are very important, and in our first session we'll **focus** on the most basic of basics—**flavor**. Here you see some familiar flavors in Italian cooking—olive oil, garlic, and basil.

0737 □ **tip** [típ] 【名】ヒント

useful tips「役に立つアドバイス」のように使われる。説明書などに頻出する。

0738 □ **traditional** [trədíʃənl] 【形】伝統的な

traditional food「伝統料理」のように使われる。名詞**tradition**「伝統」や副詞**traditionally**「伝統的に」も覚えておこう。

派生語 **tradition**【名】伝統 **traditionally**【副】伝統的に

0739 □ **focus** [fóukəs] 【動】重点を置く、集中する 【名】重点、焦点

動詞と名詞が同形。**focus on** ～で、「～に集中する」という意味。同じ意味の**concentrate on**～「集中する」も重要。

0740 □ **flavor** [fléivər] 【名】味、風味

食べ物に関する内容で使われ、形容詞の**flavorful**「風味豊かでおいしい」も重要。

派生語 **flavorful**【形】風味豊かでおいしい **flavored**【形】風味を付けた

【訳】Saya : この授業ではイタリアのさまざまな地域の料理と、簡単でおいしい料理を準備するために役立つヒントをお教えします。私自身の料理は伝統的なスタイルと現代的なスタイルが混じり合ったものです。基本が非常に大切だと思いますので、初回は基本中の基本である「風味」に重点を置きます。ご覧ください、イタリアの料理における身近な風味のいくつかです。オリーブオイル、にんにく、それにバジルです。

Skit S186 Words&Phrases W186 Repeating R186

186 料理教室⑦ Ayaの質問

Ayaはオリーブオイルの量についてSayaに質問する。

Saya : Are there any questions?
Aya : Yes. Some recipes don't say how much olive oil to use. Is there a general rule I can follow?
Saya : If you're cooking meat or vegetables, it depends on the quantity. For example, for two pieces of meat or fish, or a large portion of vegetables, you'll probably need about 30 cc of oil. But if you're pouring olive oil on a salad, it just depends on how much you like olive oil.
Aya : I see. Thank you.

0741 □ **follow** [fálou] 【動】従う

follow the rule「規則に従う」や、**follow the sign**「看板に従う」のようにも使われる。

コロケーション **follow the rule** 規則に従う

0742 □ **quantity** [kwɑ́ntəti] 【名】量、大量

quality「質」とセットで覚えておこう。注文書などで、個数を表す場合にも使われる。

0743 □ **piece** [píːs] 【名】1切れ、1つの

a piece of office equipment「事務用品のひとつ」のように、個数を表す時に用いられることが多い。

0744 □ **portion** [pɔ́ːrʃən] 【名】部分、1部

small portion of ～「～のほんの一部」という表現も覚えておこう。

【訳】Saya : 何かご質問はありますか？
Aya : はい。レシピによってはどれくらいの量のオリーブオイルを使うか書いてないものがあります。参考になるおおまかなルールはありますか？
Saya : 肉や野菜の料理であれば、その量によりますね。たとえば2切れの肉や魚、大盛りの野菜には約30ccのオイルが必要でしょう。しかし、サラダにオリーブオイルをかける場合は、オリーブオイルをどれくらい好きかによります。
Aya : わかりました。ありがとうございます。

Skit S187 Words&Phrases W187 Repeating R187

187 料理教室⑧ 終了のあいさつ
Sayaは、次回以降の注意事項を参加者に伝える。

Saya : Well, it's time to finish up this session. I hope you've found it interesting and enjoyable. By the way, the workshop schedule is **posted** on the **bulletin board** by the door. There are extra flyers, too, in case you don't have one. Please **note** that the session time is **subject** to change, so you should call or check the website on the day of each session. Thanks for coming tonight, and I look forward to seeing you next time!

0745 □ **post** [póust] 【動】掲示する、転属させる

post a notice「お知らせを貼る」として頻出。人物について使われる場合は、**be posted overseas**「海外に配属される」のように使われる。

コロケーション **post an advertisement** 広告を掲載する

0746 □ **bulletin board** 掲示板

posted on the bulletin board「掲示板に貼られている」のような表現が多い。

0747 □ **note** [nóut] 【動】注目する、心にとめる

Please note that～「～ということに注意してください」で頻出。

0748 □ **subject** [sʌ́bdʒikt] 【形】被る可能性がある、～になることがある

be subject to ＋名詞で、「(名詞)の対象となる」という意味。**be subject to change without notice**「予告なく変更の対象となる」で頻出。

コロケーション **be subject to change** 変更の対象となる

【訳】Saya ：では、今日のセッションは終了です。おもしろくて楽しんでいただけたのであればいいのですが。ところで、料理教室の予定はドアの横の掲示板に貼り出してあります。お手元にない場合に備えて予備のチラシも用意しています。セッションの時間は変更される場合がありますから注意してください。各回の当日に電話するかウェブサイトでご確認いただければと思います。今夜はお越しいただき、ありがとうございました。また次回、お会いするのを楽しみにしています！

Skit S188 Words&Phrases W188 Repeating R188

188 Martin の転任① シドニー支社の営業部員

Mikiはシドニー支店からMartinという営業部員が転属してくることを伝える。

Miki : Next week a sales representative from the Sydney branch will be transferred here. His name is Martin Freeman, and he is going to work with us.

Yasuo: Oh, I met him at last year's sales conference for the Asia-Pacific region.

Miki : He is a diligent worker who specializes in market research.

0749 □ **transfer** [trænsfə́ːr] 【動】転勤させる、移す

人事関係で、**be transferred to the headquarters**「本社に転勤になる」のように使われる。

0750 □ **region** [ríːdʒən] 【名】地域、地方

形容詞の**regional**は、**regional manager**「地域マネージャー」や**regional bus service**「地域のバスサービス」のように用いられる。

派生語 **regional**【形】地域の、地方の

0751 □ **diligent** [dílədʒent] 【形】勤勉な、熱心な

diligent worker「勤勉な労働者」などで使う。副詞**diligently**「一生懸命に」も頻出。

派生語 **diligently**【副】一生懸命に **diligence**【名】勤勉

0752 □ **specialize** [spéʃəlàiz] 【動】専門にする、専攻する

specialize in office equipment「オフィス機器を専門とする」のように使われる。

派生語 **specialist**【名】専門家 **specialization**【名】専門

【訳】Miki ：来週、シドニー支店から営業部員がここに異動してくるわよ。名前はMartin Freeman。私たちと一緒に働くことになるわ。

Yasuo ：ああ、昨年のアジア太平洋地域の販売会議で会いました。

Miki ：市場調査が専門の勤勉な社員よ。

Skit S189　Words&Phrases W189　Repeating R189

189 Martinの転任②　Martinの自己紹介

Mikiから紹介を受けたMartinは、日本の営業部員たちにあいさつをする。

Miki: Everyone, this is Martin Freeman. He's just transferred here from the Sydney branch. He is here to help us handle the increasing **workload**, and also to **conduct** market research. Welcome, Martin.

Martin: Thanks, Miki. I'm happy to be here. I heard that your branch has increased its sales by 15 percent over the past year, and I'm very **eager** to know the secret of your success. I'm **looking forward to** working with all of you.

0753 □ **workload** [wə́:rklòud]　【名】作業量、仕事量

reduce workload「仕事量を減らす」のように使われる。

0754 □ **conduct** [kəndʌ́kt]　【動】行う

conduct a survey「調査を行う」や**conduct an interview**「面接を行う」のようにフレーズで覚えておきたい単語。

コロケーション **conduct a study**　研究を行う

0755 □ **eager** [í:gər]　【形】熱望している、熱心な

be eager to～「～したい」として使われることが多い。名詞は**eagerness**「熱心さ」。

派生語 **eagerness**【名】熱心さ　**eagerly**【副】熱心に

0756 □ **look forward to**　～を楽しみにして待つ

手紙やメールの結びで、**look forward to seeing you**「お会いできるのを楽しみにしています」が使われることが多い。**to**の後ろには、名詞または動名詞がくる。

【訳】Miki　：みなさん、こちらがMartin Freeman。シドニー支店からここに異動してきたところです。増え続けている私たちの仕事を応援するためと、市場調査を行うために来てくれました。ようこそ、Martin。

Martin　：ありがとう、Miki。ここに来られたことをうれしく思っています。みなさんの支店はこの1年で15パーセント売り上げを伸ばしていると聞いて、成功の秘訣をぜひ知りたいと思っています。みなさんと一緒に働くのが楽しみです。

Skit S190 Words&Phrases W190 Repeating R190

190 Martin の転任③ Yasuo と Martin の会話
Martinを以前から知るYasuoは旧交を温める。

Yasuo : Hi, Martin. It's good to see you again, and it's great to finally be working with you. We've needed a market researcher for a while and I'm told you're one of the best in your **field**.

Martin : Great to see you, too. I hear things are pretty busy here these days.

Yasuo : Yeah. We try to **divide** up the work equally, but **despite** that, we all have to work late quite often.

Martin : Well, I'm **willing** to do whatever's needed.

0757 □ **field** [fiːld] 【名】分野

求人広告などで、**experience in a related field**「関連分野での経験」として提示される。

0758 □ **divide** [diváid] 【動】分ける、分配する

divide A into B「AをBに分類する、分ける」のようにも用いる。

0759 □ **despite** [dispáit] 【前】～にも関わらず

前置詞のため、後ろには名詞句をとる。**in spite of**「～にも関わらず」は同意語。

同意語 **in spite of** ～にも関わらず

0760 □ **willing** [wíliŋ] 【形】いとわない、かまわない

be willing to ～「～する気がある」で頻出する。

【訳】Yasuo : やあ、Martin。また会えてうれしいよ。ついに一緒に働くことができるなんてすごいな。市場調査員がしばらく必要なんだけど、この分野ではきみがトップクラスだと言われているよ。

Martin : ぼくもまた会えてうれしいよ。最近、ここはかなり忙しいらしいね。

Yasuo : ああ。均等に仕事を分担しようとしているんだけど、それにもかかわらず、遅くまで働かなければならないことがかなり頻繁にあるんだ。

Martin : なら、必要なことなら何でもするよ。

Skit S191 Words&Phrases W191 Repeating R191

191 銀行口座の開設① Martin の口座

Martinは、銀行口座を開設するために銀行の職員に質問をする。

Martin: Hello. I'd like to open an **account**.

Clerk : Will this be a **personal savings** account?

Martin: Yes. How much do I need to put in at first?

Clerk : You can **deposit** as little as one yen.

0761 □ **account** [əkáunt] 【名】口座、報告、説明

銀行での会話で、**open an account**「口座を開く」として頻出。

コロケーション **open an account** 口座を開く

0762 □ **personal** [pə́ːrsənl] 【形】個人の、個人的な

personal account「個人アカウント」などで使われる。同意語に**individual**がある。

派生語 **personally**【副】個人的には、個人的に

0763 □ **savings** [séiviŋz] 【名】貯金、預金、節約

銀行の話題では、**savings account**「普通預金口座」が頻出する。

派生語 **save**【動】貯金する、蓄える

0764 □ **deposit** [dipázit] 【動】預金する、預ける 【名】預金、保証金

前金や預金などのお金のこと。名詞と動詞が同形。名詞では**make a deposit**「預金する」のように使われる。

コロケーション **deposit 100 dollars** 100ドル預金する

【訳】Martin：こんにちは。口座を開きたいのですが。
Clerk：個人預金口座でしょうか？
Martin：はい。最初にどのくらい入金する必要がありますか？
Clerk：最低1円から預金できます。

Skit S192 Words&Phrases W192 Repeating R192

192 銀行口座の開設② 身分証明書の提示

Martinは、身分証明書としてパスポートを提示する。

Martin: Well, I think I'd like to put in fifty thousand yen.
Clerk : Certainly. May I see your ID?
Martin: Yes, here's my passport. It **expires** this year. Is that okay?
Clerk : It's fine. And can you **fill out** this **form**? Please write the deposit **amount** here.

0765 □ **expire** [ikspáiər] 【動】有効期限が切れる

expire on January 31「1月31日に期限が切れる」のように用いられる。名詞 **expiration**「期限切れ」も頻出し、**expiration date**「有効期限」のように使われる。

派生語 **expiration**【名】終了、満期

0766 □ **fill out** 必要事項をすべて記入する

fill out the form「用紙に記入する」のように使われる。なお、**complete the form** といっても同じ意味。

コロケーション **fill out the questionnaire** アンケートに記入する

0767 □ **form** [fɔ́:rm] 【名】用紙、形、タイプ

submit the form「用紙を提出する」のように使われる。

コロケーション **fill in the form** 用紙に必要事項を記入する

0768 □ **amount** [əmáunt] 【名】量

a large amount of～「大量の～」や**a small amount of**～「少量の～」のように使う。数の場合は、**a large number of**～「多数の～」や**a small number of**～「少数の～」となることも覚えておこう。

【訳】Martin：では5万円を預金したいと思います。
Clerk：かしこまりました。身分証明書をお持ちですか?
Martin：はい、私のパスポートです。今年、有効期限が切れますが大丈夫でしょうか?
Clerk：大丈夫です。それではこちらの書類にご記入いただけますか? ここに預金される金額をお書きください。

Skit S193 Words&Phrases W193 Repeating R193

193 銀行口座の開設③ ATMについて

Martinは、ATMの利用限度額について質問する。

Clerk : We'll send your ATM card by mail in a few days, Mr. Freeman.
Martin: Okay. By the way, how much can I withdraw from an ATM at one time?
Clerk : Up to 500,000 yen. You can also use ATMs to transfer funds or check the balance in your account.
Martin: I see. Thank you.

0769 □ **mail** [méil] 【名】郵便物 【動】郵送する

by mailといえば、郵便で送ること。動詞で用いて、**mail a letter**「手紙を送る」という言い方もある。

コロケーション **internal mail** 社内郵便

0770 □ **withdraw** [wiðdrɔ́ː] 【動】引き出す、撤退する

銀行関係であれば「(お金を)引き出す」という意味。**withdraw the product**のように商品について用いられると、「(市場から)商品を引き揚げる」となる。

派生語 **withdrawal**【名】引き出し、撤退、脱退

0771 □ **fund** [fʌ́nd] 【名】資金、財源

fund raisingと言えば、「募金、資金集め」のこと。

0772 □ **balance** [bǽləns] 【名】残高、安定

check the balanceで「残高を確認する」という意味になる。

コロケーション **balance due** 差額、不足額

【訳】Clerk ：近日中に郵便でATMカードをお送りいたします、Freeman様。
Martin：わかりました。ところで、ATMでは一度にいくら引き出せますか？
Clerk ：最高50万円です。お金の移動や口座の残高照会にもATMをご利用いただけます。
Martin：わかりました。ありがとう。

Skit S194　Words&Phrases W194　Repeating R194

194 重要な取引① Miki の依頼
Yasuo は Miki から重要な取引を任される。

Miki : Do you remember I said there were some important clients coming in for a meeting next week?
Yasuo : The people from that chain of department stores in Kyushu, right?
Miki : Yes. Normally I'd take care of it, but I don't have time, so I want you to **coordinate the transaction**. Think you'll be able to **cope with** it?
Yasuo : Don't worry, you can **count on** me.

0773 □ **coordinate** [kouɔ́:rdənèit] 【動】調整する、調整させる

coordinator といえば、ファッションに関する人だけでなく、イベント等の調整役や進行役の意味もある。

派生語 **coordinator**【名】調整役、コーディネーター　**coordination**【名】整合、協調

0774 □ **transaction** [trænsǽkʃən] 【名】取引

business transaction と言えば「商取引」のこと。銀行関係で **transaction** といえば、預金・引出などの「(一般的な)処理」を指すことが多い。

派生語 **transact**【動】(取引・業務などを) 行う

0775 □ **cope** [kóup] 【動】うまく対処する、切り抜ける

cope with ～で「～に対処する」となる。**deal with** ～も同じ意味。

0776 □ **count on** 頼る、当てにする

count on you「あなたを頼りにする」のように用いる。同じ意味の語句として、**depend on** や **rely on** も重要。

【訳】Miki : 来週、大切なお客さまが打ち合わせに来社されると言ったのを覚えてる?
Yasuo : 九州の百貨店チェーンの人たちですよね?
Miki : ええ。通常だと私が応対するところなんだけど、時間がないので、その取引をうまくまとめてほしいのよ。やれるかしら?
Yasuo : 心配いりません。任せてください。

Skit S195 Words&Phrases W195 Repeating R195

195 重要な取引② Yasuoの不安

Martinは取引について不安になっているYasuoを元気づける。

Martin: Good luck with the transaction, Yasuo.
Yasuo: Thanks. I'm actually a bit worried about it. They're **valued** clients, so it's **crucial** that I succeed in **renewing** this contract.
Martin: Putting you in charge of something like this means that Miki is **satisfied** with your work and knows she can rely on you.

0777 □ **valued** [vǽljuːd] 【形】重要な、大切な

valued customers「大切なお客様、お得意様」で頻出。PART 5の品詞問題で**valued**が問われることもある。

派生語 **value**【名】価値 【動】(高く) 評価する

0778 □ **crucial** [krúːʃəl] 【形】決定的な、重要な

critical「決定的な、非常に重要な」も同様に使われる。**important**「重要な」の同意語。

0779 □ **renew** [rinjúː] 【動】更新する、再開する

契約などに対して使われ、**renew the contract**「契約を更新する」のように用いる。

派生語 **renewal**【名】再開、復活、更新

0780 □ **satisfied** [sǽtisfàid] 【形】満足した

be satisfied with～「～に満足している」で覚えておくこと。名詞は**satisfaction**「満足」。

派生語 **satisfy**【動】満足させる **satisfaction**【名】満足 (感)

【訳】Martin：取引がうまくいくといいな、Yasuo。
Yasuo：ありがとう。実は少し心配でね。大切な得意先だから、契約の更新に成功することができるかどうかはかなり重要なことなんだ。
Martin：こういったことを任せるのはMikiがきみの仕事ぶりに満足していて、頼れるとわかっているということだよ。

Skit S196 Words&Phrases W196 Repeating R196

196 在庫不足① サンプルが少ない！

AyaはYasuoにJuicy Fragranceのサンプルの残りが少ないと伝える。

Aya : It looks like we need some more free samples of Juicy Fragrance to send clients. Could you tell me where we **store** them?

Yasuo: Yes. Check the **storage** room next door. There's usually a **shelf** full of samples.

Aya : I did, but there are only a few left in there.

Yasuo: Oh. In that case I'll call and get more in **stock**.

0781 □ **store** [stɔ́ːr] 【動】保管する、蓄える

store the items「商品を貯蔵する」のように用いる。

コロケーション **store the materials** 資料を保管する

0782 □ **storage** [stɔ́ːridʒ] 【名】保管、貯蔵

storage roomといえば、「収納室」のこと。動詞は**store**「貯蔵する、保管する」。

0783 □ **shelf** [ʃélf] 【名】棚

店の会話で、**stock the shelf**といえば、「棚に商品を補充する」という意味。

コロケーション **stock the shelf** 棚に商品を補充する

0784 □ **stock** [sták] 【名】在庫、蓄え 【動】在庫を置く

商品について用いられ、**in stock**「在庫がある」や**out of stock**「在庫切れ」となる。動詞で、「在庫を置く」という意味もある。

コロケーション **out of stock** 在庫切れ

【訳】Aya : クライアントに送るJuicy Fragranceの無料サンプルがもっと必要みたいなんですが、どこに置いてあるか教えていただけますか？

Yasuo : ああ。隣の収納室を確認してみて。いつもサンプルでいっぱいの棚があるんだ。

Aya : 確認したんですが、少ししか残っていませんでした。

Yasuo : えー。それなら、電話してもっと多くの在庫を入れよう。

Skit S197 Words&Phrases W197 Repeating R197

197 在庫不足② サンプルが到着

Yasuoは、Juicy Fragranceのサンプルを搬入するために玄関に向かう。

Miki : Hi, Yasuo. A large shipment of Juicy Fragrance samples just arrived. There is a van parked by the **entrance**, and the delivery guy is **unloading** boxes and **stacking** them up. He seems to need some help, so could you go down and **give** him **a hand**?

Yasuo : Sure. I could use a little exercise. Maybe you should ask Martin, too.

Miki : That's a good idea.

0785 □ **entrance** [éntrəns] 【名】入り口

the main entranceで「正面玄関」という意味。ちなみに「出口」は**exit**である。

0786 □ **unload** [ʌ̀nlóud] 【動】荷物を降ろす

PART 1で、**unload some boxes**「箱を降ろしている」として頻出。反意語の**load**を使った**load some boxes onto the truck**「トラックに箱を載せている」も重要。

コロケーション **unload a truck** トラックから荷物を降ろす

0787 □ **stack** [stǽk] 【動】積み重ねる 【名】積み重ね、山

箱などが積み重なっている状態を**be stacked**といい、PART 1で頻出。同意語に**be piled up**「積み重なっている」もある。なお、「書類を積み重ねた束」も名詞で**stack**と表せる。

派生語 **stacked**【形】積み重なった

0788 □ **give a hand** 手伝う、手を貸す

Could you give me a hand?「手伝っていただけませんか」のように使われる。PART 2とPART 3で頻出。

【訳】Miki : ねえ、Yasuo。Juicy Fragranceの大量のサンプルがいま届いたわ。玄関にトラックが停まっていて、運送会社の人が箱を降ろして積み重ねているの。助けが必要みたいなんだけど、降りて行って手伝ってくれないかしら？

Yasuo : もちろんです。少し運動ないとね。Martinにも頼むといいかもしれません。

Miki : それはいい考えだわ。

Skit S198 Words&Phrases W198 Repeating R198

198 カフェの開店① カフェの場所は？

Mikiは新しくオープンしたカフェについてAyaに知らせる。

Miki : Do you know there's a newly opened Sweet Donut Café in the neighborhood?
Aya : Really? Where is it?
Miki : On the opposite side of the station. You remember the construction site for the new commercial building, right?
Aya : Oh, that stylish building with glass walls?

0789 □ **newly** [njúːli] 【副】最近、近ごろ

newly developed product「新たに開発された製品、新製品」のようにも使われる。

派生語 **new**【形】新しい

0790 □ **opposite** [ápəzit] 【形】正反対の、反対側の

opposite direction「反対方向」のように使う。動詞は**oppose ～ing**「～することに反対する」のように用いる。

0791 □ **site** [sáit] 【名】敷地、現場、場所

placeや**location**の同意語であり、**construction site**「工事現場」のように用いられる。

コロケーション **construction site** 工事現場

0792 □ **commercial** [kəmə́ːrʃəl] 【形】商業の、商取引の

for commercial purposeと言えば､「商業目的」のこと。名詞は**commerce**「商業」。

派生語 **commerce**【名】商業 **commercially**【副】商業上は

【訳】Miki : 近所に新しくオープンしたSweet Donut Caféがあるのを知ってる？
Aya : 本当ですか？ どこですか？
Miki : 駅の反対側よ。新しい商業ビルの建設現場を覚えているでしょ？
Aya : ああ、ガラス張りのあのおしゃれなビルですか？

Skit S199 Words&Phrases W199 Repeating R199

199 カフェの開店② Miki の提案

Mikiは営業部員たちにドーナツを買ってこようと提案する。

Miki : Yeah. The café **occupies** the first floor.
Aya : I hear their donuts are so good that there are always a lot of people **waiting in line**.
Miki : That's true, but it's worth the wait. Why don't we go over there during the lunch break and get a **dozen** donuts for everyone?
Aya : That's a good idea. Maybe we can **cheer** up our colleagues with donuts.

0793 □ **occupy** [ákjupài] 【動】占める

PART 1で**The table is occupied.**「テーブルは使用中である」が頻出する。使っていない場合は、**be unoccupied**である。

派生語 **occupancy**【名】入居、占有

0794 □ **wait in line** 列を作って待つ

PART 1で頻出する表現。列に関する表現としては、**in a row**「1列に」も覚えておこう。

0795 □ **dozen** [dʌ́zn] 【名】1ダース

ダース（12個）のこと。発音に注意しよう。また、**a dozen pens**を**twelve pens**と言い換えることもある。

0796 □ **cheer** [tʃíər] 【動】応援する、元気づける 【名】声援、喝采

名詞と動詞が同形。「声援」や「声援を送る」を意味する。形容詞**cheerful**「朗らかな」も覚えておこう。

派生語 **cheerful**【形】機嫌のいい、朗らかな

【訳】Miki : ええ。カフェは1階よ。
Aya : そこのドーナツはとてもおいしいので、いつも大勢の人が並んで待っているそうですね。
Miki : そうなのよ。でも待つ価値はあるわ。昼休みに行って、みんなにドーナツを1ダース買わない？
Aya : それはいいですね。ドーナツでみんなを元気づけられるかもしれませんね。

Skit S200 Words&Phrases W200 Repeating R200

200 携帯電話の故障① Martinの携帯電話に異変

Martinは携帯電話のボタンが反応しなくなったため、カスタマーサービスに電話する。

Clerk : HardBank, Customer Service.
Martin : Hello. My name is Martin Freeman. I've been using one of your **mobile** phones for three months and there seems to be something wrong with it. Nothing happens when I **press** the buttons.
Clerk : I'm sorry to hear that, sir. When did you first **notice** the problem?
Martin : This morning. I'm wondering if it's **defective**.

0797 □ **mobile** [móubəl] 【形】携帯式の、移動式の

mobile phone「携帯電話」が頻出。なお、**cell phone**も同じく「携帯電話」という意味。

0798 □ **press** [prés] 【動】押す 【名】新聞・雑誌、報道陣

media「メディア」の同意語として使うこともある。**press conference**「記者会見」も重要。

コロケーション **press conference** 記者会見

0799 □ **notice** [nóutis] 【動】気づく 【名】掲示、注目

名詞では、**post a notice**「お知らせを掲示する」や**advance notice**「事前の通知」で頻出する。**notice board**「掲示板」も覚えておこう。

0800 □ **defective** [diféktiv] 【形】欠陥のある

defective item「不良品」が頻出。

派生語 **defect**【名】欠陥、不備

【訳】Clerk : HardBankのカスタマーサービスです。
Martin : もしもし、私はMartin Freemanといいます。貴社の携帯電話を3カ月間使っていますが、どうも不具合があるようです。ボタンを押しても何も反応しません。
Clerk : 申し訳ございません。その問題に最初に気づかれたのはいつでしょうか?
Martin : 今朝です。不良品でしょうか。

Skit S201 Words&Phrases W201 Repeating R201

201 携帯電話の故障② 携帯電話の交換

Martinは保証期間内であれば、携帯電話の交換が可能だと説明を受ける。

Clerk : I'll check to see if similar problems have been reported. Could you tell me the number of the model and the date of purchase, please?

Martin: It's a PTA-920. I bought it last Christmas Eve, so December 24.

Clerk : Actually, there have been some similar cases with regard to this product. We are currently offering alternative phones to customers who have a warranty that is still valid.

0801 □ **with regard to** ～に関しては

前置詞**about**「～について」の同意語。同種の表現に、**regarding**や**concerning**がある。

コロケーション **with regard to your order** ご注文に関しまして

0802 □ **alternative** [ɔːltə́ːrnətiv] 【形】代わりの 【名】選択肢

alternative venue「代わりの場所」などのように使われる。

派生語 **alternatively**【副】その代わりに

コロケーション **alternative plan** 代わりの計画

0803 □ **warranty** [wɔ́ːrənti] 【名】保証、保証書

under warrantyといえば、「保証期間中」となる。

コロケーション **under warranty** 保証期間中

0804 □ **valid** [vǽlid] 【形】有効な

カードやチケット、保証サービスなどに用いられる。反意語は**invalid**「無効な」である。関連する動詞**expire**「有効期限が切れる」も覚えておこう。

コロケーション **valid one year from the date of purchase** 購入日から1年有効

【訳】Clerk : 同様の問題が報告されていないか確認いたします。そのモデルの番号と購入日を教えていただけますか？

Martin : PTA-920です。この前のクリスマスイブに買ったので12月24日ですね。

Clerk : 実はこの製品に関しまして、何件か同様の事例がございました。現在、有効な保証期間内のお客様に代替品をご提供しております。

Skit S202 Words&Phrases W202 Repeating R202

202 携帯電話の故障③　交換はどこで？

Martinはどこで交換対象の最新モデルを受け取ることができるのか質問する。

Martin: Oh, I'm relieved to hear that. I bought it at an electrical appliance store. Can I get the alternative phone there?

Clerk : Yes. Or you can get it at your nearest HardBank shop. You will be provided with one of our newest models. That's our company's policy.

0805 □ **relieve** [rilíːv] 【動】和らげる

relieve the pain「痛みを和らげる」のように用いる。**be relieved**で「安心して」という意味もある。

コロケーション **relieve stress** ストレスを緩和する

0806 □ **appliance** [əpláiəns] 【名】器具

electric appliance「電化製品」のように使われることが多い。なお、**appliance**のみでも「電化製品」を意味する。

0807 □ **provide** [prəváid] 【動】提供する、もたらす

provide you with information「あなたに情報を提供する」のように用いる。求人広告に頻出する**provide opportunities**「機会を提供する」も重要。

コロケーション **provide information** 情報を提供する

0808 □ **policy** [pɑ́ləsi] 【名】方針、政策

insurance policy「保険証書」や**policy change**「方針転換」などの用語でも覚えておこう。

コロケーション **insurance policy** 保険証書

【訳】Martin：ああ、それを聞いて安心しました。それを買ったのは電器店です。そこで代わりの電話を受け取れますか？

Clerk：はい。もしくは、最寄りのHardBankの店舗でお受け取りいただけます。最新モデルのどれかをご提供させていただきます。それが弊社の方針となっております。

Skit S203 Words&Phrases W203 Repeating R203

203 問い合わせの電話① 女性からの電話

Ayaは新製品について女性からの問い合わせの電話を受ける。

Aya : Wonder Perfume, sales department.
Woman: Hello. I tried your Juicy Fragrance at a department store, and I loved it. It smells **fantastic** and the price is **consumer**-friendly.
Aya : I'm happy to hear you say that. We always appreciate **positive feedback** from our customers.

0809 □ **fantastic** [fæntǽstik] 【形】すばらしい

That's fantastic!「素晴らしいですね！」のように感想を伝える際に使うことも多い。

0810 □ **consumer** [kənsúːmər] 【名】消費者

動詞**consume**「消費する」や名詞**consumption**「消費」も頻出する。なお、消費税は**consumption tax**という。

派生語 **consume**【動】消費する **consumption**【名】消費（量）

0811 □ **positive** [pázətiv] 【形】肯定的な、確信している、好ましい

商品の感想などについて、**receive positive feedback**「肯定的な評価を受ける」のように使われる。

0812 □ **feedback** [fíːdbæk] 【名】意見、反応

positive feedback「よいフィードバック」で頻出する。

【訳】Aya : Wonder Perfume営業部でございます。
女性 : もしもし、デパートでおたくのJuicy Fragranceを試してみたんだけど、とても気に入ったわ。すばらしい香りだし、消費者が手軽に買える値段ね。
Aya : そうおっしゃっていただけてうれしいです。お客様からの好意的なご意見にはいつも感謝しております。

Skit S204 Words&Phrases W204 Repeating R204

204 問い合わせの電話② 香水の対象年齢は？

Ayaは、Juicy Fragranceの対象年齢に関して女性から質問を受ける。

Woman: But I have a question. A store **clerk** told me that the product is aimed at teenagers and people in their twenties. I'm 45, so I'd like to know if you think it's **appropriate** for me to wear the perfume. Would I smell too young for my age?

Aya : Oh no, not at all. We did intend to **attract** younger people and **expand** our market with this reasonably priced perfume, but we believe Juicy Fragrance is appropriate for all ages—so please feel free to wear it!

0813 □ **clerk** [klə́ːrk] 【名】店員、販売員

shop clerk「店員」や**office clerk**「事務員」のように細かく分類することもある。形容詞は**clerical**「事務の」である。

派生語 **clerical**【形】事務の

0814 □ **appropriate** [əpróupriət] 【形】適当な、ふさわしい

appropriate decision「適切な決定」や**be appropriate for**～「～にふさわしい」のように用いる。

派生語 **appropriately**【副】ふさわしく

0815 □ **attract** [ətrǽkt] 【動】引きつける、魅了する

attract one's attention「～の注意をひきつける」のように用いる。また、形容詞の**attractive**「魅力的な」も重要。

派生語 **attractive**【形】魅力的な **attraction**【名】魅力を感じること

0816 □ **expand** [ikspǽnd] 【動】拡大する、展開する

市場やビジネスの拡大などに使われる。名詞**expansion**「拡大」も重要。

派生語 **expansion**【名】拡大

【訳】女性 : お聞きしたいことがあるんですが。店員にその商品はティーンエイジャーや20代を対象にしていると言われたんです。私は45歳なもので、その香水がふさわしいかどうか知りたいんです。年のわりに若すぎる香りかしら？

Aya : とんでもございません。お求めやすい価格の香水として若い年代にアピールし、弊社の市場の拡大を意図してはおりますが、Juicy Fragranceはあらゆる世代にふさわしいと思っております。ですからためらわずにお使いください！

Skit S205 Words&Phrases W205 Repeating R205

205 問い合わせの電話③ Aya の対応

Ayaの返答に女性は満足して、香水の購入を検討すると伝える。

Woman: Oh, that's what I wanted to hear. I read the **description** in the store display and it didn't **mention** age, but I just want to be sure that people won't think the fragrance is too young for me.

Aya : I'm sure that won't be a problem. I **regret** that you hesitated to buy Juicy Fragrance because of its image. Actually, I would **encourage** you to try any of our fragrances.

Woman: Okay. Thank you. I'll definitely buy it!

0817 □ **description** [diskrípʃən] 【名】記述、説明、描写

job descriptionといえば、求人広告に見られる「職務内容の説明」のこと。

0818 □ **mention** [ménʃən] 【動】言及する

同意語に**describe**「詳しく説明する」や**state**「述べる」がある。

0819 □ **regret** [rigrét] 【動】後悔する、悔やむ

We regret to inform you that～「残念ですが～をお知らせいたします」のように、使われることも多い。

派生語 **regrettably**【副】残念ながら、あいにく

0820 □ **encourage** [inkə́:ridʒ] 【動】励ます、促す

be encouraged to attend「出席が奨励されている」のように使われることが多い。

【訳】女性 : ああ、その言葉が聞きたかったのよ。店に飾られていた説明書きを読んだんですが、年齢のことは書いてなかったもので。その香水が私にとって若すぎると思われないか確かめたかったんです。

Aya : それはお悩みになる問題ではりません。お客様がそのイメージのためにJuicy Fragranceの購入をためらわれたのでしたら申し訳なく思います。弊社のいずれの香水でも、ぜひお試しいただきたいと思います。

女性 : わかりました。ありがとうございます。絶対に買うわ！

Skit S206 Words&Phrases W206 Repeating R206

206 落ち込む Aya ① クレームの電話

Ayaは男性からのクレームの電話を受けて落ち込む。

Yasuo : What's wrong, Aya? You look really **upset**.
Aya : I was just talking to a customer on the phone, and he asked for a **refund** for the fragrance he bought.
Yasuo : Why was he **dissatisfied** with the product?
Aya : He said that his girlfriend broke up with him because he wore that fragrance. When I explained that we cannot give him a refund for that kind of reason, he **suddenly** got really angry and shouted at me.

0821 □ **upset** [ʌpsét] 【形】動揺した、気落ちした

be upsetで、「動揺する」のほか「イライラする」という意味で用いられることもある。

0822 □ **refund** [rifʌ́nd] 【名】払い戻し金、返金

get a full refund「全額返金をもらう」のように用いる。

コロケーション **full refund** 全額返金

0823 □ **dissatisfied** [dissǽtistisfàid] 【形】不満な、不満を抱いている

dissatisfied customerで「不満を持つ顧客」となる。なお、「満足している顧客」は、**satisfied customer**である。

0824 □ **suddenly** [sʌ́dnli] 【副】突然、急に

形容詞を用いた**sudden change**「突然の変更」や**sudden decline**「突然の減少」も重要だ。

派生語 **sudden**【形】突然の、急な

【訳】
Yasuo ：どうしたの、Aya？ かなり動揺しているようだけど。
Aya ：電話でお客様と話していたんですが、購入した香水の返金を要求されました。
Yasuo ：なんで商品に不満があったの？
Aya ：その香水をつけていたから、彼女にふられたというんです。そういった理由では返金しかねることを説明したら、突然激怒されてどなりつけられました。

Skit S207 Words&Phrases W207 Repeating R207

207 落ち込むAya ② Yasuoのアドバイス

Yasuoは気落ちするAyaにアドバイスをする。

Yasuo : What did he say?
Aya : He said he would never buy any of our products again. Then he **hung** up the phone.
Yasuo : Oh, that's **terrible**. I can see why you feel so **disappointed**. But customer complaints are something we have to deal with on a daily **basis**, and I'm sure you'll learn how to handle them. The important thing is to stay calm.
Aya : Okay. Thank you for your advice, Yasuo.

0825 □ **hang** [hæŋ] 【動】掛ける、ぶら下がる

hang up a telephoneで「電話を切る」という意味。**hanging on the wall**「壁にかかっている」はPART 1で頻出。

0826 □ **terrible** [térəbl] 【形】ひどい、最悪の

terrible weather「ひどい天気」や**feel terrible**「ひどい気分である」のように、天気や気分について用いることが多い。

0827 □ **disappointed** [dìsəpɔ́intid] 【形】がっかりした、失望した

同じ形容詞の**disappointing**は、**disappointing result**「期待はずれの結果」などのように用いる。

派生語 **disappointing**【形】がっかりさせる、期待はずれの
disappoint【動】がっかりさせる、失望させる **disappointment**【名】失望

0828 □ **basis** [béisis] 【名】～的に、根拠

on the first-come, first served basisで「先着順で」という意味になる。

派生語 **base**【名】土台、基礎 【動】本拠地を置く

【訳】Yasuo : 彼は何と言ったの？
Aya : 二度とうちの商品は買わないと言って、電話を切りました。
Yasuo : ああ、それはひどいね。落ち込むのもわかるよ。でも、毎日お客様の苦情に対応しなければならないんだから、対処の方法はわかるようになるよ。大切なのは冷静なままでいることだからね。
Aya : わかりました。アドバイスをありがとう、Yasuo。

Skit S208　Words&Phrases W208　Repeating R208

208 カスタマーサービスの新設①　営業部の現状

Mikiは最近の営業部の状況をJeffに説明する。

Miki　: Hi, Jeff. Can I talk to you for a sec?
Jeff　: Sure. Let me guess. You want me to recruit more staff, don't you?
Miki　: Exactly! We've been getting a lot of calls from customers recently, and I realized that we spend many of our working hours handling customers' inquiries.
Jeff　: And in these circumstances you can't concentrate on what you're supposed to do, right?

0829 □ **recruit** [rikrúːt]　【動】採用する　【名】新人

動詞で使うと「求人募集をしている」ことを表す。なお、**recruit**を名詞として使った**new recruit**は「新入社員」の意味。

派生語 **recruitment**【名】新人募集、新規採用

0830 □ **inquiry** [inkwáiəri]　【名】問い合わせ、質問

question「質問」のフォーマルな言い方。**respond to inquiries**「問い合わせに応える」のように用いられる。

派生語 **inquire**【動】尋ねる

0831 □ **circumstance** [sə́ːrkəmstæ̀ns]　【名】状況、事情、事態

「状況」や「環境」の同意語として、**environment**も覚えておこう。

コロケーション **under any circumstances**　どんな状況であっても

0832 □ **concentrate** [kɑ́nsəntrèit]　【動】集中する

concentrate on～で「～に集中する」となる。前置詞とセットで覚えておこう。

派生語 **concentration**【名】集中（力）

【訳】Miki　：ねえ、Jeff。ちょっと話せるかしら?
Jeff　：もちろん。当ててみようか。もっと多くのスタッフを募集してほしいんじゃない?
Miki　：そのとおりよ！　最近、お客様から電話がたくさんくるようになっていて、労働時間の多くをお客様の問い合せの対応に費やしているの。
Jeff　：つまりこういう状況では、やるべきことに集中できないんだね?

Skit S209 Words&Phrases W209 Repeating R209

209 カスタマーサービスの新設② Mikiの提案

Mikiはカスタマーサービスを新設できないかJeffに相談する。

Miki : That's right. Customer service should **respond** to these calls, but that department doesn't **exist** in our company. So I suggest setting up a customer service **section** in our sales department. They can **take over** the job of answering customers' calls.

Jeff : I agree. A customer service department will help both our customers and our employees.

Miki : Could you put this suggestion on the agenda at the next board meeting?

Jeff : Okay. I'll see what I can do.

0833 □ **respond** [rispɑ́nd] 【動】対応する、応答する

respond to questions「質問に答える」のように覚えよう。**answer**の同意語である。

派生語 **response**【名】反応、返答 **respondent**【名】回答者

0834 □ **exist** [igzíst] 【動】ある、存在する

job opportunities exist for students「学生向けの求人がある」のように使われる。名詞は**existence**「存在」である。

派生語 **existence**【名】存在、生活

0835 □ **section** [sékʃən] 【名】場所、部門、部分

スーパーでは**produce section**「青果コーナー」、会社では**marketing section**「マーケティング部」のように用いられる。

0836 □ **take over** 引き継ぐ

take over one's position「～の職を引き継ぐ」を覚えておこう。同じような表現に、**replace** ～「～の後任となる」がある。

【訳】Miki : そうなのよ。カスタマーサービスがこれらの電話に応じるべきだけど、その部署はうちにはないから、営業部にカスタマーサービス部を設けることを提案するわ。お客様の電話に答える仕事を引き受けてもらうの。

Jeff : 賛成だよ。カスタマーサービス部はお客様とうちの従業員の両方にとって助かるだろうね。

Miki : 次の役員会議でこの提案を議題に載せてもらえるかしら?

Jeff : わかった。何とか手を打ってみるよ。

Skit S210 Words&Phrases W210 Repeating R210

210 環境への配慮① Jeffからの通達

Jeffは裏口にごみが散乱していたという問題について報告する。

Jeff : As you know, our company supports a local committee's efforts to keep our neighborhood clean. Recently, however, they found that there was a large amount of **garbage scattered** around the rear entrance of this building, and they **requested** that we clean it up promptly. Many of you may not be aware of this, but we are all responsible for the cleanliness of the company's premises, even if people outside the company are causing the problem.

0837 □ **committee** [kəmíti] 【名】委員会

committee meeting「委員会議」や**committee member**「委員」などで使われる。

コロケーション **committee meeting** 委員会議

0838 □ **garbage** [gáːrbidʒ] 【名】ごみ

同意語に**trash**「ごみ」がある。「ごみ箱」は、**garbage can**や**trash bin**という。

コロケーション **garbage can** ごみ箱

0839 □ **scatter** [skǽtər] 【動】ばらまく、まき散らす

PART 1で登場することが多く、**The papers are scattered on the desk.**「紙が机の上に散らばっている」のように用いられる。

0840 □ **request** [rikwést] 【動】要請する、求める 【名】要請

名詞を使った**upon request**「要請があれば」という表現も覚えておこう。

【訳】Jeff : ご存知のとおり、弊社は近隣をきれいに保つ地域委員会の取り組みを支援しています。しかし最近、当ビルの裏口周辺でごみが大量に散乱していたことが発覚し、すぐにそれをきれいにするようにという依頼がありました。多くの方は認識していないかもしれませんが、私たちはみな、会社の敷地内の清掃状態に責任を負っています。たとえ社外の者が問題を引き起こしているとしてもです。

Skit S211 Words&Phrases W211 Repeating R211

211 環境への配慮② ごみ問題への対応

Jeffはごみ問題への対応と今後の方針について説明する。

Jeff : Such an incident could hurt our image as an environmentally friendly company, so we took immediate action to resolve the situation. We cleaned up the garbage, and next week we'll place large trash containers in the open space adjacent to the building in order to prevent similar incidents. We'll put out three containers of different colors and encourage people in the area to separate their garbage according to type. This way we can also help promote the recycling of natural resources.

0841 □ **incident** [ínsədənt] 【名】出来事、事件

event「出来事」と同じ意味。**a series of incidents**で「一連の出来事（事件）」といった意味になる。

0842 □ **resolve** [rizálv] 【動】解決する

resolve the situation「状況を解決する」や、**resolve a problem**「問題を解決する」のように用いる。

派生語 **resolution**【名】決議、解決

0843 □ **adjacent** [ədʒéisnt] 【形】隣の、隣接した

next to～「～の隣に」の同意語で、**adjacent to the building**「建物に隣接している」のように用いられる。

0844 □ **resource** [ríːsɔːrs] 【名】資源、資料

natural resource「天然資源」といったフレーズで覚えよう。なお、**human resources department**と言えば、「人事部」のこと。

【訳】Jeff ： こういう出来事は環境にやさしい会社というわが社のイメージを傷つけてしまう恐れがあるので、事態を解決するべく直ちに対処しました。ごみは片づけましたし、同じような事態を防ぐため、来週にはビルに隣接した広場に大きいごみ容器を設置します。色違いの3つの容器を置いて、地域の方には種類によってごみを分別していただくよう促します。このようにして、私たちは天然資源の再利用を促進するためにも貢献していきます。

Skit S212 Words&Phrases W212 Repeating R212

212 パソコンの不具合① Ayaのパソコンが不調

Ayaはパソコンの調子が悪いとYasuoに相談する。

Aya: I've been having problems with my PC these last few days. I think the machine is **faulty**.

Yasuo: What's the problem? Are you sure you're not just using it **incorrectly**?

Aya: I'm sure it's not me. It's running really slowly and it crashes **occasionally**, which causes a **loss** of data.

Yasuo: You'd better talk to IT, then. Maybe they can help.

0845 □ **faulty** [fɔ́:lti] 【形】欠陥のある、不完全な

faulty productで「不良品」を意味する。なお、**defective product**「不良品」も同じ意味。

0846 □ **incorrectly** [ìnkəréktli] 【副】不正確に、間違って

形容詞**incorrect**「間違った」や、反意語の**correctly**「正しく」も覚えておこう。

派生語 **incorrect**【形】不正確に、間違った

0847 □ **occasionally** [əkéiʒənəli] 【副】たまに、時折

meet occasionally「たまに会う」のように使われる。

派生語 **occasion**【名】時、場合　**occasional**【形】時折の

0848 □ **loss** [lɔ́:s] 【名】損失、敗北

lose「なくす」の名詞。**loss of a valued custome**「大切なお客さんを失うこと」という使い方もある。

【訳】Aya　：この数日間、パソコンに問題があるんです。機械が故障していると思うんです。
Yasuo：何が問題なの？　本当に間違った使い方はしてない？
Aya　：もちろん私はしていません。動作がかなりゆっくりですし、時々クラッシュします。それでデータの消失が起こるんです。
Yasuo：だったら、IT部に相談したほうがいいんじゃないかな。たぶん助けてくれるよ。

Skit S213 Words&Phrases W213 Repeating R213

213 パソコンの不具合② ITスタッフに連絡

ITスタッフに連絡したAyaは状況を説明する。

Aya : Hi, is this IT? I have a problem with my computer and Yasuo said I should call you.

IT specialist: Have you tried turning your computer off and then on again? That actually fixes most problems.

Aya : It's been like this for several days, so I think it's something more **complicated**. It's really slow and it's difficult to **connect** to the Internet.

IT specialist: Okay, it sounds like there's something **seriously** wrong with it. I'll come up and look at it more **closely**.

0849 □ **complicated** [kámpləkèitid] 【形】複雑な

complicated issue「複雑な問題」のように使われる。

0850 □ **connect** [kənékt] 【動】つなぐ、つなげる

名詞**connection**も頻出。**Internet connection**「インターネットの接続」などで使われる。

派生語 **connection**【名】関係、接続

0851 □ **seriously** [síəriəsli] 【副】ひどく、本格的に、真剣に

take it seriously「真剣に受けとる」などで使われる。形容詞を用いた**serious situation**「深刻な事態」も重要。

派生語 **serious**【形】深刻な、本気の

0852 □ **closely** [klóusli] 【副】密接に、念入りに

closely related to ～「～に近い関係がある」のように用いる。

【訳】Aya : もしもし、IT部でしょうか？　コンピュータに問題があって、Yasuoから電話するように言われたんですが。

IT specialist: コンピュータの電源を落としてから、また電源を入れてみましたか？　それで実際にほとんどの問題が解決されますよ。

Aya : 数日、このような感じなので、状況はもっと複雑なんだと思います。動作がかなり遅くてインターネットに接続しにくいんです。

IT specialist: わかりました。深刻な欠陥があるようですね。そちらにうかがって、もっと詳しく調べますよ。

Skit S214 Words&Phrases W214 Repeating R214

214 パソコンの不具合③ ITスタッフの判断

Ayaは ITスタッフから新しいパソコンを購入するように勧められる。

Aya : Is there anything you can do?
IT specialist : It can be repaired, but it's probably more practical just to buy a new one instead. This is quite an old machine, so we'll have to get a new one eventually.
Aya : I see. I'll try to convince my boss.

0853 □ **practical** [prǽktikəl] 【形】実際的な、実用的な

practical advice「実用的なアドバイス」のように用いる。副詞**practically**「実際には、実質的に」も重要。

派生語 **practically**【副】事実上、実際的に **practice**【名】実践、練習

0854 □ **instead** [instéd] 【副】代わりに

前置詞として、**instead of**～「～の代わりに」のようにも使われる。

0855 □ **eventually** [ivéntʃuəli] 【副】結局は、最後には

同じ意味の**finally**「最終的に」や**in the end**「最後に」もあわせて覚えておこう。

0856 □ **convince** [kənvíns] 【動】納得させる、説得する

be convinced that ～で、「～であることを確信（納得）している」を意味する。

【訳】Aya : なんとかなりますか？
IT specialist: 修理はできますが、おそらく代わりに新しいのを買うほうがより現実的です。これはかなり古い機械なので、結局は新しいものを買わなければならないでしょう。
Aya : わかりました。上司を説得してみます。

Skit S215 Words&Phrases W215 Repeating R215

215 パソコンの不具合④ パソコンを注文

Yasuoは納入業者にAyaの新しいパソコンを発注する。

Yasuo : It shouldn't be a problem to **replace** the computer. We can easily **afford** to buy a new one with our budget for maintaining office equipment.

Aya : How long will it take? I'm worried I won't be able to meet all my **deadlines**.

Yasuo : We'll order a new one from Computer City. They're a good supplier and very fast—it will probably arrive tomorrow. I have a meeting this afternoon, so I'll **lend** you my PC until the new one arrives.

0857 □ **replace** [ripléis] 【動】取り替える、交換する、取って代わる

replace light bulbs「電球を交換する」のように用いる。交換する対象とセットで、**replace A with B**「AとBを交換する」ということもできる。

派生語 **replacement**【名】代わりの人 【形】交換用の

0858 □ **afford** [əfɔ́:rd] 【動】買うことができる、許容できる

can't afford to～「～する時間的・金銭的余裕がない」のフレーズでもよく使われる。形容詞**affordable**「価格が手ごろ」も頻出。名詞**affordability**「値ごろ」も重要である。

派生語 **affordable**【形】手頃な（価格の） **affordability**【名】値ごろ

0859 □ **deadline** [déd-làin] 【名】締め切り、期限

「締め切りに間に合う」を**meet the deadline**という。

コロケーション **meet the deadline** 締め切りに間に合う

0860 □ **lend** [lénd] 【動】貸す

lend some books to him「彼に本を貸す」のように使われる。お金をもらって貸す場合は、**rent**を用いる。

【訳】Yasuo : コンピュータを交換するのは問題ないはずだよ。オフィス機器の維持費で新しいのをすぐに買うことができるはずだ。

Aya : どれくらいかかりますか？ 締め切りに間に合わないのではないかと心配なんです。

Yasuo : Computer Cityに新しいのを注文するよ。優秀な納入業者で、とても迅速な対応をするから、明日、届くんじゃないかな。ぼくは今日の午後、ミーティングがあるから、新しいのが届くまでパソコンを貸してあげるよ。

Skit S216 Words&Phrases W216 Repeating R216

216 パソコンの不具合⑤　新しいパソコンが到着

納入業者によってAyaの新しいパソコンがセットアップされる。

Delivery person :	Where shall I put the new **unit**?
Aya :	My desk's over there. Just a moment—I'll **remove** the old computer so you've got space.
Delivery person :	Leave everything to me. I'll set it up for you, too. It should be running in about an hour.
Aya :	I'm really **grateful** for your help. I can see why your company is so highly **regarded**. Just let me know if you need anything.

0861 □ **unit** [jú:nit] 【名】装置、単位

unitとは「ひとつのかたまり」のこと。**sales unit**といえば「販売部隊」のことを指す。

0862 □ **remove** [rimú:v] 【動】片付ける、取り除く、排除する

名詞**removal**「撤去」も頻出する。同意語に**eliminate**「消す」もある。

派生語 **removal**【名】撤去、移動

0863 □ **grateful** [gréitfəl] 【形】感謝している、ありがたく思う

be grateful for ～で「～に感謝している」という意味になる。

0864 □ **regard** [rigá:rd] 【動】考える、思う、見る

highly regarded employeeで「高く評価されている社員」という使い方もできる。

【訳】

Delivery person :	どこに新しい商品一式を置きましょうか？
Aya :	私の机はあそこです。ちょっと待ってくださいね。古いコンピュータをどかして、スペースを開けますね。
Delivery person :	すべてお任せください。私がセットアップしてさしあげます。1時間ほどで終わるはずです。
Aya :	お世話になりまして本当に感謝いたします。貴社がとても高く評価されているのがわかります。何か必要なことがあればお知らせください

Skit S217 Words&Phrases W217 Repeating R217

217 Aya のアイデア① 冬の販売促進計画

営業部のミーティングで、冬の販売促進について話し合われる。

Miki : At today's meeting we will discuss ideas for sales promotion for this coming winter. As you see in this chart, our sales declined sharply in the January-to-March quarter last year.

Yasuo: Yeah, I remember that. Our quarterly revenue was down 25 percent from the previous year.

0865 □ **promotion** [prəmóuʃən] 【名】販売促進、昇進、昇格

販売や職位が上がることを指し、**get a promotion**「昇進する」のようにも使われる。**get promoted**「昇進する」という表現もある。

派生語 **promote**【動】促進する **promotional**【形】販売促進の

コロケーション **get a promotion** 昇進する

0866 □ **decline** [dikláin] 【動】減少する、断る 【名】低下、減少

名詞では、**decline in sales**「売り上げの減少」というフレーズで使われる。前置詞**in**とセットで覚えておこう。

0867 □ **sharply** [ʃá:rpli] 【副】急激に、厳しく

増減の程度を表す単語としては、**significantly**「急激に」、**drastically**「急激に」、**slightly**「わずかに」、**gradually**「徐々に」も覚えておこう。

派生語 **sharp**【形】鋭い **sharpness**【名】鋭さ、明確さ

0868 □ **revenue** [révənjù:] 【名】収入、収益

income「収入」とともに覚えておこう。「支出」は**expenditure**。

【訳】Miki : 今日のミーティングでは、今年の冬の販売促進に関するアイデアについて話し合います。このグラフでわかるとおり、弊社の売上は昨年の1－3月期に急激に落ち込みました。

Yasuo : はい、覚えています。わが社の四半期収入は前年より25%減でした。

Skit S218 Words&Phrases W218 Repeating R218

218 Aya のアイデア② 売り上げ不振の原因

Yasuo は、Martin に昨年度の売り上げの不振の原因について説明する。

Martin: What do you **attribute** the poor sales performance to?

Yasuo: Well, the **sluggish domestic** economy **affected** our sales quite a bit. To make matters worse, it was one of the coldest winters in recent years and people didn't go shopping much.

Martin: I see.

0869 □ **attribute** [ətríbju:t] <attribute A to B で >A を B に起因すると考える

attribute A to B の形はPART 5でも出題されるので、前置詞**to**とセットで覚えておこう。

0870 □ **sluggish** [slʌ́giʃ] 【形】不振な、不調な

sluggish economy「不況」のように経済関係の話題で用いられることが多い。

0871 □ **domestic** [dəméstik] 【形】国内の、家庭の

domestic market「国内市場」のように用いる。なお、反意語は**foreign**「外国の」である。

コロケーション **domestic market** 国内市場

0872 □ **affect** [əfékt] 【動】影響を及ぼす

affected area「影響を受ける地域」のように、影響の範囲を伝えるために使われることが多い。

【訳】Martin：売れ行き不振の原因は何だと思う？
Yasuo：うーん、国内景気の低迷がうちの売り上げにかなり影響したね。さらに悪いことに、ここ数年のうち、最も寒い冬だったからあまり買い物に出かける人がいなかったんだ。
Martin：なるほど。

Skit S219 Words&Phrases W219 Repeating R219

219 Aya のアイデア③　効果的な戦略は？

Miki と Yasuo は昨年までとは違う経営戦略が必要だと判断する。

Miki : Unfortunately, economic **conditions** haven't improved much since then, and there is no sign that they will get better any time soon.

Yasuo : The other problem is, products **typically** don't sell as well during the winter season. Unless we do something different, we're very likely to have poor sales again. I guess we are going to have to **adjust** our business **strategy**.

0873 □ **condition** [kəndíʃən] 【名】状態、条件

体調のコンディションもあるが、TOEICでは「条件」という意味でも頻出。契約書などに**terms and conditions**「条件」が使われる。

0874 □ **typically** [típikəli] 【副】たいていは、典型的に

文頭に置かれて「典型的に」と文章全体を指すことも多い。形容詞を用いた**typical weather**「典型的な天気」という使い方もある。

派生語 **typical**【形】典型的な

0875 □ **adjust** [ədʒʌ́st] 【動】調節する、順応する

adjust A to Bで「AをBに順応させる」となる。また、**adjust the machine**「機械を調節している」のようなフレーズがPART 1に頻出する。

派生語 **adjustment**【名】調節、調整

0876 □ **strategy** [strǽtədʒi] 【名】戦略、計画

marketing strategy「マーケティング戦略」のように使われる。形容詞**strategic**「戦略的な」も覚えておこう。

派生語 **strategic**【形】戦略的な　**strategically**【副】戦略的に

【訳】Miki　: 残念ながら、経済状態はその後あまり改善していないし、近いうちに景気が回復するという兆しはまったくないわ。

Yasuo : そのほかの問題として、通常は冬期に商品が売れません。何か違うことをしなければ、また売れ行き不振に陥りそうです。経営戦略を修正しなければならないでしょう。

Skit S220 Words&Phrases W220 Repeating R220

220 Aya のアイデア④ Aya の提案

Aya はバレンタインデーに香水を贈るキャンペーンの実施を提案する。

Miki : Right. So if anyone has an idea for **enhancing** our sales at this time of year, please share it with us.

Aya : I think we can use Valentine's Day to promote sales. For instance, how about running a TV commercial where a woman gives fragrance to a man as a gift? Giving fragrance on Valentine's Day might even **spread** as a custom.

Miki : That sounds interesting. If people started **associating** Valentine's Day with perfume, we could earn bigger **profits** in this quarter every year.

0877 □ **enhance** [inhǽns] 【動】高める、引き出す

enhance productivity「生産性を高める」で覚えておこう。

派生語 **enhancement**【名】向上、改良

0878 □ **spread** [spréd] 【動】広める、広がる

spread worldwide「世界中に広がる」のように用いられる。

0879 □ **associate** [əsóuʃièit] 【動】結びつける 【名】(仕事上の) 知り合い

動詞で使う場合は、**associate A with B**「AとBを関連付ける」という意味で用いられることが多い。名詞で使う場合は、「同僚」の意味で使うことが多く、**colleague**「同僚」や**co-worker**「同僚」の同意語となる。

派生語 **association**【名】関連、連想

0880 □ **profit** [práfit] 【名】利益

profit marginといえば、「利益幅」のこと。形容詞**profitable**「利益がある、有益な」も頻出する。

派生語 **profitable**【形】収益の上がる **profitability**【名】収益性

【訳】Miki : そのとおりね。では、1年のこの時期に販売を促進させるアイデアがあったら、聞かせてくれるかしら。

Aya : 売り上げの促進にバレンタインデーを利用できると思います。例えば、女性がプレゼントとして男性に香水を贈るテレビコマーシャルを流すのはどうでしょうか? バレンタインデーに香水を贈るのが習慣として広まることもあるかもしれません。

Miki : それはおもしろそうね。バレンタインデーを香水と結びつけられるようになったら、毎年この四半期はより大きな利益を上げることができるわ。

Skit S221 Words&Phrases W221 Repeating R221

221 Aya のアイデア⑤ プレゼント用の香水は？

Ayaはプレゼントにふさわしい香水の調査を提案する。

Yasuo : So, what kind of fragrance would be good for this Valentine's Day campaign?

Aya : Well, **prior to** the campaign, we can conduct a survey on what kind of fragrance women would want to give men as a Valentine's gift.

Yasuo : And **based on** the results, we can **develop** a fragrance that is sold **exclusively** for February 14, right?

Aya : Yes. If the product is a huge hit, we can add it to our regular lineup, too.

0881 □ **prior to** ～の前に、に先だって

beforeの同意語にあたる。反意語の**after**や**following**「～の後で」も覚えておこう。

0882 □ **based on** ～を根拠にして

ボーナスの額に関して、**based on performance**で「業績を基にして」のように用いることがある。

0883 □ **develop** [divéləp] 【動】開発する、発展する

develop new products「新製品を開発する」などのように使われる。

派生語 **development**【名】発達、進歩 **developer**【名】開発者

0884 □ **exclusively** [iksklúːsivli] 【副】もっぱら、独占的に

契約などに関して、**exclusively for** ～「～に独占的に」のように使われる。**only**と同様の意味である。

派生語 **exclusive**【形】独占的な **exclusivity**【名】独占

【訳】
Yasuo ：では、今年のバレンタインデーのキャンペーンにはどういう香水がいいかな？
Aya ：そうですね、キャンペーンの前に、女性がどういう香水をバレンタインのプレゼントとして男性に贈りたがっているのか調査できまるはずです。
Yasuo ：その結果に基づいて、2月14日に限定販売される香水を開発できるということだね？
Aya ：はい。その商品が大ヒットしたら、通常のラインアップにそれを加えることもできます。

Skit S222 Words&Phrases W222 Repeating R222

222 Ayaのアイデア⑥ Martinへの依頼

MikiはAyaの提案にまつわる市場調査をMartinに依頼する。

Miki : That's a great idea, Aya. We could ask Martin to collect data, since he's the market research expert. Could you do it, Martin?

Martin: Sure. I can take care of it. I have a lot of experience in carrying out surveys like this, using questionnaires.

Miki : That's good to know.

0885 □ **collect** [kəlékt] 【動】集める

名詞の**collection**は、**a collection of**～で「～の収集品、～が集まったもの」という意味になる。

派生語 **collection**【名】収集、回収、集まったもの
collective【形】集団的な **collectively**【副】集団として

0886 □ **expert** [ékspəːrt] 【名】専門家、エキスパート

派生語の**expertise**は、「専門家が持っている技術や知識」のこと。

派生語 **expertise**【名】専門的知識

0887 □ **carry out** 行う、実施する

doの同意語。**carry out a survey**「調査を実施する」のように用いる。

コロケーション **carry out a plan** 計画を実行する

0888 □ **questionnaire** [kwèstʃənéər] 【名】アンケート（用紙）、質問票

fill out a questionnaire「アンケートに記入する」で覚えよう。

【訳】Miki : それはすごくいい考えね、Aya。Martinは市場調査の専門家だから、データの収集を頼んだらいいわね。やってくれるかしら、Martin？
Martin : もちろんです。まかせてください。アンケートを使った、このような調査の実施についてはたくさんの経験があります。
Miki : それを聞いて安心したわ。

Skit S223 Words&Phrases W223 Repeating R223

223 Ayaのアイデア⑦ Ayaの提案が採用に

取締役会がAyaの提案を承認したため、プロジェクトが本格的にスタートする。

Miki	: After careful **deliberation**, the board has **endorsed** Aya's proposal to release a Valentine's Day perfume.
Aya	: Really? I was worried that they might **reject** the idea.
Miki	: Actually, they really liked it. Well, it's already August 10 and we should start selling the product at the beginning of next January, so we will be working on a **fairly** tight schedule.
Aya	: When is the deadline for having everything ready?

0889 □ **deliberation** [dilìbəréiʃən] 【名】熟考、熟慮

deliberation on the planで「計画に関する熟考」のように用いる。**consideration**「熟慮」の同意語。

0890 □ **endorse** [indɔ́ːrs] 【動】是認する、支持する

広い意味で「承認する、認める」という意味。名詞は**endorsement**「是認」。

派生語 **endorsement**【名】是認、支持

0891 □ **reject** [ridʒékt] 【動】却下する、否定する

reject the offer「申し出を断る」のように使う。同じ意味の語句に**turn down**や**decline**がある。名詞は**rejection**「拒否」。

派生語 **rejection**【名】拒否

0892 □ **fairly** [fέərli] 【副】かなり、公平に

名詞**fairness**「公平であること」や形容詞**fair**「公平な」も重要。

派生語 **fair**【形】公平な　**fairness**【名】公平

【訳】
Miki ：慎重に検討した末、取締役会はバレンタインデーの香水を発売するというAyaの提案を承認したわ。
Aya ：本当ですか？　提案は拒否されるんじゃないかと心配でした。
Miki ：実際、かなり気に入っていたわよ。ええと、すでに8月10日だし、来年の1月の初めにその商品を販売し始めなければいけないから、かなり厳しいスケジュールで取り組むことになるわね。
Aya ：すべての準備を整える締め切りはいつですか？

Skit S224 Words&Phrases W224 Repeating R224

224 Aya のアイデア⑧　市場調査の日程
Miki は Martin に市場調査の締め切りについて伝える。

Miki : Let's set it for December 10.
Martin : That means we have less than four months. When will you need the survey results?
Miki : I need your **comprehensive analysis** of the results by the end of this month. This survey is crucial to the **whole** project, so please make sure you have it done by the **due** date.
Martin : No problem. Working under pressure, that's what I live for.

0893 □ **comprehensive** [kàmprihénsiv] 【形】包括的な、総合的な
comprehensive approach「総合的アプローチ」や**comprehensive service**「総合サービス」のように用いられる。

0894 □ **analysis** [ənǽləsis] 【名】分析、分析結果
market analysis「市場分析」や**cost-benefit analysis**「費用対効果の分析」などが頻出。動詞**analyze**「分析する」や、人物を示す**analyst**「分析者、アナリスト」も重要だ。
派生語 **analyze**【動】分析する　**analyst**【名】分析者、アナリスト

0895 □ **whole** [hóul] 【形】全部の、すべての
全体を表す形容詞である、同意語の**entire**も覚えておこう。

0896 □ **due** [djuː] 【形】支払い（返却）期限のきた、到着する予定である
due date「締切日」は頻出。**The application is due this Friday.**「申し込みは今週の金曜日まで」のようにも使う。

【訳】Miki : 12月10日に設定しましょう。
Martin : つまり、4カ月ないということですね。調査結果はいつ必要ですか？
Miki : 今月末までにその結果の総合的な分析が必要だわ。この調査はプロジェクト全体に不可欠だから、必ず期限までに終わらせてね。
Martin : わかりました。重圧の中で働くことこそ、私の生きがいです。

Skit S225 Words&Phrases W225 Repeating R225

225 Ayaのアイデア⑨ 調査の遅延

調査結果がまとまらないMartinにMikiはプロジェクトの状況を説明する。

Miki : Have you finished the analysis of the survey results, Martin?

Martin : No, not yet. I have to admit that I'm a little behind schedule.

Miki : Today's Friday, a day past the due date. And the development team is supposed to initiate their laboratory work on the fragrance next Wednesday. So, in order to stick to the schedule, we'll have to give them instructions by next Tuesday.

0897 □ **admit** [ædmít] 【動】認める、入ることを認める

「認める」のほか、受動態で「入場できる」という意味もあり、**Anyone is admitted free of charge.**「誰でも無料で入れる」のように使う。

派生語 **admission**【名】入場料、入場(許可)

0898 □ **behind schedule** 予定より遅れて

予定よりも後ろになることから「遅れ」となる。逆に予定より早い場合は、**ahead of schedule**という。

0899 □ **initiate** [iníʃièit] 【動】始める、着手する

initiate a new exercise program「新しい運動プログラムを始める」のように使われる。**start**や**begin**の同意語。

派生語 **initiative**【名】率先、計画

0900 □ **stick** [stík] 【動】くっつく、くっつける

stick to ～で、「～にくっつく、～を守る」という意味になる。**stick to the schedule**「スケジュールを守る」のように使われる。

【訳】Miki : 調査結果の分析は終えたかしら、Martin？

Martin : いいえ、まだです。予定より少し遅れていると認めざるを得ません。

Miki : 今日は金曜日だから、期限を1日過ぎているわ。それに開発チームは次の水曜日に香水に関して研究室での作業を始めることになっているの。だから、予定どおりに進めるためには次の火曜日までに彼らに指示を出さなければいけないわ。

Skit S226 Words&Phrases W226 Repeating R226

226 Ayaのアイデア⑩ Martinの週末

Martinは、遅れていた分を取り戻すために週末も働くつもりだとMikiに伝える。

Martin: Yeah. I'm conscious of the situation. I'll work this weekend to make up for the delay. We can't postpone the whole project because of me.

Miki : Thanks, Martin. I really appreciate it.

Martin: I'm sorry that I couldn't finish the job by the due date.

0901 □ **conscious** [kánʃəs] 【形】気づいている、意識のある

be conscious about one's healthで、「健康に関する意識が高い」という意味。

0902 □ **make up for** 補う、埋め合わせる

make up for the damage「損害を埋め合わせる」や**make up for the delay**「遅れを埋め合わせる」のように用いることが多い。

コロケーション **make up for the damage** 損害を埋め合わせる

0903 □ **postpone** [poustpóun] 【動】延期する

postpone the meeting until tomorrow「会議を明日に延期する」で覚えておこう。**put off**「延期する」も同じ意味。

コロケーション **postpone the meeting until tomorrow** 会議を明日に延期する

0904 □ **because of** ～のために、～のせいで

前置詞表現なので、後ろには名詞のかたまりを取る。同じ意味の語句として**due to**～「～のために」がある。

【訳】Martin：はい。状況は把握しています。今週末は遅れを取り戻すために働くつもりです。私のせいでプロジェクト全体を延期することはできませんから。
Miki：ありがとう、Martin。本当に助かるわ。
Martin：期限までに仕事を終えられなくて申し訳ありません。

Skit S227 Words&Phrases W227 Repeating R227

227 Martinの病気① 病欠の電話

Mikiは、Martinから病欠の電話があったとYasuoに伝える。

Yasuo: Hi, Miki. Have you seen Martin? I was going to ask him about the survey results, but it seems like he hasn't come in yet. Is he **absent** today?

Miki : Yes, he called in **sick** this morning. He said he might have to take a couple of days off. I hope he **recovers** soon.

Yasuo: I'm not surprised. He's been working extremely long hours **lately**. I've been worried about him.

0905 □ **absent** [ǽbsənt] 【形】欠席して、欠勤して

会議の出欠席などで頻出する。名詞**absence**も覚えておこう。反意語は形容詞**present**「出席している」。

派生語 **absence**【名】不在、欠席、欠勤

0906 □ **sick** [sík] 【形】病気の、具合の悪い

call in sick「病気で休むと電話をする」という意味で、人物がいない理由を問う会話で使われる。**sick leave**「病欠休暇」という表現も重要。

コロケーション **call in sick** 病欠の電話連絡を入れる

0907 □ **recover** [rikʌ́vər] 【動】回復する、立ち直る

病気からの回復や、機械の問題解決についても用いられる。名詞は**recovery**「回復」。

派生語 **recovery**【名】回復

0908 □ **lately** [léitli] 【副】最近、近ごろ

通常は現在完了形とともに用いられる。同意語に**recently**「最近」がある。

【訳】Yasuo：すみません、Miki。Martinを見かけましたか？ 調査結果について聞くつもりでしたが、まだ来ていないようですね。今日は休みですか？

Miki：ええ、今朝、病欠の電話をしてきたわ。おそらく2、3日休まなければならないそうよ。早く回復するといいわね。

Yasuo：無理もないですね。最近、かなり長時間働いていましたから。彼のことが心配だったんです。

Skit S228　Words&Phrases W228　Repeating R228

228 Martinの病気②　医師の診察

医師の診察を受けたMartinは、慢性疲労だと診断される。

Doctor : Your problem seems to be *chronic fatigue **due to** lack of sleep. How long do you sleep every night?

Martin : In the past two weeks, three to four hours on average. I've had to work overtime every night to **complete** an **assignment**. I was beginning to feel like something was wrong with me, but wasn't able to make time for a **checkup** until now.

*chronic fatigue: 慢性疲労

0909 □ **due to**　～が原因で、～のために

遅刻などの原因を表す時に、**due to**～「～が原因で」のように使われる。

コロケーション **due to the accident**　事故のために

0910 □ **complete** [kəmplíːt]　【動】やり遂げる　【形】完全な

complete the project「プロジェクトを完了する」などのように使われる。名詞**completion**は、**upon completion of**～「～が完成しだい」というフレーズも重要。

派生語 **completely**【副】完全に、徹底的に　**completion**【名】完成

0911 □ **assignment** [əsáinmənt]　【名】任務、割り当て

割り当てられた仕事のこと。動詞**assign**「割り当てる」とともに覚えよう。

派生語 **assign**【動】割り当てる

0912 □ **checkup** [tʃékʌ̀p]　【名】健康診断

have a (medical) checkupのように使う。なお「歯科検診」は、**dental checkup**である。

コロケーション **have a checkup**　健康診断を受ける

【訳】医師　：あなたの問題は睡眠不足による慢性疲労のようです。毎晩、どれくらい眠っていますか？

Martin：ここ2週間は平均して3、4時間です。毎晩、与えられた仕事を終えるために残業しなければいけませんでした。不調を感じ始めていましたが、今まで検診のための時間を作ることができなかったんです。

Skit S229 Words&Phrases W229 Repeating R229

229 Martin の病気③ Martin の食生活

Martinは、インスタントラーメンばかりを食べるような生活だったと医師に伝える。

Doctor: I see. How about your eating habits?

Martin: I have a late dinner at the office quite **frequently**. I **mostly** eat instant noodles, so I can't say I eat a healthy **diet**.

Doctor: Do you exercise often?

Martin: No, I have no time for that. I'm totally **out of shape**.

0913 □ **frequently** [fríːkwəntli] 【副】頻繁に、たびたび

形容詞**frequent**「頻繁な」も重要。**often**の同意語と覚えておこう。

派生語 **frequent**【形】頻繁な

0914 □ **mostly** [móustli] 【副】たいてい、大部分

「たいていは」を表す同意語に、**habitually**「常に」や**regularly**「定期的に」がある。

0915 □ **diet** [dáiət] 【名】日常の生活、食生活

食生活全般のことを表す単語だと覚えておこう。「ダイエットをしている」という場合は、**on a diet**という。

コロケーション **go on a diet** ダイエットを始める

0916 □ **out of shape** 体調が悪くて

体調に対して用いる。調子がよい場合は、**in shape**という。

【訳】医師 ：そうですか。食生活はどうでしょう？
Martin：会社で遅い夕食をとることがほとんどですね。たいていはインスタントラーメンを食べるので、健康的な食事をとっているとは言えません。
医師 ：運動はよくしますか？
Martin：いいえ、そんな時間ありません。すっかり体の調子が悪くなっています。

Skit S230 Words&Phrases W230 Repeating R230

230 Martinの病気④ 医師からの警告

Martinは、このままの生活を続けた場合は重症になりかねないと警告を受ける。

Doctor: So you don't get much sleep, don't eat right and don't exercise. If you go on living like this, you might **suffer** a serious **illness**.
Martin: Oh. I didn't know I was doing that badly. What should I do?
Doctor: First, I **recommend** you **reduce** your working hours.

0917 □ **suffer** [sʌ́fər] 【動】苦しむ、悩む

suffer from water shortage「水不足で悩む」のように用いる。

コロケーション **suffer from the problem** 問題で悩む

0918 □ **illness** [ílnis] 【名】病気、不健康

形容詞は**ill**「病気で」である。同意語の**disease**「病気」も重要。

派生語 **ill**【形】病気の

0919 □ **recommend** [rèkəménd] 【動】勧める、推薦する

What does the speaker recommend?「話し手は何を勧めていますか？」のように、PART 4の設問文にも登場する。名詞の**recommendation**「おすすめ、推薦」も重要。

派生語 **recommendation**【名】推薦

0920 □ **reduce** [ridjúːs] 【動】減らす、縮小する

reduce energy consumption「エネルギー消費を減らす」のように使う。名詞**reduction**「減少」も重要。

派生語 **reduction**【名】減少

【訳】医師　：つまり、十分に睡眠をとらず、正しい食事をせず、運動もしない。このような生活を続けると、重病を患うかもしれませんよ。
Martin：ああ。そんなにひどいことになっていたなんて自覚していませんでした。どうしたらいいでしょうか？
医師　：まず、労働時間を減らすことをお勧めします。

Skit S231 Words&Phrases W231 Repeating R231

231 Martinの病気⑤ 医師のアドバイス

Martinは、働き方を変えて運動をするように医師からアドバイスを受ける。

Martin: But I'm constantly working under deadlines, and working less doesn't seem to be an option for me.

Doctor: You need to change your working style if you want to improve your health. You have to think about which is more important. And you should also try to eat more healthy food and exercise regularly to stay fit.

0921 □ **constantly** [kánstəntli] 【副】絶えず、しょっちゅう

動作を常に行っていることを表す際に用いられる。形容詞**constant**「絶え間のない」も重要。

派生語 **constant**【形】絶え間のない

0922 □ **option** [ápʃən] 【名】選択、選択肢

Please select only one option.「ひとつの選択肢だけを選んでください」のように使われる。形容詞**optional**「任意の」も重要。

派生語 **optional**【形】任意の、選択の

0923 □ **regularly** [régjulərli] 【副】定期的に、たびたび

形容詞の**regular**は、**regular maintenance**「定期点検」や**regular price**「定価」のように使われる。

派生語 **regular**【形】定期的な、通常の

0924 □ **fit** [fít] 【形】体調の良い、健康な 【動】適合する

stay fit「健康を維持する」のように、健康や運動に関する内容で使われる。

派生語 **fitness**【名】フィットネス、体調の良さ

【訳】Martin：しかし、常に締め切りに追われて働いていて、労働時間を減らすことは私の選択肢にはありません。

医師：体調を改善したいなら、働き方を変える必要がありますよ。どちらがより大切なのかを考えなければいけません。そして健康を維持するために、もっと体にいいものを食べて定期的に運動もするよう心がけるべきです。

Skit S232 Words&Phrases W232 Repeating R232

232 Martinの病気⑥ 健康への意識

Martinは、フィットネスジムに通うことを検討すると医師に伝える。

Martin: Okay, I'll try. I hear a new fitness gym has opened near my office. Maybe I could make time to go there during the lunch break.

Doctor: Good for you. I'll write a **prescription** for some **medicine** that will **enable** you to relax and sleep well at night. You can pick it up at the **pharmacy** two blocks from this clinic.

Martin: Okay. Thank you, doctor.

0925 □ **prescription** [priskrípʃən] 【名】処方箋、処方

病院や薬剤関係の話題に登場する。動詞**prescribe**を使った**prescribe a medicine**「薬を処方する」も重要。

派生語 **prescribe**【動】(薬などを)処方する

0926 □ **medicine** [médəsin] 【名】薬

take medicine「薬を飲む」や**prescribe medicine**「薬を処方する」なども重要。

派生語 **medical**【形】医療の **medication**【名】薬物、薬剤

0927 □ **enable** [inéibl] 【動】可能にする

enable A to～で、「Aが～できるようになる」という意味。**en+able**の**en-**は「～にする」という接頭辞。

コロケーション **enable us to solve problems** 私たちが問題を解決できるようになる

0928 □ **pharmacy** [fá:rməsi] 【名】薬局、薬屋

同意語に**drugstore**がある。形容詞**pharmaceutical**「薬剤の」も重要。

派生語 **pharmaceutical**【形】製薬の **pharmacist**【名】薬剤師

【訳】Martin：わかりました、努力してみます。新しいフィットネスジムが会社の近くにオープンしたらしいんです。昼休みの間、そこに行く時間を作れるかもしれません。

医師：よいことです。リラックスして、夜よく眠れるようになる薬の処方箋を書いておきます。この診療所から2ブロックの薬局で受け取れますよ。

Martin：わかりました。ありがとうございます、先生。

Skit S233 Words&Phrases W233 Repeating R233

233 特別賞与① キャンペーンの成功

Ayaが提案したバレンタインデーのキャンペーンの成功に特別賞与が贈られる。

Miki : I just heard from headquarters that they plan to give us special bonuses to **acknowledge** the success of our Valentine's Day sales campaign.

Yasuo : Really? That's great. I think we need to give Aya a lot of **credit** for that, because she's the one who **came up with** the **innovative** idea.

Miki : Yes. If she hadn't proposed the idea, none of this would have happened. So, good job, Aya.

0929 □ **acknowledge** [æknálidʒ] 【動】認める、承認する

同意語に**approve**「承認する」がある。名詞の**acknowledgement**「承認」も重要。

派生語 **acknowledgement**【名】承認、認識

0930 □ **credit** [krédit] 【名】称賛、クレジット、振込み額 【動】入金する

意味が分かれるが、内容がお金のことであれば「入金」、人物の場合は「信頼」に関することであると考えよう。

0931 □ **come up with** ～を思いつく

come up with an idea「アイデアを思いつく」で使われることが多い。

コロケーション **come up with a plan** 計画を思いつく

0932 □ **innovative** [ínəvèitiv] 【形】革新的な、創意に富む

innovative product「画期的な商品」として頻出。名詞は**innovation**「革新」。

派生語 **innovation**【名】革新

【訳】Miki : 本社から、バレンタインデーの販売キャンペーンの成功が認められて、特別賞与が私たちに支給されるそうよ。

Yasuo : 本当ですか？　すごいですね。それはAyaの大きな功績によると思います。画期的なアイデアを思いついたんですから。

Miki : そうね。そのアイデアが提案されなかったら、こんなことが起こるはずはなかったもの。よくやったわ、Aya。

Skit S234 Words&Phrases W234 Repeating R234

234 特別賞与② Martinの尽力

Ayaはキャンペーンの成功はMartinのおかげだと感想を述べる。

Aya : Thank you. But we couldn't have done it without Martin. He produced an excellent analysis of the survey results, and that allowed us to develop the most **suitable** perfume for Valentine's Day. So I think a lot of the credit should go to him.

Yasuo: Yes. He really made **sacrifices** to finish the job. His **devotion** to his work was **impressive**.

0933 □ **suitable** [sú:təbl] 【形】適した、ふさわしい

suitable environment「適した環境」や、**be suitable for** ～「～に適している」で頻出。

派生語 **suit**【動】都合がよい、合う **suitability**【名】適性 **suitably**【副】適切に

0934 □ **sacrifice** [sǽkrəfàis] 【名】犠牲

ビジネスでは、利益や時間などを犠牲にする場合に用いられることがある。

0935 □ **devotion** [divóuʃən] 【名】献身、深い愛情

動詞の**devote**は、**devote oneself to**～で、「～に専念する」となる。同意表現に**dedicate oneself to**がある。

派生語 **devote**【動】傾ける、注ぐ

0936 □ **impressive** [imprésiv] 【形】印象的な、すばらしい

impressive speech「感動的なスピーチ」のように用いる。動詞**impress**「印象づける、感動させる」も重要。

派生語 **impress**【動】印象づける、感動させる

【訳】Aya : ありがとうございます。でも、Martinがいなければできなかったでしょう。調査結果について優れた分析をしてくれて、おかげでバレンタインデーに最適な香水を開発することができたんです。ですから、多くは彼の功績になると思います。

Yasuo : ああ。彼は仕事を終えるためにかなり犠牲を払ったね。仕事に専念する姿はすばらしかったよ。

Skit S235 Words&Phrases W235 Repeating R235

235 特別賞与③ チーム全体の成功

Martinは、今回の成功はチームの協力あってのことだと返答する。

Miki : I agree. Martin's effort was **critical** to the project's success, and I would like to express my **gratitude** to him for all the extra work he did.

Martin : Thank you, guys. What you said means a lot to me. I think it was all a team effort, and this success is the best possible **evidence** of what we can achieve together. So I'd like to **congratulate** all of us on a job well done.

0937 □ **critical** [krítikəl] 【形】重大な

critical factor「重要な要素」のように用いる。**important**「重要な」の同意語。

派生語 **critically**【副】危機で、決定的に **critic**【名】批評家

0938 □ **gratitude** [grǽtətjùːd] 【名】感謝、謝意

express our gratitude「感謝を申し上げます」は頻出。反意語は**apology**「謝罪」。

コロケーション **gratitude for your hospitality** おもてなしへの感謝

0939 □ **evidence** [évədəns] 【名】証拠、根拠

形容詞**evident**「明らかな」も頻出する。なお、同じく形容詞の**evidential**「証拠となる」は、**evidential fact**「証拠となる事実」のように使う。

派生語 **evident**【形】明らかな **evidently**【副】明らかに、間違いなく
evidential【形】証拠となる

0940 □ **congratulate** [kəngrǽtʃulèit] 【動】祝う、お祝いを言う

congratulate A on〜で、「Aに〜のお祝いを言う」となる。

派生語 **congratulations**【名】おめでとう

【訳】Miki : 同感よ。Martinの尽力はプロジェクトの成功に絶対不可欠だったし、時間外労働をしてくれたことにお礼が言いたいわ。

Martin : ありがとうございます、みなさん。そう言ってもらえると、とてもうれしいです。私はすべてチームの協力あってのことだったと思いますし、今回の成功は私たちが一緒に成し遂げられる最高の結果ですね。ですから、仕事がうまくいったことを全員でお祝いしたいです。

Skit S236 Words&Phrases W236 Repeating R236

236 オフィスの移転① JeffとMikiの会話

Jeffは Mikiにオフィス移転についての感想を求める。

Jeff : Hi, Miki. Did you read the e-mail about the management's decision to relocate our office?

Miki : Yes. I'm happy that we're moving to a bigger office. Our workforce has grown rapidly in recent years and we really need more floor space.

0941 □ **management** [mǽnidʒmənt] 【名】経営者、経営

the managementで「経営陣」という意味がある。形容詞**managerial**を用いた、**managerial experience**「マネージャーの経験」も頻出。

派生語 **managerial**【形】管理（者）の

0942 □ **relocate** [rìːloukéit] 【動】移転させる

建物の移転などについて用いる。**move to**「～に引っ越す」と同じ意味。名詞は**relocation**「移転」。

派生語 **relocation**【名】（会社などの）移転、（人の）転勤

0943 □ **workforce** [wə́ːrkfɔ̀ːrs] 【名】従業員、労働力

同じ意味の表現として、**labor force**「労働者、労働力」ということもある。

0944 □ **rapidly** [rǽpidli] 【副】急速に、すばやく

grow rapidly「急速に成長する」のように用いる。形容詞**rapid**「速い」も重要。

派生語 **rapid**【形】速い

【訳】Jeff : やあ、Miki。うちのオフィスを移転するという経営陣の決断に関するメールを読んだ？

Miki : ええ。より大きなオフィスに移るのはうれしいわ。近年、従業員が急速に増えたから、本当にもっとフロアスペースが必要よね。

Skit S237 Words&Phrases W237 Repeating R237

237 オフィスの移転② 移転の目的は？

Mikiは Jeffに移転の目的が事業の拡大にあることを確認する。

Jeff : Yeah. The bigger office will allow each department to accommodate more workers.

Miki : So the **purpose** of the relocation is to **enlarge** our business, right?

Jeff : Yes. The management seems to think that the company's next **mission** is to serve a larger **population**, so we will probably recruit more staff after the relocation.

0945 □ **purpose** [pə́ːrpəs] 【名】目的

「目的」という意味の同意語では、**objective**や**target**も一緒に覚えておこう。

コロケーション **purpose of one's visit** 訪問の目的

0946 □ **enlarge** [inláːrdʒ] 【動】拡大する、大きくする

en + **large**で、「大きくする」という意味である。接頭辞**en-**を用いる単語では、ほかに**shorten**「短くする」や**enrich**「豊かにする」などがある。

コロケーション **enlarge the photo** 写真を拡大する（引きのばす）

0947 □ **mission** [míʃən] 【名】目標、任務

assignment「任務、割り当て」や**task**「任務」の同意語として使われる。

0948 □ **population** [pàpjuléiʃən] 【名】人口、住民

形容詞**populated**「人の住む」は通常受け身で用いられ、**sparsely populated area**「人口が希薄な地域、過疎地」という表現もある。

派生語 **populate**【動】居住する **populated**【形】人の住む

【訳】**Jeff** ：ああ。より大きなオフィスだと各部署はもっと多くの従業員を収容できるね。

Miki ：つまり移転の目的は事業を拡張することなのね？

Jeff ：ああ。経営陣は会社の次の目標は、もっと大勢の人に貢献していくことだと考えているようだから、移転後にもっとスタッフを募集するかもしれないね。

Skit S238 Words&Phrases W238 Repeating R238

238 オフィスの移転③ カスタマーサービスが新設？

Jeffは、移転にともなってカスタマーサービスの新設は検討中だと説明する。

Miki	: Does that mean customer service will become an independent **division**? I believe they will be able to work more **efficiently** if they work as a separate unit.
Jeff	: It's under **consideration**, and the **odds** of that happening are pretty good, I think. By the way, have you seen the new office building?

0949 □ **division** [divíʒən] 【名】部門、課、分割

personnel division「人事部」のように、**department**「部門」とほぼ同じ意味で用いられる。

0950 □ **efficiently** [ifíʃəntli] 【副】効率的に

名詞**efficiency**は、**increase efficiency**「能率を高める」といったフレーズで使われる。

派生語 **efficiency**【名】効率、能率 **efficient**【形】効率的な

0951 □ **consideration** [kənsìdəréiʃən] 【名】考慮、思いやり、配慮

under considerationといえば、「考慮中、検討中」のこと。**Thank you very much for your consideration.**「お気遣いに感謝いたします」も重要表現。

派生語 **consider**【動】じっくり考える **considerable**【形】かなりの **considerably**【副】かなり

0952 □ **odds** [ádz] 【名】可能性、見込み

The odds are for our company.「私たちの会社に勝算がある」のようにも用いる。同意語に**chances**がある。

【訳】Miki : つまりカスタマーサービスが独立した部署になるってこと？ 独立した部署として働くなら、もっと効率よく働くことができると思うわ。

Jeff : それは検討中だけど、そうなる可能性はかなり高いと思うよ。ところで、新しいオフィスビルは見た？

Skit S239 Words&Phrases W239 Repeating R239

239 オフィスの移転④ 新しいオフィスの施設

Jeffは、新しいオフィスには最新式の設備があるとMikiに伝える。

Miki : Not yet. But I heard it has more convenient access to public **transportation**. This office is more than 10 minutes away from the nearest train station, so moving to the new office will make our commute a lot easier.

Jeff : Right. It's also **equipped** with **state-of-the-art facilities** like a video conference system and a fitness gym.

0953 □ **transportation** [trænspərtéiʃən] 【名】交通機関、輸送

public transportation「公共交通機関」で頻出する。

派生語 **transport**【動】輸送する 【名】輸送

0954 □ **equip** [ikwíp] 【動】設備を備える

be equipped with～「～が設置されている」という形で頻出。

コロケーション **be equipped with furniture** 家具付きである

0955 □ **state-of-the-art** 最新鋭の

機械や技術などについて用いられる。**high-tech**「ハイテクな」と同じ意味。

コロケーション **state-of-the-art technology** 最新技術

0956 □ **facility** [fəsíləti] 【名】施設、設備

建物など含めた施設のことを指す。**storage facility**で「保管設備」という意味になる。

【訳】Miki : まだよ。でも、公共の交通機関へのアクセスがもっと便利だと聞いたわ。このオフィスは最寄りの駅から10分以上離れているから、新しいオフィスに移転すると通勤がはるかに楽になるわね。

Jeff : そうだね。それにテレビ会議システムやフィットネスジムのような最新式の施設も整っているよ。

Skit S240 Words&Phrases W240 Repeating R240

240 オフィスの移転⑤ 業務の一時停止!?

Mikiは移転にともなって業務を一時停止することになるのかとJeffに質問する。

Miki	: Wow! That's good to know. So, are we going to **temporarily suspend** our business for the office relocation?
Jeff	: No, we're going to use the three-day weekend from November 21—the following Monday is a national holiday. That way we can **resume** our daily **routine** on Tuesday without causing any inconvenience to our customers.

0957 □ **temporarily** [tèmpərérəli] 【副】一時的に、少しの間

工場や店の話題で、**be temporarily closed**「一時的に閉鎖されている」が頻出する。

派生語 **temporary**【形】一時的な、臨時の

0958 □ **suspend** [səspénd] 【動】一時停止する

suspend the production「生産を停止する」というフレーズで覚えよう。

派生語 **suspension**【名】一時中止、停止

0959 □ **resume** [rizú:m] 【動】再開する、再び続ける

一度停止したものについて用いられ、**resume the operation**「業務を再開する」のように使う。

コロケーション **resume construction** 建設を再開する

0960 □ **routine** [ru:tí:n] 【名】日常の仕事

work routine「仕事の日課」のように使われることが多い。副詞**routinely**「日常的に」も覚えておこう。

派生語 **routinely**【副】日常的に、定期的に

【訳】Miki : すごい! それは耳よりな話ね。それでオフィスの移転のために一時的に業務は停止するの?

Jeff : いや、11月21日からの3連休を利用するよ。次の月曜日は祝日なんだ。そうすればお客様に迷惑をかけることなく、火曜日に日常業務を再開できるからね。

Skit S241 Words&Phrases W241 Repeating R241

241 オフィスの移転⑥ データのバックアップ

Jeffはパソコンの重要なデータのバックアップをとる必要があるとMikiに説明する。

Miki : Yes, that's the way it should be done.

Jeff : Anyway, we are going to inform our staff **at once** so that they can prepare for the relocation without much **difficulty**.

Miki : Is there anything else I should know about the **upcoming** move?

Jeff : Yes. We need to ask some of our staff to make backup copies of important data on their PCs, because we're going to **dispose of** some old computers and replace them with new models.

0961 □ **at once** すぐに

同じ意味の語句に**right away**や**immediately**がある。

コロケーション **submit the report at once** すぐにレポートを提出する

0962 □ **difficulty** [dífikʌ̀lti] 【名】困難、問題

have difficulty (in) ～ingで、「～するのに困難がある」という意味になる。

0963 □ **upcoming** [ʌ̀pkʌ́miŋ] 【形】今度の、間近に迫った

upcoming workshop「今度の講習」のように用いられる。同意語の**forthcoming**「今度の」も重要だ。

コロケーション **prepare for the upcoming exhibition** 今度の展示会の準備をする

0964 □ **dispose of** 処分する、処理する

dispose of the stockで「在庫を処分する」という意味になる。名詞の**disposal**「処分」も重要。

派生語 **disposal**【名】処分、処理 **disposable**【形】使い捨ての

【訳】Miki : そうね、そうするべきだと思うわ。
Jeff : とにかく、それほど苦労せず移転の準備ができるように、すぐスタッフに知らせよう。
Miki : 今度の移転について、私がほかに知っておくべきことはある?
Jeff : ああ。スタッフの何人かにパソコンの重要なデータのバックアップをとるように頼まなければいけないんだ。何台か古いコンピュータを処分して新型に取り替えるからね。

Skit S242 Words&Phrases W242 Repeating R242

242 Ayaの業績評価① 1年を振り返って

Ayaは入社から1年間の業務を振り返って自己評価をする。

Jeff : So, Aya, how was your first year at this company?
Aya : It's been rather tough, to be honest, but I've learned a lot and I think I've become pretty **accustomed** to the job.
Jeff : Good. What **aspect** of your job did you find most **challenging**?
Aya : Well, the hardest part was **negotiating** with potential customers.

0965 □ **accustomed** [əkʌ́stəmd] 【形】慣れている

be accustomed to～「～することに慣れている」で使われる。**be used to**～も同じ意味。なお、**to**の後ろには名詞または動名詞がくる。

コロケーション **be accustomed to the new environment** 新しい環境に慣れている

0966 □ **aspect** [ǽspekt] 【名】一面、側面

aspect of the service「サービスの側面」のように用いる。

0967 □ **challenging** [tʃǽlindʒiŋ] 【形】やりがいのある

「(困難だが)やりがいのある」という意味の形容詞で、**challenging job**「やりがいのある仕事」のように用いられる。

派生語 **challenge**【名】挑戦、チャレンジ

0968 □ **negotiate** [nigóuʃièit] 【動】交渉する

名詞**negotiation**「交渉」や、**negotiator**「交渉をする人」も一緒に覚えておきたい。

派生語 **negotiation**【名】交渉 **negotiator**【名】交渉者、ネゴシエーター

【訳】Jeff : ではAya、この会社での最初の1年はどうでしたか?
Aya : 正直なところ、かなりきつかったんですが、多くのことを学びましたし、仕事にはずいぶん慣れたと思います。
Jeff : よかった。あなたの仕事で一番やりがいがあったのは何でしたか?
Aya : ええと、一番大変だったのは潜在顧客と交渉することでした。

Skit S243 Words&Phrases W243 Repeating R243

243 Ayaの業績評価② 商談における進歩

Ayaは顧客との交渉がしだいに上達してきたとJeffに伝える。

Jeff : How would you **evaluate** your performance in those negotiations?

Aya : At the beginning, I wasn't very good because I was always nervous. **Nevertheless**, as I became more accustomed to making presentations, I think I **gradually** got better at **persuading** clients. And recently I've been able to make some deals on my own.

0969 □ **evaluate** [ivǽljuèit] 【動】評価する

evaluate performance「業績を評価する」のように使われる。名詞は**evaluation**「評価」。

派生語 **evaluation**【名】評価、査定

0970 □ **nevertheless** [nèvərðəlés] 【副】それにもかかわらず

however「しかし」と同じように、述べたことに対して逆のことを展開する際に使われる。PART 6の選択肢にも頻出。

0971 □ **gradually** [grǽdʒuəli] 【副】徐々に、しだいに

増減などの変化に関して用いられる副詞。

コロケーション **increase gradually** 徐々に増加する

0972 □ **persuade** [pərswéid] 【動】説得する

形容詞**persuasive**「説得力のある」が頻出。名詞**persuasion**「説得」も覚えておこう。

派生語 **persuasive**【形】説得力のある **persuasion**【名】説得

【訳】Jeff : そういった交渉において自分の実績をどう評価しますか？

Aya : 最初はいつも緊張していたので、あまりうまくいきませんでした。それでも、プレゼンテーションすることに慣れるにつれて、徐々にクライアントを説得するのがうまくなったと思います。最近では、ひとりで取引もできるようになりました。

Skit S244 Words&Phrases W244 Repeating R244

244 Ayaの業績評価③ Jeffからの評価

Ayaは Jeffからプレゼンテーション能力が向上したと評価を受ける。

Jeff : Yes. Your presentation skills have improved **dramatically**. We've been very impressed.
Aya : Thank you. It means a lot to me.
Jeff : I talked to Miki and your immediate **superior**, Yasuo, to **assess** your job performance over the past year, and we agreed that **overall**, you did very well.
Aya : Thank you.

0973 □ **dramatically** [drəmǽtikəli] 【副】劇的に

change dramatically「劇的に変わる」のように、変化や増減などの程度を説明する際に使われる。

コロケーション **increase dramatically** 劇的に伸びる

0974 □ **superior** [səpíəriər] 【名】上司、上役 【形】優れた

形容詞の用法としては、**be superior to**～「～より優れている」を覚えておこう。反意語は、**be inferior to** ～「～より劣る」である。

コロケーション **be superior to old models** 古い型より優れている

0975 □ **assess** [əsés] 【動】評価する

名詞**assessment**は、**assessment of the products**「製品の評価」のように使われる。同意語として、**evaluate**「評価する」も覚えておこう。

派生語 **assessment**【名】評価、査定

0976 □ **overall** [óuvərɔ̀:l] 【副】全体で 【形】全体的な、全般的な

形容詞では、**overall impression**で「全体の印象」のように使われる。

コロケーション **overall productivity** 全体の生産性

【訳】
Jeff : そうですね。プレゼンテーションのスキルは劇的に向上しましたね。非常に感心していますよ。
Aya : ありがとうございます。そう言っていただいて、ありがたいです。
Jeff : この1年における仕事ぶりを評価するためにMikiときみの直属の上司であるYasuoと話をして、全体的に見て非常によくやってくれたということで意見が一致しました。
Aya : ありがとうございます。

Skit S245 Words&Phrases W245 Repeating R245

245 Ayaの業績評価④ Ayaの昇給

Jeffは、4月からAyaは昇給することになると説明する。

Jeff : We are all satisfied with your performance as a sales representative, and you've become a **valuable asset** to this company.

Aya : Oh, I'm very happy to hear that.

Jeff : It's our policy that an employee who performs well should be rewarded **accordingly**. So **as of** April you will receive a 10 percent pay raise.

0977 □ **valuable** [vǽljuəbl] 【形】有益な、貴重な

valuable advice「価値のあるアドバイス」のように用いられる。

派生語 **value**【名】価値 【動】(高く)評価する

0978 □ **asset** [ǽset] 【名】役立つもの、資産

お金だけでなく、能力や人物に関しても用いることができ、**He is an asset to our company.**「彼は私たちの会社にとって資産である」のように使われる。

0979 □ **accordingly** [əkɔ́ːrdiŋli] 【副】それに応じて、適宜に

「前に述べた基準に従って」という意味で使われる副詞。

0980 □ **as of** ～の時点で

as of today「今日の時点で」のように、いつの時点でのことかを明確にするために使われる。

コロケーション **as of October 15** 10月15日の時点で

【訳】Jeff : 営業部員としてあなたの実績には誰もが満足していますし、この会社にとって貴重な人材になりましたね。

Aya : そうおっしゃっていただけて、とてもうれしいです。

Jeff : 優れた従業員はそれ相応に報酬を受けるべきだというのが、うちの方針です。それで4月からは10パーセントの昇給を受けることになりますよ。

Skit S246　Words&Phrases W246　Repeating R246

246 Ayaの業績評価⑤　昇給にともなう責任

Jeffは昇給にともなってさらに責任のある業務が発生するとAyaに説明する。

Aya	: That's great.
Jeff	: But **in return for** the increase in **compensation**, you'll be asked to **take on** more responsibilities.
Aya	: Okay. I always like new challenges.
Jeff	: By the way, you have five days of paid leave left this year, so why don't you take a week-long vacation next week?
Aya	: Really? That will be wonderful. And it will give mc **incentive** to work even harder next year. Thank you so much.

0981 □ **in return for**　見返りとして

receive bonus in return for hard work「過酷な労働の見返りとしてボーナスを受けとる」のように用いられる。

0982 □ **compensation** [kàmpənséiʃən]　【名】補償金、報酬

「報酬（＝給与）」を意味することもある。動詞を用いた**compensate for the damage**は「損害の弁償をする」という意味になる。

派生語 **compensate**【動】補う、埋め合わせる

0983 □ **take on**　～を引き受ける

take on the assignment「与えられた仕事を引き受ける」のように用いる。

コロケーション **take on a job**　仕事を引き受ける

0984 □ **incentive** [inséntiv]　【名】刺激、動機

bonus「ボーナス」の同意語で、売上ノルマを達成した際に支払われる報奨金のこと。

【訳】

Aya	：すごいですね。
Jeff	：でも、給与が増額する代わりに、もっと責任のある業務を引き受けていただくことになります。
Aya	：わかりました。常に新しいことに挑戦するのは好きですから。
Jeff	：ところで、今年の有給休暇が5日間残っているから、来週、1週間の休暇を取ったらどうですか？
Aya	：本当ですか？　それはうれしいです。来年、より一層一生懸命に働こうという刺激になります。どうもありがとうございます。

Skit S247 Words&Phrases W247 Repeating R247

247 Yasuo の昇進① Miki の異動

Miki はフランクフルト支社への移動が決まったと Yasuo に伝える。

Miki : Hi, Yasuo. I have something to tell you. I'll make an **official** announcement tomorrow, but I thought I should let you know **beforehand**.

Yasuo : What is it?

Miki : Well, I've just been **notified** by headquarters that I'm going to be transferred to the Frankfurt office in April.

Yasuo : What!? But what about the Japan branch? Who's going to take over your **duties** after you're gone?

0985 □ **official** [əfíʃəl] 【形】公式の

副詞では **officially announced that**「公式に〜が発表された」のように使われる。

派生語 **officially**【副】公式に、正式に

0986 □ **beforehand** [bifɔ́:rhæ̀nd] 【副】あらかじめ、事前に

「事前に」という意味では、**in advance** も頻出なので覚えておこう。

コロケーション **let you know beforehand** あなたに事前に知らせる

0987 □ **notify** [nóutəfài] 【動】知らせる、通知する

notify me of〜「〜について知らせる」のようにも用いる。**inform me of**〜「〜について知らせる」も同じ意味。

コロケーション **notify you of schedule changes** 予定の変更について知らせる

0988 □ **duty** [djú:ti] 【名】職務、仕事、義務

求人広告で使われることが多く、仕事内容を指す。同意語に **responsibilities**「職務内容」がある。

【訳】Miki : ねえ、Yasuo。話があるの。明日、公式に発表するんだけど、あなたには先に知らせておくべきだと思って。

Yasuo : 何でしょうか？

Miki : 4月にフランクフルト支社へ転勤になると本社から通達があったところなのよ。

Yasuo : えっ！？ でも、日本支社はどうなるんですか？ あなたがいなくなったらだれが職務を引き継ぐんですか？

Skit S248 Words&Phrases W248 Repeating R248

248 Yasuoの昇進② 新しい営業部長

新しい営業部長としてYasuoが任命されるとMikiは説明する。

Miki : It'll be you, Yasuo. The board **determined** by a unanimous vote that you would be **appointed** as the new sales manager.

Yasuo: Wow. But I'm not sure if I should be promoted to sales manager. You have had such a great **influence** on the entire operation of this branch, and I'm not as **talented** as you are.

0989 □ **determine** [ditə́ːrmin] 【動】確定する、決定する

determine whether ～ (or not) で、「～かどうか決定する」というフレーズが頻出。名詞は**determination**「決定」。

派生語 **determination**【名】決意、決定 **determined**【形】意志の強い

0990 □ **appoint** [əpɔ́int] 【動】任命する、指名する

be appointed as the personnel director「人事部長に任命される」のように受け身で用いられることが多い。

コロケーション **be appointed as the manager** マネージャーに任命される

0991 □ **influence** [ínfluəns] 【名】影響、感化 【動】影響を与える

have an influence on ～「～に強い影響を与える」のように用いる。なお、動詞も同形である。

コロケーション **influence on economy** 経済への影響

0992 □ **talented** [tǽləntid] 【形】才能のある

talented musician「才能あるミュージシャン」のように使われることが多い。

派生語 **talent**【名】才能、才能のある人

【訳】Miki : それはあなたよ、Yasuo。取締役会は満場一致であなたを新しい営業部長に任命することに決定したわ。

Yasuo : なんと。ですが、営業部長に昇進するべきかどうか自信がありません。あなたはこの支社の事業全体にとって、とても大きな影響力をお持ちですが、私はあなたほど有能ではありません。

Skit S249 Words&Phrases W249 Repeating R249

249 Yasuo の昇進③ Miki の説得

自信がないというYasuoだったが、Mikiの説得によって昇進を受け入れる。

Miki : You're gonna be fine. Look at what you've **accomplished** as a salesperson. Everybody in this office **admires** your **dedication** to your work and your **ability** to motivate other people.

Yasuo: I don't know what to say, but... thanks. I guess I'll accept the offer!

0993 □ **accomplish** [əkámpliʃ] 【動】成し遂げる、達成する

achieve「達成する」の同意語。成功したことに対して用いられる。

コロケーション **accomplish the goal** 目標を達成する

0994 □ **admire** [ædmáiər] 【動】高く評価する、称賛する

respect「尊敬する」の同意語。名詞**admiration**「称賛」や形容詞**admirable**「見事な」も覚えておこう。

派生語 **admiration**【名】称賛、感嘆 **admirable**【形】称賛に値する、見事な

0995 □ **dedication** [dèdikéiʃən] 【名】献身、専念

動詞**dedicate**は、**dedicate oneself to**～や**be dedicated to**～で「～に専念する、捧げる」という意味になる。

派生語 **dedicate**【動】献身する、専念する

0996 □ **ability** [əbíləti] 【名】能力、力、力量

leadership abilityで「指導力」という意味になる。求人広告の応募資格などでよく使われる。

【訳】Miki : 大丈夫よ。あなたが営業担当者として成し遂げてきたことを考えてみて。この会社の誰もがあなたの仕事への献身的な態度や、やる気を引き出す能力に感心しているわ。

Yasuo : 何と言っていいかわかりませんが、……ありがとうございます。その申し出をお受けしようと思います！

Skit S250 Words&Phrases W250 Repeating R250

250 Yasuoの昇進④ 自分に自信を持って

Mikiは Yasuoにもっと自信を持っても大丈夫だという言葉を贈る。

Miki : That's the spirit, Yasuo. You need to be more **confident** in yourself, because you really **deserve** the promotion. **Besides**, I'll be at this branch for two more months, so you'll have plenty of time to take over my duties.

Yasuo: Okay. I'll do my best to **live up to** everyone's expectations.

0997 □ **confident** [kɑ́nfədənt] 【形】自信がある、確信している

be confident that～「～だと確信している」という形でよく使われる。名詞**confidence**「自信」や副詞**confidently**「自信を持って」も重要。

派生語 **confidence**【名】信頼、自信 **confidently**【副】自信を持って

0998 □ **deserve** [dizə́:rv] 【動】値する

deserve the promotion「昇進に値する」や**deserve the raise**「昇給に値する」のように用いる。

コロケーション **deserve the promotion** 昇進に値する

0999 □ **besides** [bisáidz] 【副】その上、そのほかに

追加情報を伝えるときに副詞として使われる。**in addition**や**additionally**も同じ意味である。

1000 □ **live up to** （期待などに）添う

live up to one's expectation「～の期待に応える」のように用いる。

コロケーション **live up to reputation** 評判どおりである

【訳】Miki : その意気よ、Yasuo。昇進するのは実に当然のことなんだから、自分にもっと自信を持たないとだめよ。それに、私はあと2カ月この支店にいるから、私の職務を引き継ぐ時間はたっぷりあるわ。

Yasuo : わかりました。みんなの期待に沿えるようがんばります。

付録

本書の初版が刊行になって以後、IT 技術が進歩し、TOEIC® L&R テストにも登場するようになってきました。それらの語彙について、広告を模した文書を通じて学習できるような付録を用意しました。

ここで取り上げた語彙については、訳語、解説、コロケーションを掲載しています。広告内の QR コードから、広告の文書ならびに見出し語、コロケーションの音声を聞くことができます。

フェイク広告

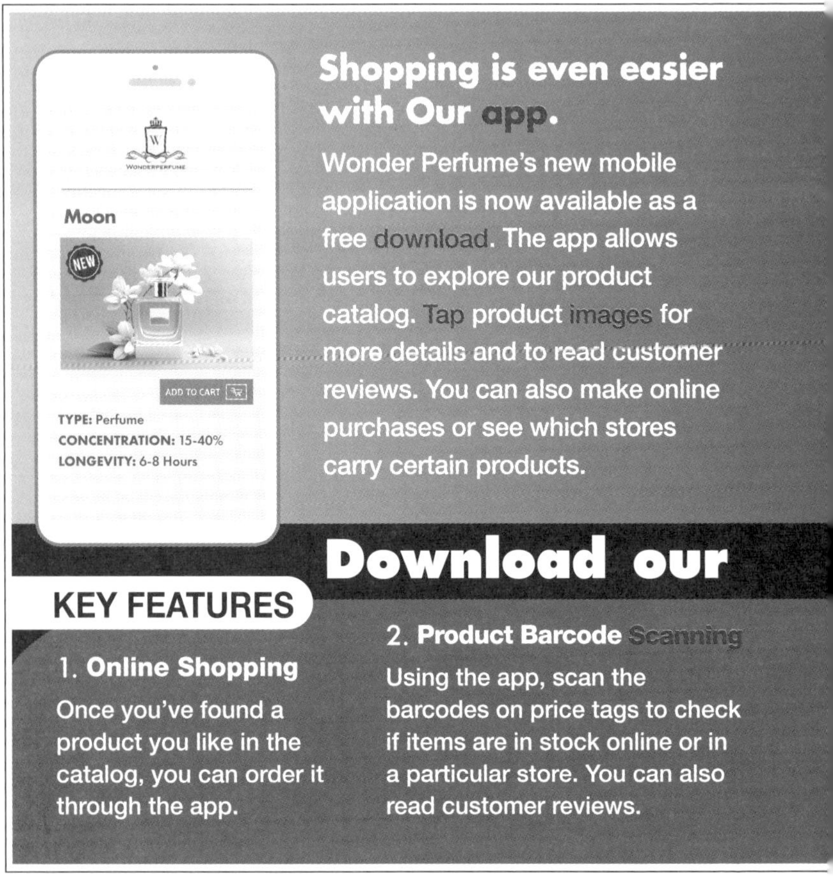
WONDERPERFUME
Moon
NEW
ADD TO CART
TYPE: Perfume
CONCENTRATION: 15-40%
LONGEVITY: 6-8 Hours
Shopping is even easier with Our app.
Wonder Perfume's new mobile application is now available as a free download. The app allows users to explore our product catalog. Tap product images for more details and to read customer reviews. You can also make online purchases or see which stores carry certain products.
Download our
KEY FEATURES
1. Online Shopping
Once you've found a product you like in the catalog, you can order it through the app.
2. Product Barcode Scanning
Using the app, scan the barcodes on price tags to check if items are in stock online or in a particular store. You can also read customer reviews.

【日本語訳】

アプリでお買い物がもっと簡単に。

Wonder Perfume の新しいモバイルアプリケーションが無料でダウンロードできるようになりました。このアプリでは、商品画像やその他の情報を含むカタログをご覧いただけます。商品画像をタップすると、詳細やカスタマーレビューを読むことができます。また、オンラインで購入したり、特定の商品を取り扱っている店舗を確認することもできます。

このアプリをダウンロードして、割引クーポンを手に入れてください！

この広告の音声は QR コードからダウンロードしてください。

ダウンロードの際は Wi-Fi のご利用をお勧めします。

新しいアプリをダウンロードしてください！

主な機能

1. オンラインショッピング
　カタログで気に入った商品を見つけたら、アプリ

Download the app to get a discount coupon!
COUPON
DISCOUNT
50%
OFF

Download the audio for this advertisement using the QR code.

We recommend using Wi-Fi when downloading.

new app!

3. Loyalty Program

Under our Loyalty Program, use the app to get exclusive rewards like a gift or coupon with your next purchase, or invitations to special events.

からオンラインで注文できます。

2. 商品バーコードの読み取り
アプリを使って値札のバーコードを読み取り、オンラインや特定の店舗に在庫があるかどうかを確認できます。また、カスタマーレビューを読むことも可能です。

3. ポイントサービス
ポイントサービスでは、アプリを使用して、次回のお買い物でギフトやクーポン、特別イベントへのご招待など、限定特典をご利用いただけます。

app

【名】アプリ

（スマートフォンなどの）アプリケーションソフトウェア。applicationの短縮形。

install an app アプリをインストールする

download

【動】ダウンロードする

日本語の「ダウンロード」が名詞なのに対し、英語のdownloadは動詞で使うのが基本。

download a music file 音楽ファイルをダウンロードする

tap

【動】軽くたたく、タップする

タッチパネル式のデバイスにおいて、指先で画面を軽くたたく動作のこと。

tap an icon アイコンをタップする

image

【名】画像

「印象」や「イメージ」という意味もある。

download an image 画像をダウンロードする

Wi-Fi

【名】ワイファイ

Wireless Fidelityの略。

in a Wi-Fi environment ワイファイ環境下で

scan

【動】読み取る、スキャンする

スキャナー（scanner）は「読み取り機」のこと。

scan a barcode バーコードを読み取る

フェイク広告

WONDERPERFUME
WE'RE HIRING!
Available Positions:
Sales Representative
Sales Manager
Software Engineer
Online Marketing Manager
To apply, e-mail your résumé and cover letter to jeffmiller@wonderperfume.com.
For more information on available opportunities, please visit our website or follow us on social media. If you've seen a job post that interests you, text us for more details!
@wonderperfume

【日本語訳】

ただいま募集中！

募集職種：
営業担当者
営業マネージャー
ソフトウェア・エンジニア
オンライン・マーケティング・マネージャー

ご応募の際は、履歴書とカバーレターをEメールにて jeffmiller@wonderperfume.com までお送りください。

求人情報の詳細については、当社のウェブサイトをご覧いただくか、ソーシャルメディアをフォローしてください。ご興味のある求人情報がございましたら、携帯電話からお問い合わせください。

@wonderperfume

オンライン会社説明会
8月7日（土）午後2時

Online Information Session

Saturday 7th August, 2pm

We will hold an information session via teleconference. During the webinar, we will provide valuable tips for preparing your résumé and cover letter, and how to land an interview! Archived video of the session will be available after the live streaming ends.

Register by filling in the online form

Scan the QR code to download the audio for this ad.

テレビ会議による説明会を行います。ウェビナーでは、履歴書やカバーレターの書き方、面接の受け方など、貴重な情報をお伝えします。ライブ配信終了後、アーカイブビデオをご覧いただけます。

オンラインフォームからご登録ください。

QR コードをスキャンすると、この広告の音声をダウンロードして聞くことができます。

social media

【名】ソーシャルメディア

個人や企業が情報を発信・共有・拡散することによって形成される、インターネットを通じた情報交流サービスの総称。

access to social media ソーシャルメディアにアクセスする

text

【動】(携帯電話で)メールを書く、メールを書いて～に送信する

text a message 携帯電話でメッセージを送る

teleconference

【名】遠隔会議、テレビ会議

videoconferenceも同義語。

talk via teleconference テレビ会議を通じて話す

webinar

【名】ウェビナー、オンラインセミナー

ウェブ (web)とセミナー (seminar)を合わせた造語。

hold a webinar ウェビナーを実施する

live

【形】生の、生放送の、ライブの

live broadcast 生放送

streaming

【名】ストリーミング

インターネットを介した動画配信や音楽配信に用いられる配信方式。

use a streaming service ストリーミング・サービスを利用する

索引

本編に登場した語彙の一覧です。見出し語となっている必須語彙 1000、派生語・同意語・反意語およびコロケーション 800 が訳語とともに掲載されています。また、見出し語は下記のように太字で示され、派生語･同意語･反意語･コロケーションと区別できるようになっています。

【凡例】

abroad …… 見出し語

abroad …… 派生語・同意語・反意語・コロケーション

A

B

🔊 C

C

D

E

F

I

J　K　L

J

K

L

M

N　O

N

O

P

Q R

Q

R

S

T

U

V

W

早川幸治（はやかわ　こうじ）

ニックネームはJay。株式会社ラーニングコネクションズ代表取締役。TOEICを中心とした企業セミナー講師として、英語公用語化企業など、これまで全国200社以上で研修を担当してきたほか、大学や高校でも教えている。英語学習に限らず習慣化や継続に関する企業セミナー、プレゼン研修や目標達成ワークショップを含むスキルアップセミナーなど、幅広く提供している。著書多数。

ブログ：「英語モチベーションブースター」
(http://ameblo.jp/jay-english)
メルマガ：「ボキャブラリーブースター」(毎日配信)
(https://boosterstation.jp/)
YouTube：「Jayの英語ブースターチャンネル」
(https://www.youtube.com/user/jayscoreup)

ショートストーリーで覚える！
増補版 TOEIC® L&Rテスト 出る語句1800+

2015年10月10日第1版第1刷発行

2023年11月10日増補版第1刷発行

著者：早川幸治
協力：長沼君主

英文校正：ソニア・マーシャル、イアン・マーティン

ナレーション：クリス・コプロウスキー、イーディス・カユミ、マーカス・ピットマン、ディアドリー・メレル・イケダ、ブラッド・ホームズ、ジョシュ・ケラー、アン・スレイター、相沢麻美（ZAI OFFICE）

本文イラスト：大矢正和
DTP：青島律子

発行人：坂本由子

発行所：コスモピア株式会社
〒151-0053　東京都渋谷区代々木4-36-4　MCビル2F
営業部　Tel：03-5302-8378　email：mas@cosmopier.com
編集部　Tel：03-5302-8379　email：editorial@cosmopier.com
https://www.cosmopier.com/（会社・出版案内）
https://e-st.cosmopier.com（コスモピアeステーション）

製版・印刷・製本：シナノ印刷株式会社
音声編集：安西一明、株式会社メディアスタイリスト
録音：財団法人　英語教育協議会(ELEC)、株式会社メディアスタイリスト

English In & Out!

多聴多読magazine 定期購読のご案内

定期購読 スタンダードプラン

過去、7年分の電子版が すべて読み放題！

特典

① **電子版『多聴多読マガジン』が読み放題！**

過去7年間、2016年から最新号まで46冊の電子版マガジンが読み放題。電子版を個別に買うよりも圧倒的におトクです。

② **英語リーダーやコスモピアの出版物が5〜10% OFF！**

コスモピアから直接ご購入された出版物・通信講座が1割引になります。コスモピアが取り扱うリーダーや英語絵本も特別価格でご購入可能です。

スタンダードプラン 定期購読料	1年間（紙版6冊＋電子版46冊） **8,880円**（税込、送料込）

「もっと英語のシャワーを浴びたい！」方のための

定期購読 プレミアムプラン

多聴多読magazine × eステ

多聴多読マガジン定期購読＋特典
＋eステ読み放題・聞き放題をセットにしたお得なプラン

プレミアムプラン 定期購読料	1年間（紙版6冊＋電子版46冊＋英語読み放題・聞き放題） **11,000円**（税込、送料込）

お申込方法

オンラインショップで https://www.cosmopier.net/

・コスモピアのホームページからお申し込みください。
・お支払い方法はクレジットカードです。